汉译世界学术名著丛书

二十世纪的历史学

——从科学的客观性到后现代的挑战

〔德〕格奥尔格·G.伊格尔斯 著

何兆武 译

商务印书馆
创于1897 The Commercial Press

Georg G. Iggers

HISTORIOGRAPHY IN THE TWENTIETH CENTURY:

From Scientific Objectivity to the Postmodern Challenge

Published in English by Wesleyan University Press

中译本根据卫斯理大学出版社 2005 年版译出

汉译世界学术名著丛书
出 版 说 明

我馆历来重视移译世界各国学术名著。从20世纪50年代起，更致力于翻译出版马克思主义诞生以前的古典学术著作，同时适当介绍当代具有定评的各派代表作品。我们确信只有用人类创造的全部知识财富来丰富自己的头脑，才能够建成现代化的社会主义社会。这些书籍所蕴藏的思想财富和学术价值，为学人所熟悉，毋需赘述。这些译本过去以单行本印行，难见系统，汇编为丛书，才能相得益彰，蔚为大观，既便于研读查考，又利于文化积累。为此，我们从1981年着手分辑刊行，至2022年已先后分二十辑印行名著900种。现继续编印第二十一辑，到2023年出版至950种。今后在积累单本著作的基础上仍将陆续以名著版印行。希望海内外读书界、著译界给我们批评、建议，帮助我们把这套丛书出得更好。

商务印书馆编辑部

2022年10月

中译本增订版前言*

伊格尔斯（Georg G. Iggers）所著《二十世纪的历史学——从科学的客观性到后现代的挑战》的德文版（*Geschichtswissenschaft im 20 Jahrhundert. Ein Kritischer Überblick in Internationalen Vergleich*）于1993年由德国哥廷根的范登赫克和鲁普雷希特（Vandenhoeck & Ruprecht）出版社出版。它的英文版于1997年由卫斯理大学出版社出版。它的中译本经译者译出，于2003年由辽宁教育出版社出版。

2004年，原作者又为本书补写了一篇后记——《21世纪初的回顾》，作为对本书的补充说明。2005年，本书的英文新版连同这篇后记（*Historiography in the Twentieth Century: From Scientific Objectivity to the Postmodern Challenge* with a New Epliogue）由卫斯理大学出版社出版。

这次的中译本由山东大学出版社出版。译本对上一版的译文进行了详细校订和修正。上一版的附录——伊格尔斯的论文《美国与德国历史思想中的兰克形象》仍收入其中。这次修订出

* 本次出版中译本对个别人名、书名和专业术语根据通用译法做了校订。——编者

版的过程中，承友人陈启能先生、张丽艳女士的大力协助，谨此致谢。

译者

2005年秋于北京清华园

译者前言

本书作者格奥尔格·G. 伊格尔斯是当今美国著名的思想史家和史学史家，原籍德国，1951年获美国芝加哥大学博士学位，曾长期在芝加哥大学任教，1978年起任纽约大学布法罗分校欧洲思想史荣誉教授至今。半个世纪以来，他曾有专著多种和论文多篇问世，且有不少已译为中文。1962年中文即已译有他的《美国与德国历史学中的兰克形象》一文（载《历史译丛》第1期，北京：中华书局1962年版）。1989年他的《欧洲史学新方向》（赵世玲等译，北京：华夏出版社1989年版）和他的《历史研究国际手册：当代史学研究和理论》（陈海宏等译，北京：华夏出版社1989年版）两书中译本出版。另外，他的《德国的历史观：从赫尔德到当代历史思想的民族传统》虽尚未见中译本*，但已在西方史学界享誉颇隆。

1993年伊格尔斯曾以德文写了《二十世纪的历史科学——国际背景评述》一书，在德国哥廷根出版，经张芝联先生推荐，已译为中文出版（《史学理论研究》1995年第1—4期、1996年第1—2期连载）。1997年他又用英文写了一部《二十世纪的历

* 该书的中译本已由彭刚、顾杭翻译并出版。——编者

史学——从科学的客观性到后现代的挑战》,由美国卫斯理大学出版社出版。作者自序此书说:"这个英文本并不是德文本的译文,在许多方面都是另一部著作,它是过去三年间我对德文本加以补充、阅读和讨论以及保持批判的距离所获得的结论。"

去年中国社会科学院世界历史研究所陈启能兄邀我和他共同迻译此书,以供我国史学界同人的阅读和参考。在我动笔之后,陈启能兄以工作繁忙不克分身,遂将全书译事委诸我一人承乏。现值全书译竣之际,我要感谢他对本书翻译从始至终的关注和帮助以及与出版社的联系。原作者的前一部书《二十世纪的历史科学——国际背景评述》也是由陈启能兄全权进行组织工作的,我所承担的只是具体业务工作。

原书中所引的参考文献甚多,有一些未能找到原文,只好就字面加以理解;如有错误,尚乞读者加以指正,拜嘉无极。

译者谨识

1999年春于北京清华园

又:兰克在近代西方史学史上的地位似可方之于牛顿在近代西方科学史上的地位;到了20世纪两人绝对权威的地位均告动摇。20世纪二三十年代傅斯年主持建立中央研究院历史语言研究所的路数,其意即在师兰克的故智。当时胡适、傅斯年一辈人都认为历史学就是史料考据,故有"有一分证据说一分话"的格言。殊不知证据本身是不会说话的;说话的不是证据,而是号称掌握了证据的人。而且"史料即史学"的说法,也是对兰克及其学派的严重误解。兰克及其学派虽然以资料博洽、考据精赅著称，然而他们进行研究的指导思想却是他们内心深处那种根深蒂固的世界观。不首先深入考察指导他们思想的世界观，则对兰克及其学派的理解仍不免是雾里看花，终隔一层。为了理解20世纪史学思想的19世纪背景，现将同一作者的《美国与德国历史思想中的兰克形象》一文附录于书后，以供关心现代西方史学的读者们参考。

译者附识

中文版序言

我非常高兴,本书在中华人民共和国即将以中文出版。中国对我的著作感兴趣,我也深感荣幸。我最初的文章之一《美国与德国历史思想中的兰克形象》在1962年就已经有了中文译文,后来我得知它的翻译者就是本书的翻译者何兆武先生。后来我的《欧洲史学新方向》(1975)和我与哈罗德·T.帕克合编的《历史研究国际手册》(1979)两书,均于1989年在北京出版。多年来我和北京大学张芝联教授有着密切的学术接触。自从1980年"历史学的历史与理论"国际委员会创建以来,他一直是该会一个活跃的成员,也曾是我在布法罗城的客人。齐世荣教授在1982年有6个月作为我系布法罗城的访问教授,也是我的同事。反过来,我的妻子和我在1984年也有六个半星期在北京师范学院(今首都师范大学),做他的客人;当时我还在北京大学、中国社会科学院和南京大学作过讲演。我在布法罗城有过几个中国学生:王晴佳成了我的好友,我和他在有关比较历史学的题目上一直密切合作;邵立新来自北京,他为我写过一篇关于中国接受尼采的论文;还有周桂楷来自台中,他写过美国劳工历史学。我对于中国历史学家的著作日愈感到兴趣,无论是古典的还是当代的,尽管不幸的是我不能阅读中文而必须依靠翻译。

过去五年内,我积极参与了一项《中国文学与比较史学》的国际项目,我期待着在2001年夏季再次访问中国,届时我希望能讨论此书的题材,并且也能学习到我所考察的当代欧洲和北美的历史学思想和著作是曾经怎样引用于中国的问题的。

本书所探讨的关键问题是后现代主义向严谨的历史学所提出的挑战。本书是1990年我在费城关于《合理性与历史》这个题目所作的一次讲话的扩充。另外两位小组讨论发言人迈克尔·穆莱(Michael Murray)和列泽克·柯拉柯夫斯基(Leszek Kołakowski)都认为从事合理性的探讨以及客观性,乃是属于已告结束的那个近代时期的一种幻觉。穆莱从一种海德格尔式的立场出发,宣称启蒙运动的事业及其对于某一种主义的真实性的信念——它是可以被人理解的,并且在某种限度之内是被人类的智慧所塑造的,是为人间的和人道的目的而服务的——已经破产了。柯拉柯夫斯基在波兰开始他的思想工作时,是一个马克思主义的人道主义者,也抱有这种幻灭感;但是他力图以回归到宗教性——它先行于并且继续着自从希腊的古代以来就塑造了西方思想的理性主义和人本主义——来对一个已经丧失了一切幻念的时代重新建立起稳定性和意义。我在我的讲话里是维护一种经过了提炼的启蒙运动的。我承认马克斯·霍克海默(Max Horkheimer)和提奥多·阿多诺(Theodor Adorno)所称之为的"启蒙运动的辩证法",那在企图克服神话和野蛮主义时,却培养出了新的神话和一种在科学上十分完美的野蛮主义。然而同时我也在维护着为一个适宜于生活的文明世界所必需的那种人道与理性的因素。

这本小书是我在费城所作的那次讲话中的思想的发挥,要考察的是近来各种讨论是曾经怎样在实际上影响了实践的历史学家们的工作,因而本书就取代了我早先在《欧洲史学新方向》一书中对20世纪史学思想和著作的论述,而不只是对前书的修订和补充。在过去的二十五年里,在历史研究中发生了很多事情。前书对于近代历史学的讨论截止于20世纪70年代的初期,当时对于历史学作为基于经验的与分析的社会科学之上的一门高度技术化的学术的可能性,有着很大的信心。“年鉴派”历史学家们、计量历史学家们和马克思主义者都沿着同一个方向在行动,尽管他们的社会政治观点不同。他们大家都以自己已经克服了自从兰克以来历史学家们把叙事的焦点集中在左右了历史学的伟大事件、人物和思想上的那种狭隘的局限性而感到自豪。然而随着越来越多的问题变得日愈明显和自从启蒙运动以来西方社会所依靠的那些乐观的假设受到了挑战,他们对科学、进步和现代性的信仰从20世纪的60年代以后已经极大地动摇了。所有这一切都表现在历史编纂学的方法上,它从精英们的身上转移到居民中的其他部分,从巨大的非个人的结构转移到日常生活的各种现实的方面,从宏观历史转移到微观历史,从社会史转移到文化史。对冲突的看法也不相同了,这些看法从一种更为非个人的层次出发,而不再仅限于以前的兰克的势力均衡或马克思的阶级冲突那种宏伟的概念了。性关系与性能力,成为了历史生活中的重要内容。所有这些都包含着新的研究战略,它更少依赖于传统的经济学、社会学和政治科学,而更多依赖于人类学、语言学和符号学。因此本书就必须从以前那部书已告终止的地方入手。但是对新趋势的考察,也需要格外关注并批判晚近的历史学所依赖的理论前提。比起一部概述来,本书更像是一篇展开了的论文,它比前一部书更加有意识地提出了一种对后现代主义的立场易于接受的而同时又是批判的观点。后现代的思想家们,从罗兰·巴尔特(Roland Barthes)到海登·怀特(Hayden White)、米歇尔·福柯(Michel Foucault)和雅克·德里达(Jacques Derrida),对于科学合理性的界限及高度评价科学与合理性的地方文明的性质,都曾提出过许多重要的问题。历史学家在过去的三十年之中已经探索了新的地带和新的战略;他们已经改变了过去那种要献身于严谨的研究,如实地重建历史的初衷。后现代主义的挑战,其意义并不在于历史学的研究而在于更加精深的论辩。

本书的最初德文本《二十世纪的历史科学》(*Geschichtswissenschaft im 20 Jahrhundert*)于1993年出版,中文翻译为一系列的论文刊登于《史学理论研究》上。目前这部书出版于四年以后;它不是德文本的译本,而是重新改写过并增补过的。

最后,我谨表示我对张芝联教授、王晴佳教授、陈启能教授和译者何兆武先生使得本书能呈于中国读者面前的特别感谢之忱。

格奥尔格·G. 伊格尔斯

美国纽约州布法罗城

1999年11月

献给威尔玛

（For Wilma）

目　录

Ⅲ. 历史学与后现代主义的挑战

序言与致谢

本书的德文本出版于1993年，同时已被译为中文[*]、日文 ix
和西班牙文。德文本是以1990年4月我在“费城哲学讨论会”（Philadelphia Philosophy Consortium）上所发表的论《合理性与历史》一文为基础的，文中探讨了后现代主义对历史研究挑战的问题。目前的这个英文本并不是德文本的译文，在许多方面都是另一部著作，它是过去三年间我对德文本加以补充、阅读和讨论以及保持批判的距离所获得的结论。

有两点声明：尽管本书试图要对国际范围上的历史思想作一番比较考察，但它只限于我所能阅读的语种。因此焦点就聚在大不列颠和北美、法国和比利时、德语中欧和意大利，偶尔也提到波兰和俄国著作的译本。然而哪怕就在这些地区，我挑出来的作者们也必定是有高度选择性的，焦点主要是集中在那些可以阐明历史学研究重要趋势的历史学家身上。

我要感激过去六年中间那些允许我得以检验我的论点并对较早的原稿本进行过评论的学生们和同事们。我特别感谢莱比

---

* 中译文《二十世纪的历史科学——国际背景评述》连载于《史学理论研究》1995年第1—4期、1996年第1—2期。——译者

锡大学我的讨论班上的成员们，他们在1992年夏季我任客座教授的学期中，阅读并评论过德文手稿的初稿；感谢在大西洋两岸和日本的许多同事和朋友们，他们也阅读了手稿并提出了批评性的建议，其中包括维尔纳·贝特霍尔德（Werner Berthold），格拉尔德·迪泽纳（Gerald Diesener），克里斯托夫·迪佩尔（Christoph Dipper），沃尔夫冈·恩斯特（Wolfgang Ernst），达格玛·弗里德里希（Dagmar Friedrich），早岛瑛（Akira Hayashima），沃尔夫冈·哈特维希（Wolfgang Hardtwig），弗兰克·克拉尔（Frank Klaar），沃尔夫冈·屈特勒（Wolfgang Küttler），约拿丹·克努森（Jonathan Knudsen），伊丽斯·皮林（Iris Pilling），鲁茨·拉斐尔（Lutz Raphael），安妮-卡特琳·李希特（Anne-Katrin Richter），汉斯·施莱尔（Hans Schleier），乌尔里希·施内克纳（Ulrich Schneckener），费尔南多·桑切斯·马科斯（Fernando Sánchez Marcos），克里斯蒂安·西蒙（Christian Simon），B. 斯特罗特（B. Stråth），鲁道夫·冯·塔登（Rudolf von Thadden），维布克·冯·塔登（Wiebke von Thadden），爱德华多·托塔罗洛（Edoardo Tortarolo），约翰·范·德·赞德（Johan van der Zande）
x 和彼得·瓦尔特（Peter Walther）。我要感谢奥塔维亚·尼科利（Ottavia Niccoli）有关晚近意大利社会文化史的有用的提示。我发现哥廷根的马克斯·普朗克（Max Planck）历史研究所是一个惬意的和富于启发性的地方，可以让我写出大部分的德文稿和英文稿。在这个研究所，我不但能够使用一座藏书丰富的图书馆，而且还有机会和阅读过本书全部或大部分的学者们讨论本书，其中包括汉斯-埃里克·伯德克（Hans-Erich Bödeker），阿尔夫·吕特克（Alf Lüdtke），奥托·格哈德·厄克斯勒（Otto Gerhard Oexle），于尔根·施伦博姆（Jürgen Schlumbohm）和鲁道夫·菲尔豪斯（Rudolf Vierhaus）。约恩·吕森（Jörn Rüsen）邀请我出席过的“比勒费尔德（Bielefeld）跨学科研究中心”的许多次讨论会，它们都是非常有价值的。在德国方面，范登赫克和鲁普雷希特出版社的温弗里德·赫尔曼（Winfried Hellmann）是一位出色的编辑，他在德文本出版之前和我反复晤谈并提出了犀利的批评。我非常感谢伯克（Peter Burke），他在很短的时间里阅读了英文手稿并提出了很有价值的建议，我已经采用了；我也感谢马克斯·普朗克研究所的阿尔贝特·克雷默（Albert Cremer）和斯特芬·考德尔卡（Steffen Kaudelka）以及法国史学访德代表团（Mission Historique Française en Allemagne）的帕特里斯·维特（Patrice Veit），他们阅读了英文本的《年鉴派》一章。我还要感谢马克斯·普朗克研究所的卡尔·西弗林（Karl Sieverling）在计算机方面给予的协助、州立大学洛克伍德（Lockwood）图书馆的夏尔·达尼埃洛（Charles Daniello）在目录学方面提供的帮助以及我在布法罗（Buffalo）的助手河松浩（Song-Ho Ha）向我提供的出色的文秘与学术方面的帮助。此外，纽约州立大学布法罗分校应允安排我的教学计划，使我有了最大限度的时间从事我的研究和写作；伍德罗·威尔逊（Woodrow Wilson）中心为本书提供了资助；洪堡基金会（Humboldt Foundation）为我提供了两次在德国的半年生活费。他们的帮助，使本书的写作得以顺利进行，谨致谢忱。我还特别要感谢我的妻子威尔玛（Wilma），她细心地查对了德文和英文两种文本在体裁和逻辑上的一贯性，并做出过一份英译的草稿。

格奥尔格·G. 伊格尔斯

1996年5月于哥廷根

绪　论

二十多年前我出版了一本有关当时欧洲历史学研究状况的 1
小册子,书中我说明了学术研究的传统形式是怎样地被更新颖
的社会科学的历史研究形式所取而代之的。[1]所有国家的历史学
家们大抵都同意,自从19世纪初期国际上就开始作为一种专业
规范在运用着的那种历史研究方式,已经是既不符合20世纪下
半叶的社会政治状况,也不符合现代科学的要求了。同时,有关
历史的和历史学的观念,也经历了深刻的变化。因此,本书不应
该被看作一部续编,即要把我1975年的著作写到今天,反之,它
主要是涉及从当今历史学家们思想中和实践中所挑选出来的某
些基本变化。尽管有许多旧式的历史研究和历史写作的形式还
在继续着,然而已经发生了一场基本性的重新定向。

在过去的二十年中,19世纪以来以历史学作为一种专门学
术的出场为其基础的那种历史学的研究与写作的种种假设,就
日愈受到了人们的质疑。有许多这类假设都要追溯到西方历史
学从古典古代一直延续下来的那个传统的开端。19世纪的新事
物则是历史研究的专业化及其集中到大学里和研究中心里。而 2
成其为专业化的核心的,则是对历史学的科学地位的坚定信念。
历史学家所理解的"科学"这一概念,肯定是与自然科学家所理

解的大不相同，自然科学家追求的乃是概括化与抽象定律的形式的知识。对历史学家们而言，历史不同于自然，因为历史学处理的乃是表现为创造了历史的男男女女们的意愿以及使社会得以凝聚的种种价值和风尚。历史学处理的是处在时间之中的具体的人和具体的文化。然而历史学家们一般地也都在分享各种专业化科学的那种乐观主义，亦即受控的研究在方法论上就使得客观的知识成为了可能。对于历史学家们也像对其他科学家们一样：真理就在于知识与客观实际相符合；那对于历史学家而言便是“要像它实际上所发生的那样”[2]建构过去。历史学这一自我界定如成为一种科学规范，对于历史学家的工作就蕴涵着科学话语与文艺话语、专业历史学家与业余爱好者双方之间的严格区分。历史学家们忽视了他们的研究很大程度上依赖于事先就在决定着他们研究结果的那些有关历史行程与社会结构的各种假设。

然而，历史学之转化为一种制度化了的规范，却绝不可引导我们忽视古老的历史写作形式的连续性。19世纪的历史学是处于要上溯到古希腊伟大历史学家们的那种传统之中的。他们和修昔底德一起分享着对于神话与真实的分野，同时尽管他们强调历史著作之科学的因而是非修辞学的特性，但却循着历史写作的古典传统在前进着，在设想历史总是作为一种叙述而被写下来的。然而正如海登·怀特[3]和最近其他一些史学理论家已经指出的，历史叙述的问题就在于：虽说它是由经验所认定的事实或事件出发的，它却必然地需要有想象的步骤来把它们置于一个完整一贯的故事之中。因此，虚构的成分就进入到一切历史的话语之中。

因此,19世纪“科学的”历史学和古老的历史学的文艺传统之间的断裂,一点也不像许多19世纪的历史学家所设想的那样大。“科学的”历史学话语就包含有文学的想象在内,而古老 3
的文学传统也是在重建真实的过去之中寻找真理的。自从利奥波德·冯·兰克以来,“科学的”取向就和从修昔底德到吉本的文学传统共同享有三项基本的前提:(1)他们都接受了真理的符合论(Correspondance Theory of Truth),认为历史学是描绘确实存在过的人和确实发生过的事;(2)他们都假设人的行为反映了行为者的意图,而历史学家的任务则是要理解这些意图以便重建一篇完整一贯的历史故事;(3)他们是按照一种一维的(one-dimensional)、历时的(diachronical)时间观念在运作的,其中后来的事件是在一个完整一贯的序列之中随着较早的事件相续而来的。这些有关真实性、意图性和时间序列的前提,就决定了从希罗多德和修昔底德到兰克,以及从兰克一直到20世纪的历史著作的结构。而正是这些前提,在最近的史学思想中却逐渐地受到了质疑。

我相信我们可以在20世纪的史学思想中区别两种十分不同的取向。第一种是探讨由19世纪的专业历史学所特有的那种叙事的、朝着事件定向的历史学之转化为20世纪朝着社会科学定向的历史研究与写作的形式。传统历史学的基本前提受到了挑战,但是上述的根本前提却始终未被触及。各式各样社会科学取向的历史学,织就了从定量的社会学与经济学研究方法和年鉴学派的结构主义到马克思主义的阶级分析那样一道方法论的和意识形态的光谱。所有这些研究路数都以不同的方式力图使历史研究更加紧密地把自然科学当作范本。当传统的历史学把焦点聚在个人的作用与意向性的各种因素上，而反对简化为抽象的概括化时，社会科学取向的历史学的新形式则强调的是各种社会结构和社会变迁的历程。然而它们都分享着更古老的历史编纂学中两个关键性的观念。

其一，肯定历史学研究的乃是一个真实的主题，而历史学家
4 所总结出来的叙述必须与之相符。这种真实必须被承认是不可能直接为人掌握的，而是像所有的科学一样，它们也必须以历史学家的概念与心灵结构为其中介；然而历史学家的目的却仍然是客观的知识。新的社会科学研究路线在如下几点上批判了老式的历史编纂学。他们论证说：它太狭隘了，只把注意力集中在个人尤其是"伟人"的身上以及那些构成了历史学主题的事件上，而忽视了他们或它们在其中起作用的那个更广阔的语境。在这个意义上，社会科学的研究路线——无论是马克思主义的、帕森斯（Talcott Parsons）式的还是年鉴派的——都表现出历史学的一种民主化，它包罗有更广泛的各色人等并把历史眼光从政治扩展到社会上面来。他们反对老式的研究路线，并非因为那是科学的，而是因为那不够科学。他们对这种古老的研究路线的一项基本假设提出了挑战：历史学是探讨个别的，而不是进行概括，它的目的是要"理解"而不是要"说明"。所以他们就反过来主张所有的科学，包括历史学在内，都必须含有因果性的说明。

其二，老传统与社会科学研究路线之间也有一致的地方。双

方都是以一种单线的时间观念在进行操作的，即历史是有连续性和方向性的，事实上与各种不同的历史学的繁多性相对照而言，确实是有着**历史**这样一种东西的。这种历史概念在传统的老式历史学之中比起后来的各种社会科学研究路线来，所采取的是另一种不同的形式。兰克已经摒弃了设想一部通史是有着一个规划的那种历史哲学观念，然而他却设想历史是有着一种内在的一贯性与发展历程的[4]，而且还赋予了西方历史以一种优先的地位。社会科学派的史学家们倾向于相信，至少近代史是沿着一个明确的方向在运动的。尽管很少有人会接受那种对这一方向赋之以一种仁慈的特性的进步观念；然而大多数人都是在以“现代化”或进步性的“合理化”——它赋予了历史的发展以一贯性——在进行操作的。在这里，近代西方世界的历史也就具有了一种优越的地位。世界史和西方化两者是吻合的。

自从19世纪末叶以来，这些假设在哲学思想上就日益受到
了挑战。然而，只是到了最近四分之一的世纪里，这种挑战所造 5
成的疑问才认真影响到了历史学家的工作。史学思想的这场重新定向，反映出社会与文化的根本性的变化。在某种意义上，由兰克所开创的历史学专业的范型当其普遍地成为历史研究中的标准时，就已经与当时政治社会现实的声调不协调了。兰克在很大程度上乃是继法国大革命和拿破仑时代之后而来的那个复辟时代的产儿。他的国家观根据的是1848年以前普鲁士的政治现实，那要早于代议制建立之前，也早于工业化及其社会的副产物之前。因此强调政治的首要性，相对而言，就孤立于社会经济的各种力量之外，而且几乎全然有赖于国家的官方文件。到了19

世纪末叶的时候，这一范型已经成为法国[5]、美国[6]和其他地方历史学专业的样板，而这时候它所预先假定的社会政治的前提条件已经根本改造过了。

到了19、20世纪之交，法国、比利时、美国、斯堪的那维亚甚至德国的历史学家们就已经开始批判兰克式的范型，并在召唤着一种能解说各种社会经济因素的历史学了。[7]这样一种历史学就必定要摆脱把精力集中在事件和个别领袖人物的身上，转而把焦点聚在事件或伟人存在于其中的各种社会条件。民主化以及群众社会的登场，也在召唤着一种能从事说明更加广泛的各色人等和他们所生活于其中的各种条件的历史学。于是美国的“新史学”派、法国的亨利·贝尔（Henri Berr）和比利时的亨利·皮雷纳（Henri Pirenne）的圈子[8]，以及一般欧洲大陆的马克思主义者，就都从不同的角度转而求之于他们特殊的社会科学概念，作为历史学家整个工作的一部分。当政治史和外交史的传统史学形态直至1945年之后还在左右着历史学这门专业的时候，人们的注意力已经越来越多地给予了社会史。特别是1945年以后，有体系的各种社会科学就开始在历史学家的工作中起着日益重要的作用。我二十年前的那部书就描述的是这场转变。

6 然而社会科学历史学所赖以立足的有关近代世界的性质及其方向的那种乐观主义，却被晚期工业世界社会存在结构的根本变化所深深动摇了。社会科学取向的历史学家们要比兰克学派更加动力学式地构思现代世界。他们把不断的经济增长和科学的公理化应用于调整社会，把它看成是在规范着现代世界的正面价值。

早在19世纪下半叶，这类有关历史行程的假设，就已经受到雅各布·布克哈特[9]和弗里德里希·尼采[10]毁灭性的批判。这类悲观论调在整个20世纪上半叶反复出现在论述近代文化状态的哲学讨论与反思之中，然而直到60年代它们并没有真正地影响到实践的历史学家。20世纪60年代对许多方面来说都是一个转折点，这时候长久以来就在酝酿着的现代社会与文化的危机意识才达到了一个高峰。只是到了这时，第二次世界大战所创造的种种条件才变得明显起来，其中包括各殖民帝国的结束以及更多地意识到各个非西方的民族也都有其历史[11]。在西方社会之内，古老的、为50年代的著作所重复着的那种民族一致的概念[12]，就被已经为人们所确认了的各个民族国家内部的分歧性所取而代之。迈克尔·哈林顿（Michael Harrington）的《另一个美国》（1961）[13]勾绘出了与丹尼尔·布尔斯廷（Daniel Boorstin）[14]这类历史学家和丹尼尔·贝尔（Daniel Bell）[15]这类社会学家所持有的乐观主义观点大为不同的另一幅美国社会的画面。然而马克思主义的阶级观，在一个日愈意识到了诸如性别、种族、种群性和生活方式之类的其他分歧的环境里，看来却显得不合时宜了。从工业社会向信息社会的转移，更进一步影响了人们的意识。人们第一次强烈地意识到了经济增长的消极面及其对环境稳定的威胁。这场浩劫的全盘冲击并不是第二次世界大战一结束就立刻进入到公共意识里来的，而是在一定的距离之后，当时新的一代获得了一种批判的眼光。文明化过程的毁灭性质就日益进入了人们意识的中心。

对于历史学家来说，这场意识上的转化有着好几种后果。 7

对于许多人来说,它则标志着“宏大叙事”[16]的终结。西方文明看起来越来越只不过是许多文明之中的一种罢了,这许多文明没有一个可以声称占有首要位置。同样的是,现代性便丧失了其独一无二的品质。奥斯瓦尔德·斯宾格勒在相当早的时候就谈到各种文明的多元性,然而在他看来所有的文明都遵循着同一种发展模式。[17]马克·布洛赫(Marc Bloch)和费尔南·布罗代尔(Fernand Braudel)早在20世纪的30年代和40年代就已经从追循事件序列的叙述历史学转向考察一个特定时段情况的历史学。[18]布克哈特则从另一个大为不同的角度,已经试着做类似的事情了。[19]而且即使是一个特定的时期也并不就构成为一个整体单元,正如布罗代尔从三个不同的时间角度来审视16世纪时所强调的那样。[20]在牛顿那种意义上作为一个客观实体的时间或是在康德那种意义上作为一种普遍的思想范畴的时间,已经不复存在了。对布罗代尔而言,历史时间是随着它所研究的主题而变化的,每个时间都以不同的速度和节奏在变化——无论历史学家所研究的是自然的或社会的、经济的和文化的历史在其中经历着渐变的那些大跨度的结构,还是政治史上的急剧跳动。何况即使是在一整套社会模型之内,各种不同的时间概念也是同时并存并且互相竞争的,正如雅克·勒高夫(Jacques Le Goff)区别了中世纪教士的时间和商人的时间那样[21],或是爱德华·汤普森(Edward P. Thompson)关于新的工业资本主义时代中前工业的时间之与工业的时间相对立的见解那样[22]。以往被排除在历史叙述之外的那部分人们——其中主要的是妇女和少数种族——的申诉,导致了新历史学的创立。这些申诉有时被并入到更大的叙述之中，然而更多的是脱离于其外。

历史学主题的这种片断化，其本身并不构成为对历史兴趣的摒弃。过去的三十年之中，历史著作的范围在许多方面都已经极大地扩展了。新的历史学确实在挑战专注于政治社会精英的传统历史编纂学，并要求把长期以来被忽视了的各色人等也都包罗在内。他们提出了“一种自下而上的历史学”，那不仅是把妇女包括在内，而且还引入一种女性主义的观点。他们也挑战社会科学的研究路数；社会科学的研究路数把巨大的非个人 8
的结构置于历史的中心，这样一来也就并不比古老的政治历史学能更多地指向现存的权力关系。如果说社会科学取向的历史学曾经力图以对社会的研究取代对政治的研究的话，那么新的历史学就转而研究被人理解为是日常生活与日常经验的条件的文化。根据这一观点，马克思主义之强调政治和经济是权力和剥削的场所的那种中心作用，对于活人的现实利益和关注来说也就始终不可动摇。过去的三十年里倒不是人们的历史兴趣衰退，而是看到了一场历史著作的真正爆炸：各色人等都在力图脱离更大的、传统的民族整体之外而确立自己的身份。

关于究竟有没有可能进行客观的历史探讨这一疑问，就构成了一项更严重的挑战。对西方文明性质的幻灭感，日愈造成了一种对现代科学观的深刻反思。人类学家诸如克洛德·列维-斯特劳斯（Claude Levi-Strauss）等人，不承认现代的科学合理性在“野性的”神秘思想之寻求与人生达成谅解上能提供任何方便。[23]从19世纪20年代兰克对史料考订的系统化工作直到20世纪70年代罗伯特·福格尔（Robert Fogel）之力图把历史学转化为一种以可量化的理论模型而进行研究的科学[24],历史学家们都认为,历史研究的对象是有着明确规定的探讨方法的。这种信心符合于历史学话语与文学话语之间的严格划分,也符合于把自己看作是一个科学家的那种历史学家的工作方式与一个更注重自己工作的文学特性的通俗历史读物作家的工作方式之间的区别。尼采在他早期的作品《悲剧的诞生》(1872)和《论历史学对人生的用处和不利》(1874)中,就否定了历史研究与学术性历史学的可能性和效用性。他相信不仅研究的对象是被历史学家的兴趣和偏好所决定的,而且自从苏格拉底和柏拉图以来西方思想所依据的信念——即存在着一种与思想家的主体性并
9 无任何联系的客观真理——也是不可取的。对于尼采,正如对于他以前的马克思一样,知识乃是权力运作的一种工具。[25]但是尼采并不分享马克思的这一信念:揭示出已经进入到知识之中的意识形态的各种因素,就可以通向客观的知识。自苏格拉底以来的哲学理性的历史,在他看来似乎只不过是一种非理性的形式,只不过是肯定权威与权力的一种有效的工具。因此他就否认逻辑的(例如苏格拉底式的)思想对于前逻辑的(也就是神秘的或诗意的)思想的优越性。

从这一点出发,近几十年来越来越多的历史学家就达到了这样一种信念,即历史学是更紧密地与文学而不是与科学相联系着的。这种想法就对近代历史学所赖以成立的假设本身提出了挑战。因为历史学并没有客体,所以历史研究就不可能有客观性——这一观念已经越来越流行了。从而历史学家便永远都是他本人在其中进行思想的那个世界的囚犯,并且他的思想和

感受是被他进行操作所运用的语言的各种范畴所制约的。于是，语言就形成了现实，然而语言却并不指向现实。[26]这种观念特别出现在20世纪60年代以来的语言学理论和文学理论中间[27]，尽管它所运用的基本语言概念早在斐迪南·德·索绪尔（Ferdinand de Saussure）1916年出版的《普通语言学教程》一书中就已经有所预示[28]，该书就是把语言看作一套自足的体系。罗兰·巴尔特在20世纪60年代[29]和海登·怀特在20世纪70年代[30]都强调历史文本的文学特性以及它们不可避免地所包含的虚构成分。法国和美国的文学理论家如雅克·德里达和保罗·德曼（Paul de Man）等人进一步发展了索绪尔语言乃是一套自足的符号这一概念，他们论证说：语言构成为现实更有甚于是指向现实。历史学家是研究文本的，但是这些文本并不指向外在世界。用德里达的名言来说，“除了文本之外，便没有任何东西”[31]。文本并不必须具有一种书面的或言词的形式。人类学家例如克利福德·吉尔兹（Clifford Geertz）等人则主张，文化也是文本。[32]而且不仅文本是非指示性的，并且它们也不具有毫不含混的意义。每一种文本都可以用无数的方式加以阅读。作者的意图已不再至关重要了，不仅因为它是多层次的和矛盾的，也因为文本是独立于作者之外而存在的。运用到历史学上面来，这就意味着归根结底每
一部历史著作都是一部文学著作，它必须以文学批评的范畴加 10
以判断。

这是自从巴尔特在20世纪60年代对它加以总结以来在法国和美国的文艺理论界始终为人所坚定地遵循的论证路线。巴尔特否认历史学和文学之间有任何区别，随之也就否认了——

自从亚里士多德在他的《诗学》中作出总结以来为西方思想界所普遍接受的——事实与小说虚构之间的区别。这种对历史实在论的批判，就被联系到对现代社会与文化的批判。因而巴尔特就抱怨说："历史学论文的实在论乃是普遍文化模型的一部分……（它）指向一种正在对'现实'异化的拜物教，人们借此力图逃避自己作为意义的创造者的那种自由和那种角色。"[33]海登·怀特也以同样的思路提出："人们迟迟不肯把历史学的叙述看作就是它们最为明显昭彰的那种样子：它们乃是言词的虚构，那内容更是被其发明炮制出来的，而不是被发现的，它们那些形式与其文学的对应部分而不是与其科学的对应部分有着更多的共同之处。"[34]汉斯·凯尔纳（Hans Kellner）把对近代社会所谓的权威的批判推得更远。他指责说："'真理'和'现实'当然都成了我们时代首要的权威性的武器。"[35]这就等于否定了自从古典的古代以来而尤其是自从历史学研究专业化以来，历史学家们进行历史研究的方式。正如罗伯特·贝克霍弗（Robert Berkhofer）所指出的："正如正常的历史学家们都宁愿以参照事实而不肯以对如此这般的叙述的性质的论证来协调各种不同的解释，所以他们在实践上就必定假设事实性具有着某种强制性的现实。"既然否定了事实性，"当代文学理论也就鄙弃了流行的历史学实践的思想基础本身"[36]。

然而坚持主张文本自立性的这些历史实在论的批评家们，却很少走出理论的陈述之外去面对那些对他们来说只可能是一种语言结构的具体历史题材。自命是"新历史主义"[37]运动的拥护者的人就更加直接地是和历史语境中的文字和文化打交道，尤其是通过其文学作品而与伊丽莎白时代的英国[38]打交道,也还与欧洲人遇到的新世界的原始居民打交道[39]。这两组人都分享 11
后现代主义有关语言的中心地位及其透明性的那种文艺理论的基本前提,以及人类学把文化当作是意义的象征网络的那种概念。然而新历史主义者之拒斥文本自立性的观念,倒不如说是把文本看作反映部分地是以福柯式的术语而部分地又是以马克思主义的术语所理解的各种权力关系之复杂的符号交流的一个组成部分。构成为他们的分析基础的那些文本,其信息是被自从近代早期资本主义市场就一直在操作着整个社会的那种文化辩证法所提供的。对于他们,正如对于社会学家皮埃尔·布迪厄(Pierre Bourdieu)一样,这些力量所采取的形式并不是物质的,而是在文化上可以沟通的符号资本。他们强调一切文字和文化的文本都有多重意义,同时又正像后现代主义文学理论的实践者们一样,他们始终对于"正规历史学"的实践持批判的态度。他们追求的目的是"新历史主义"的创始人斯蒂芬·格林布拉特(Stephen Greenblatt)称之为"文化诗学"[40]的东西。

从20世纪70年代至今一直在左右着历史学理论探讨的那些对公认的历史学研究方法的激烈批判,已经对历史学的著作产生了一种重要的、却又很有限的冲击。假如我们接受这种批判的前提的话,那么有意义的历史著作便会是不可能的事了。历史学显然是具有文学性质的。正如安克斯密特(F. A. Ankersmit)所论证的[41],历史学家总得使用比喻来创造历史的形象。被他称之为兰克的以及社会科学取向的近代历史学和后现代的立场双方之间的分歧就在于:后者坚持每一个历史文本都有其隐喻的、非陈述的性质，而前者则有一种虚幻的信念，即在历史学家的诗文之外还存在有一种历史的实质。汉斯·凯尔纳以一种类似的思路曾把近代历史学研究的整个传统都看作是对古老的、把历史学作为一种修辞学形式的前近代的历史学观的一种歪曲。[42]

但是问题并不那么简单。因为即使是专业化以前的历史学家们也都在把自己看作是辞章家，对他们来说历史学就包含有借鉴人生的教诲而同时又在致力于述说一个真实的故事。而近
12 来探讨的基调——例如1995年蒙特利尔“国际历史科学大会”的“虚构性、叙述性、客观性”讨论会[43]——则是要采取一种中间的立场，亦即（正如罗杰·夏蒂埃［Roger Chartier］所概括的）虽则“历史学是许多种叙述的形式之一，然而在它对真实性保持有一种特殊的关系这一点上，它却是独一无二的。更确切地说，它那叙述的构造就是要重建一幅曾经真实存在的过去。这种诉之于先于历史文本而存在的、而又是处乎其外的真实——而它那文本所具有的功能则是要得出一份可以为人理解的叙述来——则是构成其为历史学并使之有别于故事或编造的东西”[44]。

真实与虚假之间的这种区别，对于历史学家的工作来说始终都是根本性的。在近年来的批判思潮中，真理观已经变得无可估量地更加复杂了。肯定地说，“历史知识具有一种绝对的客观性和科学性”这条公理“已经不再是毫无保留地为人们所接受了”[45]。然而真实性这一概念以及历史学家要避免作伪并要揭发作伪的责任，却一点也不曾被人放弃。作为一个训练有素的专家，他要继续批判地研究那些使人们接触到过去的真实成为可

能的史料。在历史学的调研中,合理性与不合理性之间的区别并不在于对真实或客观性的抽象概念如何,而是在于对“历史学之作为一种阐释性的整体的观念、一种有着专业标准的学术实践的纪律的概念如何”[46]。

从过去的现实逃入晚近的文学的、语言学的和历史学的思想之中,反映出人们对正在异化的现代文明的各个方面的深刻不满。就科学占有现代文明的中心地位而言,包括学术性历史学的近代传统在内的各种科学路线都受到了攻击。当然,这种抨击也有政治的内涵。19世纪和20世纪前半叶由布克哈特和尼采(尔后还有海德格尔)所开始的事业,乃是从精英主义的、反民主的角度出发排斥启蒙运动的人文主义传统的,到了1945年之后,它又被让-保罗·萨特和法兰克福学派——提奥多·阿多诺和马克斯·霍克海默——这些思想家们举了起来;他们的立场通常被认为更密切地是左派的,但是他们不再把启蒙运动对
理性和科学的信仰看作是解放人类的工具,而相反地看作是掌 13
握和操纵人类的一种工具。[47]如果说启蒙运动是力求把人类从神话和幻念之下解放出来,那么它的这些批判者们就是力求把人类从伦理上的毫无意义之下解放出来,在他们看来伦理上的毫无意义就包含在对人生和现实的理性的——或者说在他们的观点之中是理性主义的——思路之中。科学的理性突然之间变成了一个魔鬼。福柯和德里达都同意,自从苏格拉底以来西方的哲学传统,由于把抽象的理性置于中心地位,已经把统治权的模型给合法化了[48];而对于从女性主义的观点进行写作的若安·司考特(Joan Scott)来说,那还在日常谈话的语言本身之中确立了

父权家长的权威[49]。

这种后现代的批判包含有非常之重要的有效论点，它指出了单一的历史观是不可取的，历史不仅是被连续性而且也是被各种断裂所标志着的。批评者们正确地指出了，在专业历史学研究占有统治地位的话语之中已经嵌入了各种意识形态的前提。他们也正确地向它那些以专家的权威性在发言的种种夸张的说法提出挑战。然而他们却有要把婴儿和洗澡水一起都泼掉的倾向，他们否认有任何一种合理的历史话语的可能，并且质疑历史真实性的概念以及还有历史虚假性的概念。于是他们就不仅取消了介于历史话语（它总是包含有虚构的成分的）和小说（它大多都是想要解说现实的）之间那条大家公认的流动界限，而且还取消了介于真诚的学术与宣传之间的那条界限。在近年来讨论这场作为一桩历史事实的大灾难（指第二次世界大战——译者）时，这种界限上的混淆已经变得格外令人困恼。[50]把历史化解为纯想象的文学这一矛盾在海登·怀特的说法中来得十分明显：从道德的观点而言，否认大灾难这一现实是无法接受的，然而又不可能在一份历史叙述中客观地确定它是否曾经发生过。[51]

后现代主义的挑战已经对历史学的思想和写作造成了重大的冲击，然而并未摧毁古老的概念与实践的连续性。后现代主义反映了一种转型中的社会与文化，其中有关工业增长、不断增加
14 的经济期待和传统的中产阶级典范都已经动摇了。这一点已经反映在过去二十年的历史编纂学之中。历史学的主题已经从社会的结构和历程转移到广义的日常生活的文化上面来。随着新的注意力被给予了个人，历史学便再度采取了一种人情味的面

貌,但这一次不是给予上层的权势者而是给予了普通的百姓。有一派历史学家已经力图以他们所说的微观历史学来取代对宏观历史和宏观社会过程的研究,把注意力集中在由具体的个人所组成的小小的社会单元上。对日常生活文化的这种新强调,就把历史学和克利福德·吉尔兹的人类学紧密地联系在了一起。"和马克斯·韦伯一道相信人是一种被悬挂在他自己所织就的那张意义之网上的动物",吉尔兹"就把文化当作是这张网,因此对它的分析就不是要寻求规律的一种实验的科学,而是在寻求意义的一种解释的科学。它是一种解说……在诠释着表面上(是)谜一样的各种社会表现",这便是文化学者们所追求的东西。因此,新的文化史也像古典历史主义的"解释学"一样,它所关心的并不是"说明"(explanation),而是"解释"(explication),亦即企图重建作为它的文本的各种社会表现的意义。[52]

然而新史学的解释学不同于兰克学派的解释学。兰克学派研究的不仅是一个不同的主题,亦即在伟大的政治体制的结构中的领袖人物这一主题,而且还认为文本之中就包括有通过语言学的分析可以被重建出来的一种明确的意义。兰克及其学派一直相信历史学是一门严格的科学,哪怕是在主题上和方法上与各种解释科学并不相同。而在新文化史看来,则国家的中心体制、教会和世界市场都已经坍塌了,文本的意义已不再是透明的,而是被打上了种种矛盾和断裂的烙印。

所有这一切都在支持着后现代主义对客观性和科学方法观念的攻击,它以扫除历史的叙述与虚构的叙述二者之间的区别而告结束。然而对过去二十年的历史学进行一番审视——这是 15

我在本书中所从事的工作——却在提示我们：尽管历史学家们在他们对科学权威的信仰上变得越发的小心翼翼，然而他们却是怀着这一信念在进行工作的，即历史学家研究的是一个真实的而非想象中的过去，而这个真实的过去虽则只有通过历史学家心灵的媒介才能够接触到，但它却要求遵循学术研究的逻辑的方法和思路。引人瞩目的是：就在后现代思想越来越质疑职业学者的权威时，历史学的工作却感受到越来越大的职业化压力。虽则20世纪的晚期也有"历史工作坊"运动[53]在号召大学以外有兴趣的公民们去寻找自己的根，但事实上新的文化史学却几乎全都是在大学以内进行的。对历史学工作这种科学精神的挑战，有很大一部分是来自本专业之外，是来自文学理论家和评论家，他们希望把历史学搞成想象式的文学。然而令人惊异的却是：一度是在报刊上写作的那些独立知识分子领域的那种文学批评本身，也越来越被囚禁在学院的牢笼之中了。不管哲学基本的重新定向如何，学院的文化——包括它要获得必要的证书以博取一席地位并拥有一份成功事业的标志在内——从19世纪初职业历史学在德国大学内发轫至今，一直是令人刮目相待、经久不变的。因此，尽管号召要废除科学精神，但科学精神在实践中却一直坚持了下来。

这一点是有着本质意义的，假如我们想要有一种有意义的史学工作的话。历史学一直是一种博学的技艺。20世纪70年代和80年代的历史学家们从人类学家那里学到了文化对于理解政治社会行为的重要性。于是对法国大革命的研究就采取了一种新方向。在20世纪中叶曾教会了乔治·勒费弗尔（Georges

Lefebvre)[54]和阿尔贝·索布尔(Albert Soboul)[55]的马克思主义的分析方法以及阿尔弗雷德·柯班(Alfred Cobban)[56]的反马克思主义的分析方法的那种对阶级与经济因素的强调,已经被弗朗索瓦·孚雷(François Furet)[57]、林·亨特(Lynn Hunt)[58]、威廉·休厄尔(William Sewell)[59]和西蒙·沙玛(Simon Shama)[60]在20世纪80年代和90年代初的著作中所格外强调的文化、语言、 16
符号和礼仪所取而代之了。但是新的文化史家们终于也像他们传统的前辈一样,不得不进入档案馆。虽然他们对早期的社会科学路线的前提假设是极为批判的,然而他们却往往要借助于现代计算机的技术,利用经验的发现来为他们对地区文化的解释性的重建奠定一个基础。

正当20世纪70年代和80年代的著作频繁地以牺牲政治和更为广泛的社会历程为代价而强调文化的重要性时,1989年的事件却表明了政治和更为广泛的社会历程是不可忽视的。尽管在经历了20世纪种种深重的罪行之后,我们已很难跟随在现代化理论的后面赋予西方文明以任何特殊的尊贵性或者把历史看作是一场单一的过程;然而明显的是,那种理论所描述的种种强大势力确实是在现代世界中起作用的。肯定地说,现代化理论把现代世界看作是“历史的终结”[61],是一个福祉历程的产物——这一点一般说来是过分乐观了。更何况苏维埃帝国的解体已经表明了全盘依赖于政治的、经济的或文化的分析是不恰当的;而古老的民族主义的和宗教的态度之持续以及它们在现代条件下的转化——有如近些年在种族冲突和宗教原教旨主义的发作中所表现出来的那样——已经更进一步暴露了现代化理论的局限。需要用来代替它的，便是既把文化方面又把体制方面都考虑在内的一种广阔的历史思路。传统科学与传统历史学的后现代批评者们，已经对历史学的思想与实践给予了重大的修正。它并没有推翻历史学家之献身于重新把握现实或者是他（或她）对于探索的逻辑的信心，但是它已经指明了这两者的复杂性。或许我们能够在史学史中看到有一场正在展开的对话，尽管它永远不可能达到终点，却会有助于开拓我们的视野。

我们的叙述是从19世纪历史学的专业化开始的。当然，历史学要更古老得多。人类曾研究过自己在各个文化中的过去，然而
17 他们这样做的方式却是各不相同。因而在西方（包括伊斯兰）世界并且也在东亚世界，写成文字的历史书占有重要的地位，但是未写成文字的历史学形式——纪念碑、纪念品和民间传统也同样重要。至少早在西方的希罗多德和修昔底德以及东方的司马迁的时代，人们就有意识地作出努力要把历史和神话区别开来，并对过去的事件进行一番真实可信的描叙。可是并没有任何尝试是要求历史学具有与自然科学的严谨性相类似的那种科学的地位。历史学这门行业作为一种文学形式，力求如实而忠诚地重行掌握过去的真实，但却以一种美学上的优美形态呈现出来，这种情况从古典古代的西方和东亚一直持续到了最近的时期。只是到了19世纪，历史学才被转化为一种专业化了的规范而使它自己成为了由专业训练的历史学家们在实践着的一种“科学”。

对于在欧洲大陆的同时也在东亚的语言中通常使用的“历史科学”（*Geschichtswissenschaft*）一词，用以区别作为一门学科

的历史学与作为一种文学行业的历史学，说英语的论者们却感到不舒服。此词在英语中并不流行，科学一词在英语中通常是指有系统的自然科学或者是一种以自然科学为典型的探索和解说的逻辑，例如我们在“社会科学”中就可以发见的那种有系统的进行抽象化的路数和趋向。在欧洲大陆的语言里，“科学”一词—— *Wissenschaft*（德文）、*science*（法文）、*scienza*（意大利文）、*ciencia*（西班牙文）或是*Наука*（俄文），都是指对任何一种知识领域（包括人文学科在内）的一种为学者群所接受的调研方法在指导着的有系统的研究路数。

我在本书中将使用此词来指近代历史学的规范。这种意义上的历史科学的出现与在大学里讲授和学习历史学作为一种专门学术规范的建立是吻合的、一致的。这一学术规范从来就未曾有过自然科学的或分析的社会科学那种概念上的明确性，那是因为人类行为中的意志、意图和意义的成分都不容有更严格的那些科学知识所具有的抽象化程度。然而它却要求坚持学者们所普遍共享的一种学术研究的逻辑，历史研究的结果就是要 18
由它来检验其有效性的，正有如在其他的学术领域里一样。它也期待着学者能走出自己的资料所提供的原始数据之外，创造出一份包括解说在内的融通一贯的叙述来，像是一切科学话语那样。历史学中的解说的性质显然不同于严谨的科学中的那种，因为它必须要考虑的不仅有其研究对象的意图和个性，而且还有研究者的主体性的作用，这在历史研究中显然要比在严谨科学的研究中所包含的成分更多。托马斯·库恩（Thomas Kuhn）曾论证说，哪怕是在物理学中，构成其为科学工作的那些概念也不会都是本门学术规范自身发展与探讨的结果，而是与科学在其中进行工作的那种更广泛的思潮紧密相联系着的[62]。假如这一点能适用于力求在科学判断中排除一切主体性因素，像是物理学那样的一门学科的话，那么它就更加适用于承认主体性作用在学术调研中乃是一种无可避免的成分的历史学了。

以上所说并不意味着要提示我们，科学家的或历史学家的工作主要的是可以用社会因素的术语来加以解说的，或者说，它主要的是有着一种意识形态的功能的。但是它却意味着：科学，尤其是与人文价值和人文追求联系如此紧密的“历史科学”，是必须要从实践着它的那种社会文化的与政治的整体结构之中加以考察的。一部史学史而仅只考虑到历史学规范内部的因素，乃是不可能的。当然可以设想有一组历史事实能够由学术规范上有一种共识的批评标准的办法来加以审查；但是当这些事实被置之于一个更为广泛的各种事件与发展的语境之中的时候，就很难达成同样的共识了。正如我已经指出的，科学——而这就包括历史科学在内——是永远不可能归结为一套被割裂开了的学术规范的内在思想历程的；它总得涉及在某个学术的和科学的体制之内工作着的活人，而且还得持有他们同时代大多数人所共有的关于现实的性质的前提假设。科学总是预先设定有一个学者们的群体，他们都
19 在进行研究并有着各种交流形式，因此就不可能把一部史学史与各种体制以及进行学术工作的社会的、思想的环境分隔开来。

本书的三个部分将要讨论作为一种学术规范的历史学的确立、社会科学对传统学术研究的挑战和后现代主义思想对社会科学研究路线的批判及其对历史学家工作的影响。

I. 早期阶段：

历史学作为一种专业规范的诞生

第一章　作为历史学研究典型的古典历史主义

19世纪初期在历史学研究的写作和教学被转化成为一种专 23
业规范这方面，西方世界普遍地发生了一场彻底的变化。直到那时为止，历史学著作一直有着两大占主要地位的传统：一种主要是学究式和古董式的；另一种则本质上是文学式的。这两种传统只偶尔地才汇合在一起。例如在18世纪伟大的英国历史学家吉本、休谟和罗伯逊（W. Robertson）的著作里。在德国一些大学里诞生的新的历史学规范强调的是历史学的学术方面，但同时它也把学术从狭隘的古董主义之下解放了出来，而它那些最优秀的实践者们则保持着一种文学质量感。重要的是我们必须记住：这种新的历史专业是为明确的公共需要和政治目的服务的，这就使得把它的研究成果传达给公众成为了一件重要的事，它力图塑造公众的历史意识，而公众也向历史学家寻求公众自己的历史认同感。因此从一开始，在要求摆脱先入为主的观念和价值判断而投身于专业的科学精神与采用把某种社会秩序视为理所当然的那类专业的政治功能这二者之间，就存在有一种紧张关系。

这种紧张关系就反映在19世纪的大学为自己所制定的教学任务之中。这类大学的原型是柏林大学。它创建于1810年，是
24 1806年和1807年普鲁士惨败于拿破仑之后由威廉·冯·洪堡（Wilhelm von Humboldt）所推行的中等和高等教育改组的一个组成部分。这些改革有时也被说成是“自上而下的革命”，它们奠定了近代经济、法律和社会状况的基础，颇有似于法国大革命所曾推行过的，只不过它是在一个保持有大量古老君主制的、官僚制的、军事和贵族制的结构的政治体制之内推行的。大量从受过大学教育的中产阶级之中征召来的公务人员，在一个迄今还只是在社区的层次上运作着的代议体制的政治秩序之中起着一个中心的作用。洪堡企图改革高中（*Gymnasia*）和大学，目的是提供一种智育和美育的综合教育，亦即为人们所熟知的教养（*Bildung*）[1]，以便通过这种方法为一个有知识和有奉献精神的公民社会奠定基础。这些改革一点也不带有民主的意向。人文教育则是严格地依靠拉丁的尤其是希腊的古典著作，它不仅加深了受过教育的市民阶级（*Bürgertum*）和普通民众之间的鸿沟，而且还造就了一个高级公仆阶级，弗里茨·林格（Fritz Ringer）曾把这个阶级比作是中国的士大夫（mandarin）[2]。

新式的大学就体现了科学（*Wissenschaft*）和*Bildung*（教养）的结合。与旧制度时期大学的主要任务是教学相对比，柏林大学就成为一个以研究来充实教学的中心。利奥波德·冯·兰克就怀着这种思想于1825年受聘于柏林大学。兰克原是奥德河上法兰克福高中（*Gymnasium*）的一位青年教师，刚刚出版了一部书，书中他力图在文献考订的基础上重建一幅宏伟的欧洲政治

改造的画面：作为国际政治主要因素的近代国家体系的诞生和15世纪末至16世纪初一系列意大利战争过程中所形成的列强之间的势力均衡[3]。在该书方法论的附录[4]中，他排斥了任何以原来材料为基础之外的写作历史的企图，他多少有点不公正地谴责此前一切有关意大利战争的叙述（包括圭恰迪尼［Guicciardini］的经典著作在内）全然未能批判地考订史料。兰克的目的是要 25
把历史学转化为由在专业上训练有素的历史学家们进行操作的一门严谨的科学。也像作为他那篇论文题目的修昔底德一样，兰克力图写一部以对于过去之可信的重建与文辞的优美相结合的历史著作。历史著作需要专家来写，但不仅是（哪怕主要的是）为了他们，而且也是为了广大受过教育的公众。历史学既要成为一种科学规范，又要成为一种文化资源。

兰克把历史学看作是一种严格的科学概念，是以一种紧张的对立关系为其特征的，即一方面是显然要求严格排斥一切价值判断和形而上学的思辨的客观研究，另一方面又有实际上在左右着他的研究工作之隐然的哲学上和政治上的前提设定。在兰克看来，学术研究是和考证的方法密切相联系着的。而在语言学考证方法上的一番彻底的训练乃是必不可少的前提。兰克引用了讨论班的办法，使未来的历史学家们在其中受到考订中世纪文献的训练。讨论班本身并非是全新的事物。约翰·克里斯多夫·加特雷尔（Johann Christoph Gatterer）于18世纪的70年代在哥廷根大学就引入了某种类似的东西，但只是兰克才使它成为训练历史学家的一个组成部分。到1848年前后，所有讲德语的大学都已采用了这种方式。兰克所理解的严谨的学术性，是预先设定了严格禁绝一切价值判断的。正如他在为他博得了应聘柏林大学的那第一部论意大利战争一书中有名的序言中所说的，历史学家应该要避免“评判过去”而把自己仅限于“表明事情实际上是怎样发生的”[5]。然而同时他又摒弃了任何一种要把确定史实当作是历史学家的根本大事的实证主义。虽则到了19、20世纪之交，对马克斯·韦伯来说，严格的历史研究方法已揭示了人生在伦理上是毫无意义的；然而对兰克来说，它却反映了一个有意义和有价值的世界。因此，他写道：“哲学家是从他那制高点上观看历史的，一味只在进步、发展和整体之中追求无限；而历史学却在每一桩存在之中都识别出某种无限的东西，在每种状况中、在每种生存中都有着某种出自上帝的永恒的东西。”[6]因此，历史学就取代了哲学而成为对人文世界的意义能够提供洞见的科学。

26　兰克所辩护的那种“不偏不倚”（*unpartheyisch*）[7]的观察事物的方式，远未表明一切价值的相对性（因而一切价值便毫无意义），事实上反倒是显示出了各种社会体制在历史发展中的伦理性质。尽管以一种历史的思路取代了黑格尔的哲学思路，兰克却和黑格尔一致认为现存的政治状态就其作为历史成长的结果而言，就构成了“道德的能量”[8]、“上帝的思想”[9]。兰克就这样达到了一种与埃德蒙·柏克（Edmund Burke）非常接近的立场，他论证任何以革命手段或广泛的改革对既定的政治社会体制的挑战，都构成为一场对历史精神的破坏[10]。因而对于过去“不偏不倚”的研究方式，力求仅仅表明“确实曾经发生过什么事”，事实上就对兰克显示出了上帝所愿望的现存秩序。对于兰克也非常有似对于黑格尔,近代世界的历史便显示了复辟时代的普鲁士政治社会体制的坚固性,在那里,在一个强而有力的君主制和一种开明的文官制度的庇护之下,有着公民自由与私有财产制的存在和繁荣,从而便有了兰克历史观里的国家中心论。不提到产生它的那种政治的和宗教的语境,我们便不可能理解兰克所理解的那种新的历史科学。乍看起来像是一种悖论的东西——学术的专业化一方面要求严格的客观性,另一方面又要求历史学家起到政治的和文化的作用——就这样变得一点也不成其为一个悖论了。

兰克最终成为了19世纪专业化的史学研究的典范。然而在1848年以前,他一点都不是德国的、更加不是国际的历史学的典型。启蒙运动的文化史传统依然非常活跃在赫伦（Heeren）、史洛泽（Schlosser）、格维努斯（Gervinus）和其他一些人的著作里,他们更公开地拥护种种政治理想并且意识到需要考证的语言学方法,但却不肯使之成为一种拜物教。在欧洲,强烈的历史学兴趣就形成为发起大规模地编辑与出版民族的历史资料。早在18世纪穆拉托里（Muratori）就在意大利着手于《意大利铭文
汇编》(*Rerum italicarum scriptores*）这样一桩大业。在德国,19 27
世纪20年代就开始编《德国史料集成》(*Monumenta Germaniae Historica*）这部德国中世纪史料的庞大的类书。《法国史未刊文献集成》(*Collection de documents inédits sur l'histoire de France*）和《中世纪大不列颠与爱尔兰编年史与资料集》则是法国和英国所从事的同类工作。1821年巴黎创办了文献学校（École des Chartes）,来训练历史学家和档案工作者的史料考订能力。它虽

然只表示一种相当狭隘的学问，但法国、英国和美国的历史著作的主流——像儒勒·米什莱（Jules Michelet）、托马斯·巴宾顿·麦考莱（Thomas Babington Macaulay）和乔治·班克罗夫特（George Bancroft）这些名家所提示的——却是为广大的读者而写作的。

以历史学家在公共生活中的作用来衡量，或许历史学在法国比在德国受到更高的评价，因而弗朗索瓦·基佐（François Guizot）、儒勒·米什莱、路易·勃朗（Louis Blanc）、阿尔方斯·拉马丁（Alphonse Lamartine）、亚历克西·德·托克维尔（Alexis de Tocqueville）、伊波利特·泰纳（Hippolyte Taine）和阿道尔夫·梯也尔（Adolphe Thiers）等人都在法国政坛上有着在德国所无法相比的地位。或许正是因为历史学在法国不如在德国那么专业化，因而也并不那么与一般有教育的公民相脱离；而在德国，历史学家们却越来越栖身于大学之中，并且要服从特殊的学术要求。德、法两国不同的政治文化就可以部分地解释法国历史学家们像基佐、梯叶里（Thierry）、勃朗和托克维尔等人对社会问题的开放性，而相形之下，德国的史学家则更多的是把焦点放在政治史和外交史上。

1848年以后在德国，而1870年以后则在大多数欧洲国家以及美国和日本——稍后也在英国和荷兰——历史研究就经历了一番专业化。一般都是遵循德国的模式，美国是1872年约翰·霍普金斯大学推行了博士学位规划，法国则已于1866年在巴黎创建了高等研究实践学院（École Pratique des Hautes Études），重点放在研究上。讨论班就开始取代了或者至少是补充了课堂讲授。各种宣扬新的科学研究方法的刊物纷纷创立。于是《历史杂志》(*Historische Zeitschrift*)创立(1859)之后,继之就有《历史评论》(*Revue Historique*)(1876)、《意大利历史评论》(*Rivista Storica Italiana*)(1884)、《英国历史评论》(1886)、《美国历史评论》(1895)和其他各国类似的杂志。值得注意的是,《英国 28
历史评论》第1期开宗明义就是阿克顿勋爵(Lord Acton)的一篇文章《论德国历史学派》。[11]美国历史学会创立于1884年,选出了"历史科学之父"[12]兰克作为它的第一位荣誉会员。一般说来,向德国模式转移也就意味着从较为广泛的文化史倒退到一种较为狭隘的、以政治为焦点的历史学。我们在兰克身上所看到的那种既要求严格的学术应该避免价值判断、又要求历史学实际上投身于政治社会价值双方之间的紧张对立,也出现在新的专业化的历史学之中。事实上,19世纪历史学研究的巨大增长是与政治和社会的背景密切相关的。不仅在德国而且也在法国,各个大学和研究所里所进行的历史学研究都是由国家资助的。尽管是学术自由,但国家在授予教授职称和选择人员的过程中所起的作用就保证了双方之间有高度的一致。[13]

这种占统治地位的意见一致在德国和在法国肯定是并不相同的,它们反映不同的政治文化;但是双方都深深植根于已经牢固确立了的中产阶级——即市民阶级(*Bürgertum*)或资产阶级(bourgeoisie)——的价值之上。这两国的历史学都是有意识地与自由主义的立场结合在一起,而不同于兰克的保守主义。在法国,这种自由主义,特别在1871年以后,是把自己认同于共和主义的传统的。它是世俗的和反教会的,并且是与保皇党的保守主义相对抗的。[14]德国自从1848年的革命失败之后，就力求在霍亨索伦王朝的君主专制体制之内实现自由主义的社会经济的目的。于是就在法国的米什莱或拉维斯（Lavisse）的历史书中或在德国的西贝尔（Sybel）和特赖齐克（Treitschke）的历史书中出现了一种非常之不同的有关国家过去历史的神话。令人惊奇的是：专业化过程以及随之而来的科学精神与科学实践的发展是怎样到处都导致了历史著作越来越意识形态化。历史学家们深入到档案中去寻求证据，以便支持他们民族主义的和阶级的成见并从而赋给它们以一种科学权威的气氛。

一般说来，新的历史观——它尔后往往以“历史主义”（*Historismus*）[15]一词而为人所称引——就被当成是一场思想的
29 进步而受人欢呼。历史主义不止是一种历史理论而已，它包含有一整套人生哲学、一种科学观（而尤其是人文科学与文化科学的科学观）与一种政治社会秩序观的独特的结合。正如奥尔特加·加塞特（Ortega y Gasset）所概括的，它设定：“总之，人没有本性；他有的只是……历史。”[16]但是它也坚决相信历史显示了意义，而意义也只在历史之中才显示出自己。以这种方式加以观察，历史学就变成了研究人间事物的唯一方式。像厄恩斯特·特罗尔什（Ernst Troeltsch）和弗里德里希·迈纳克（Friedrich Meinecke）这些历史学家和社会哲学家们，当时都使用“历史主义”一词来认同这种在19世纪德国学术界中但也在牢固的市民阶级（*Bürgertum*）世界中占统治地位的世界观。弗里德里希·迈纳克1936年曾说过，历史主义是“理解人间事物的高峰”[17]。在理论上，这一研究方式就向历史研究敞开了人类活动的全部

领域。

事实上,它既开拓了但也限制了历史学的眼界。重要的是我们应该记得,德国的历史学学术研究是在19世纪最初三分之二的时间内获得其现代形态的,那是在德国社会工业化和民主化之前,并且带有那一时代的烙印。1870年以后,它那些基本前提大体上始终未变或许是出于三种原因,即德国历史学学术研究当时已获得的巨大威望,1848—1849年革命失败之后,德国特殊的政治条件以及俾斯麦统一德国后所采取的路线,妨碍了德国民主精神的出现。然而正如我们已经看到的,德国的历史科学模式到处（在与德国不同的政治与思想的条件之下）都成了专业研究的典型。于是,德国以外的历史学家们便采用了德国的学术实践中那些重要的成分,而全然不理解或者未能理解与之相关的那些基本的哲学与政治的信念。例如,兰克就往往被人误解为是一个实证主义者,“决心要严格地坚持事实,决不进行说教,决不指向任何道德,决不点缀故事,而仅只是说出单纯的历史真相”[18]。

人们所加之于兰克观点之上的那种历史主义的理论乃是“一切时代都直接通向上帝”[19]。然而事实上,并非一切时代都同样地受到兰克的青睐；兰克仍然抱着一种大欧洲的眼光,正像历 30
史学家都会有兴趣的那样。兰克要想写世界史,但是世界史对于他,乃是日耳曼民族和拉丁民族的历史和中欧与西欧的历史的同义词。他写道:“印度和中国有着漫长的纪年史”,然而最多只不过是一部“自然史”[20],而不是他所理解的那种意义上的历史。兰克以后,历史学家们的焦点进一步缩小到仅限于国家和各个国家的政治生活方面。历史学家们深深感到不得不要钻进档案堆里去，其中不仅是国家的官方文献，而且还有大量被他们忽视了的属于行政的、经济的和社会的性质的信息。并且虽然在19世纪以前偶尔有过女性历史学家，但是现在她们却几乎从这门并没有她们的地位的专业之中完全绝迹了。

在19、20世纪之交，厄恩斯特·特罗尔什谈到了一场“历史主义的危机”[21]。他说出了当时流行的见解，即历史研究已经表明了一切价值的相对性，并揭示了人生之毫无意义。“历史主义的危机”[22]成为第一次世界大战之后在德国日益流行的话题，因而被人看作主要的是一种思潮发展的结果。这场“危机”在德国为人感受得最为深切，因为德国19世纪初期和中叶的哲学前提与20世纪的现实是最不合拍的了。面临危机的不仅是植根于德国古典文化的唯心主义之中作为一种世界观的历史主义，也还有德国市民阶级的全部文化及其教养的理想。在19世纪是如此之处于形成为民族与社会认同感的中心地位的历史学研究，就越来越丧失了它在公共生活中的有效性。教学与研究之不断进步的制度化和与之相伴随的专门化的压力，就这样逐步地消解了成其为19世纪伟大的政治历史学的特征的那种科学与教养之间的密切关系。

第二章　古典历史主义的危机

19世纪末叶的历史研究是以一种深刻的不安为其特征的。 31
几乎就在同时,整个欧洲和美国都发生了一场对各个大学里已经确立的历史学的前提假设的批判审查。关于历史学在现代应该怎样进行,并没有出现哪一种新概念;但是却有一种广泛的信念认为历史学的题材必须扩大,对于社会、经济和文化的作用必须给予更多的地位。此外,偏爱集中于事件和伟人身上的叙述性的(主要的是政治的)历史学也受到了挑战,人们要求历史学应该更密切地与各类经验的社会科学相联系。然而对于全世界各大学里所研究和讲授的历史学,这场批判性的反响却一点也没有质疑古老的历史学的两项基本前提假设,即历史学应该是一门专门的学术规范,历史学必须认为自己是一门科学。反之,却有压力要使历史学这门行业甚至于更加专业化和更加是科学的。

在德国,这场讨论随着环绕卡尔·兰普雷希特(Karl Lamprecht)的《德国史》(*Deutsche Geschichte*)一书(该书第一卷于1891年问世[1])展开的争论而加强了力度。兰普雷希特质疑了传统历史学研究的两项基本原则:分派给国家以中心的角色和集中注意力于人物和事件。他说,在自然科学中,科学方 32

法把自已限于描述孤立的现象的时代早已经过去了。历史学的学术研究也必须以一种发生学的方法取代描述的方法。由于它那广阔的范围囊括了文化、社会与政治以及它那可读性,《德国史》就积极赢得了广大的读者群。但是它也遭到大多数历史学专家们的激烈反对。他们的批判是根据两项理由来论证的：首先,此书包含有许多错误和不准确之处,使人怀疑它是匆促之间草率写成的,但是这并不必然要取消它的基本论点。其次,它那些基本论点也须受到批判,因为它们使用了集体心理学的一种高度思辨的概念来证明,德国历史自古以来就在遵循着事先预定的历史发展的规律。"规律"这一概念也是兰普雷希特对于科学理解的核心。在他的纲领性的著作中,他区别了"历史科学的老方向"(即力图靠严格研究史料的办法来确认事实,而不用任何"科学的"方法来解释历史行为)和"新"方向(即靠理论问题和方法论的原则对某个研究题目进行有意识的探讨,正如其他各门科学所做的那样[2])。按兰普雷希特的说法,对历史进行科学的或学术性的探讨这种老概念,是以这一形而上学的假设为其基础的,即在历史学家所观察到的各种现象的背后,有着巨大的历史势力或"观念"在起作用并赋予了历史以它的凝聚力。"新的历史科学"的目的在于使历史学与各种有系统的社会科学取得一致；然而兰普雷希特在《德国史》一书中的关键概念,即贯彻一切时代永世长存的那种"民族灵魂"(*Volksseele*)或"民族精神"的概念,则是根源于德国的浪漫哲学而非严肃的社会科学。这就使得在历史研究中明确地提倡社会科学研究方法的马克斯·韦伯要把兰普雷希特的《德国史》一书看作是思辨的废话，并指责兰普雷希特"几十年来断送了"一桩"好事，即把历史学的工作推向了更大的概念化的这一努力"。[3]

政治的动机对于反对兰普雷希特也起了重要的作用。就本 33
专业那些关键性的发言人而言，19世纪德国大学所发展出来的那类历史研究以及它们所依恃的那种历史观和科学观，是和俾斯麦领导下的德国统一所形成的政治秩序紧密相联系着的。[4]早在这场兰普雷希特论战之前的好几年，迪特里希·舍费尔（Dietrich Schäfer）[5]代表着本专业占统治地位的观点，和主张拓展历史学而把经济、社会和文化各方面都包罗在内的艾伯哈德·戈特海因（Eberhard Gotthein）[6]两人之间，就有过一场尖锐的争论。在舍费尔看来，国家就是历史的中心；而俾斯麦创立的德国国家对舍费尔而言便是现代国家的原型。除非我们把国家置于历史的中心，否则任何一贯的历史叙述都是不可能的。可是因为他把国家看作是权力的积累，并且因此就把外交政策看作是政治中的决定因素，所以舍费尔就反对任何企图从国内的社会力量或利益的角度来分析政治。兰普雷希特肯定绝不是一个革命党。他断不会反对现存的君主制秩序，也不会反对德意志帝国（*Reich*）的全球目标。也像许多他同时代的人一样，他宁愿把外化了的工人纳入国家里面来加强德国并使德国现代化成为一个世界强国。然而批评者却认为他的《德国史》一书中包含有某些因素是非常之接近于唯物主义的，在某些方式上甚至于是马克思主义的[7]概念，这就质疑了国家的中心作用，因而也就质疑了德意志帝国的政治社会秩序。

对兰普雷希特以及对文化史和社会史那种几乎是全盘排

斥的态度，一般说来毫无疑问都和德国历史学界的清一色大有关系。它那选拔人才的机制——包括一篇冗长烦人的第二论文（*Habilitation*）只要有单独一张秘密的否决票就可以被排除在正教授之外——就使得政治上或意识形态上的非正统派不可能获得大学教席。结果是，不仅兰普雷希特作为一个历史学家始终是孤立的，而且那些引入社会史的尝试也都长期遭到了挫折[8]。只
34 是在与历史学相邻近的学科如在经济学中和尔后到了20世纪20年代的社会学，社会史方面才做出了重大的工作。从长远说来，兰普雷希特在地方史和区域史（*Landesgeschichte*）方面的影响是极大的，它们与国家政治的直接关系较少，因而就更加倾向于探讨社会和文化方面。

在法国和美国，历史学家们在历史学与社会科学之间建立更为紧密的联系方面，证明了自己的态度是更加开放的。毫无疑问，这些国家的政治环境大为不同，是与这一点有关的。当社会史在德国被迫采取守势时，在法国领导抗击大学里所推行的传统历史学研究的却正是社会学。1888年埃米尔·涂尔干（Émile Durkheim）在他的《社会科学教程》（"Cours de science sociale"）[9]一文里否认了历史学的科学地位，因为它涉及的是特殊事件，因此其目的就不在于得出构成其为科学操作与科学思想的核心并可以由经验加以证实的普遍陈述。历史学最多也只能是为社会学提供信息的一门辅助科学；社会学不像历史学，它是可以成为一门严格的科学的。按照曾经受到涂尔干的强烈影响的那位经济学家弗朗索瓦·西米昂（François Simiand）的说法[10]，经济史是历史学中与社会科学相符合的一个分支，因为它研究的是数量模型。这一

点对于叙述的历史学的常规形式来说，却是不可能的事。

当对民主化的恐惧在德国反兰普雷希特的战役中起了重大的作用时，在美国的“新史学派”——他们也标榜自己是“进步史学派”[11]，并把自己认同于20世纪初期美国“进步时代”的目标——却在着手写一部近代民主社会史。在1904年圣路易斯世界博览会的一次有关“历史科学”的特别讨论会上，来自欧洲的历史学家们，尤其是卡尔·兰普雷希特和伯里（J. B. Bury）加上（美国历史学家）弗雷德里克·杰克逊·特纳（Frederick Jackson Turner）、詹姆士·哈维·罗宾逊（James Harvey Robinson）和伍德罗·威尔逊一致同意需要以跨学科的方向[12]来改革历史研究。

尽管出现了对社会史和社会科学的新兴趣，但并没有形成某种单一的范型。正如我们将要看到的，对社会史的新关怀是沿着几个方向在进行的，因不同的民族路线而异，并反映着不同的意识形态的观点。然而虽则有这一切不同，这些新关怀和较老的 35
学术取向却共同有着某些基本的前提。我们已经提到过，他们共有的一个重要特点就是都把自己看作是专业的历史学家。新史学派也处身于学术机构、历史学系或是历史研究所之中。这就意味着他们的机构期待着他们也像他们更老的、更传统的同事们那样有着类似的学历并满足类似的学术要求。而且不管他们对于自己的历史学工作的构想是怎样地不同，他们都同意历史学是一桩科学事业，是按照严格的方法论的指导线索来进行的。

新史学派正如老史学派一样地继续献身于这一前提假设，即历史学的学术的和科学的著作要求对史料进行严格的考订和评估。历史学家们仍在继续接受研究技术的训练，非常类似于老辈历史学家们所接受的那种。在许多方面，他们对历史学家精神的概念始终保持不变，而且他们分享着有关历史行程的那些假设。也像老学派一样，他们对近代西方文明的素质深信不疑。他们也把历史看作是一种单一的向上历程，无论他们是不是肯定显然的进步理论。尽管他们信誓旦旦地承认民主的价值，但像弗雷德里克·杰克逊·特纳之流的新史学学派也和帝国主义的统治心态一样地抱有白种人的负担那样的观念，而把黑人排斥在他们的美国民主的概念之外。

在以下四章中我们将要探讨20世纪社会科学史的四种不同的方向，即：经济社会史的以及后来历史社会学的德国传统；社会科学史的各种形态，主要是美国的；法国的年鉴学派；最后是第二次世界大战后社会史在德国的重建。这份挑选我承认是有选择性的，而且仅只代表当代历史学著作的一小部分。然而这些取向反映了20世纪历史学思想几种重要的样板。

第三章　德国的经济社会史与历史社会学的滥觞

最初尝试历史地研究由工业化而产生的各种问题，是由德 36
国所谓的“国民经济青年历史学派”进行的，其中最重要的代
表人物是古斯塔夫·冯·施莫勒（Gustav von Schmöller）。这个
学派坚定地维护古典历史主义的传统，他们断言：经济并不像古
典英格兰和苏格兰的政治经济学以及维也纳派经济理论家门格
尔（Menger）所主张的那样是由严格的、普遍有效的、从数学
上可以总结的规律来决定的，而是只有历史地在一个种族或民
族（*Volk*）的价值与体制的框架之内才可以被人理解。施莫勒
学派和德国古典历史主义还共同有着两项前提，即强调国家的
核心作用以及坚持历史研究必须紧跟档案材料。它把自己认同
于霍亨索伦王朝和俾斯麦在德国统一过程中所创立的那种政治
秩序；但是它也论证了改革的可能性和必要性，特别是把工人整
合到德国的民族国家中来。从这个学派里出现了对产业工人最
初生活状况的大规模经验性调查以及有关中世纪手工业工人的地 37
位与文化的研究。兰普雷希特独立于这个学派之外，但也分享了
它那基本的方法和前提；他在19世纪80年代写出了他的中世纪

晚期摩泽尔河（Moselle）流域的经济史[1]，试图对一个地区的结构和心态作一番综合性的重建。兰普雷希特在该书的副标题中引人瞩目地称它是一项对“物质文化”的研究。就社会经济史而言，这部根据对社会的、政治的和经济的资料的精心考订的著作，要比他的《德国史》一书具有更大的和更持久的意义，后一部书由于其争议多端的性质和广泛的范围而吸引了当时人们更多的注意，但其表现出的坚实的学术功力却要少得多。

施莫勒学派经验性的著作中，对他们的调研所依靠的理论上与方法论上的前提假设缺乏任何深入的思考。这种未经深思熟虑就假设每一种历史叙述都包含有对其自身的解说在内的工作方式，不能令为数日益增多的社会史学家们感到满意。到了19世纪末，有几位重要的新康德学派哲学家，其中主要的是威廉·狄尔泰（Wilhelm Dilthey）、威廉·文德尔班（Wilhelm Windelband）和亨利希·李凯尔特（Heinrich Rickert），都力图对他们所称之为的人文科学或文化科学（*Geisteswissenschaften*, *Kulturwissenschaften*［精神科学，文化科学］）——他们用以和自然科学相对照[2]——制定出一套更明确的方法论。这两种方法论如其要想博得科学的地位的话，都需要加以明确的概念化。但是当自然科学的目的是要以抽象的词句达到“解说”无生命的自然界之合规律的、反复出现的模式之“普遍的”或一般化了的概括时，人文科学则引用“特殊的”（个性化的）方法作为把握和“理解”人类行为在具体的文化的、社会的、历史的境遇中的意义。问题始终是：人文科学或文化科学，诸如历史学研究，怎样能够从独一无二的现象出发而达到更广泛的社会的与历史的语境。在这里，狄尔泰、文德尔班和李凯尔特都未能提出超出19世纪早期兰克或德罗伊森（Droysen）的方案之外的指导线索，即怎样把自己浸入自己研究的主题之中——这一过程兰克名之为“移情”（*Einfühlung*），而狄尔泰则说成是“体验”（*Erlebnis*）。

构成为历史主义科学观的核心的这一直觉的思路，遭到许 38
多大为不同的思想家们的挑战，他们论证说，即使是各种人文科学也还是需要有更严格的科学方法。我们已经看到，兰普雷希特就曾主张历史学必须运用严格的分析范畴，然而他在自己的工作中并未能做到这一点。早在1884年，维也纳的经济学家卡尔·门格尔（Carl Menger）在他颇有争议的著作《德国国民经济学中历史主义的错误》（*Die Irrtümer des Historismus in der deutschen Nationalökonomie*）一书中就已经攻击施莫勒和政治经济学的历史学派，说他们由于依靠对他们的发现进行描述性的表现而回避了概括出为任何科学研究方法所必需的明确概念。奥托·辛宰（Otto Hintze）在他研究普鲁士的丝业和普鲁士的政府时，是出身于史莫勒学派的；而马克斯·韦伯则是作为一个法学学者和经济学家开始他的工作的，后来才转向了社会学并力图把该学派工作中所缺乏的概念严谨性引入经验性的研究。1897年辛宰在《历史研究》（*Historische Zeitschrift*）上的一篇论兰普雷希特的重要文章中，对这场兰普雷希特论战[3]采取了一种调和的立场。当时兰普雷希特《德国史》一书的批评者们往往引用威廉·文德尔班对人文科学的个性化概念与自然科学的普遍化概念二者之间的区别，而辛宰则强调历史学所关注的既有个别的又有集体的现象，而后者却需要抽象的、分析的概念才能加以解释。马克斯·韦伯在1904年的一篇重要论文[4]里批评了国民经济学历史学派的代表人物克尼斯（Knies）、罗雪尔（Roscher）和施莫勒；他根据的是类似于门格尔批评过他们的理由，说他们只是进行描叙而没有一套明确规定的概念来指导他们的探讨。然而辛宰和韦伯都同意古典历史主义，认为每个社会都是由一套心态和价值结合起来的，人们必须了解它们，才能理解社会的独一无二的个性。因此，韦伯就召唤一种"理解的社会学"（*Verstehende Soziologie*），即目的在于"理解"它所研究的社会与文化的那种社会学。但是理解对于韦伯来说，并不意味着
39 它对于兰克、德罗伊森和狄尔泰所意味着的同样事物（即主要地乃是一种对移情或直接经验的直觉行为），而是一种高度理智化的过程。"理解"（*Verstehen*）一点都不排斥因果性的"解释"（*Erklärung*）或分析。

对韦伯来说，但也对辛宰来说，社会学与历史学之间的区别并不像它对古典历史主义来得那么大。从其一开始，社会学在法国和美国往往都是由反历史的类型学在操作着的，而历史学则宁愿采用一种叙述性的论说形式而把抽象化保持在最低限度。辛宰和韦伯要比涂尔干更加历史性地看待社会学，但是同时他们又比大多数历史学家更加是从社会学来看待历史学。辛宰在他20世纪20年代把封建主义和资本主义作为历史范畴的一些篇宏伟的论文[5]中，曾试图概括出一些抽象概念是他认为可以成为科学思想的前提条件的，随后他就着手以具体的历史内容来充实它们。辛宰要比德国历史学派——其中不仅包括有兰

克,也还有像施莫勒这样的历史经济学家们——更加超然,他否定了德国传统所喜爱的那种观念,即国家构成为一个“道德的”或“精神的”实体。反之,他根据经验的条件而把国家看作只不过是许多体制(*Anstalt*)之中的一种,并没有任何固有的资格来要求特殊尊贵的地位。马克斯·韦伯也同样驳斥了对于国家的神化并坚持一种“价值中立”的科学。社会科学可以科学地分析一个社会的价值设定与实践,但是它无法确定这些价值的有效性如何。

在韦伯看来,一个社会科学家公开提出的问题就反映他所主张的价值,然而在他的实际研究和探索之中,他却必须力求客观与超然。但是科学却不仅是必须做到超然,而且还必须作出因果解释来。韦伯沿着新康德学派的传统,否认因果性要锁定在客观现实上,而不如说是应该求之于科学思想的范畴之中。因而科学探讨的要害之点就存在于它那方法之中。尽管每门科学都植根于一定的文化之中,但是它的方法却有一定程度的有效性和客观性是超乎特定的社会和文化的局限之外的。因而他就说:“因为这一点是,而且永远是真确的,即假如它要达到它的目的的话,那么在社会科学中凡是方法论上是正确的证明,就必须被哪怕是一个中国人也得要承认,而另一方面,对于我们伦理诫 40
命的概念这个中国人却可以充耳不闻。”[6]虽然韦伯否定了黑格尔和马克思把历史看作是一场通向合理的社会这一观点,但是他仍然相信,至少西方世界的历史自从希伯来和希腊的古代以来就带有一场无法抹杀的“知识化”和“理性化”的标记。因而与历史具有连续性和一贯性这一历史主义的信念相决裂,就变成了一点也没有决裂，哪怕是我们一笔勾销孔多塞、黑格尔或马克思的历史是在通向完美之境的乐观信仰，或者是兰克和德罗伊森的历史已形成了一种人们可以在其中合理地生活下去的乐观信仰。因此，虽则有着他的悲观主义和怀疑主义，韦伯却拥护19世纪那种有关标志着历史，或至少是西方历史的一贯性的观念。而且尽管对他说来，(自然)科学和社会科学不能提出哲学的或伦理的问题来，然而他依然相信：遵循着具有超文化的有效性的(自然)科学与社会科学的探讨的那种逻辑，是可能具有"客观的"性质的。

第四章　社会史学的美国传统

当马克思和韦伯对德国古典历史主义的唯心论前提及其对 41
历史研究与社会科学的涵义进行争论时，他们是维护历史主义的信念的，即：社会科学必须是历史地着手进行，并且尽管历史有断裂，却是以高度的一贯性构成为一个连续不断的过程的。这一历史与社会的演化观，也统治着英语世界的大部分思想。但是英语世界的历史研究所汲取的思想传统所反映的，却是不同于欧洲大陆各国的另一种社会秩序。尽管英国和美国的工业化程度很高，但官僚化的程度却远不如欧洲大陆先进，至少是在公共事务的领域。自从被苏格兰的道德哲学家们所称的“公民社会”[1]以来，它在英国和美国的思想界中就比在黑格尔的或兰克的社会体的概念之中更加独立于国家之外。这种开放性就表现为，英国和美国的历史学家们和社会学家们要比他们的法国和德国的同行们更加迟迟不肯去寻求对历史事件的大规模的解释。

正如我们在美国、法国以及德国的兰普雷希特那里看到的一样，19、20世纪之交关于方法的讨论预先就设定大学里面的传
统历史科学已经不再符合近代的、民主的、工业的社会中科学 42
与社会的需要了。从这一点出发，参与讨论的人就得出结论说：历史研究（那在19世纪70年代以后的美国大学里也是集中在

政治上面）必须扩大到基础更为广泛的社会史之上。在德国，从19世纪中叶的威廉·瑞尔（Wilhelm Riehl）开始，就有一种朝着人种史定向的文化史（*Kulturgeschichte*）——那大部分是在各个地方历史学会的历史专业之外进行的——已经把注意力集中在普通人的日常生活和习俗上了。但是尽管表面上有相似之处，美国的“新史学”与瑞尔的那种文化史是根本不同的。后者是满怀留恋地回首怅望着一种被理想化了的前近代的农业社会，那里面没有任何重大的社会冲突；而前者则是肯定现代性以及与之相随的一种民主的社会秩序。老辈的美国“科学学派”怀着对德国学术的满腔崇拜，要在德国日耳曼古老的过去之中寻找盎格鲁·撒克逊美国的根，而新史学派则强调要与前近代欧洲的过去决裂。在他们看来，美国是一个移民国家，移民决定了西部农村的“边疆”的特性以及东部雨后春笋般的城市的特性。一种狭隘的政治史是再也不够用了。令新史学派感兴趣的科学乃是那些研究现代社会的科学，主要是经济学和社会学，但也有心理学。对于老辈历史学曾经是如此之重要的那种对美国一致性的信心，现在已经被一种新的观点取而代之，它更能察觉到使得美国人民分裂的各种歧异，而又并不否认有助于促进一种民族团体感的各种因素。

我们很难给新史学归结出一个公分母。查尔斯·比尔德（Charles Beard）把经济的和社会的冲突看作美国历史的决定因素。詹姆士·哈维·罗宾逊、弗农·帕林顿（Vernon Parrington）和卡尔·贝克尔（Carl Becker）则强调思想的作用，而佩里·米勒（Perry Miller）却强调宗教的作用。不假思索的

平铺直叙，已经是不够用了。一方面，特纳于1893年在他向美
国历史学会的演说《边疆在美国历史上的意义》[2]和比尔德在他
的《美国宪法的经济解释》中，都有意识地总结了预先设定的
一种理论架构中的一个历史问题；而另一方面，虽则“新史学学
派”有选择地借用了各种不同的社会科学，他们却不想把历史学 43
转化为一种有体系的社会科学，像是涂尔干和西米昂在法国和
马克思、兰普雷希特与马克斯·韦伯在德国想要做的那样。他
们与各门社会科学的关系是松弛的和折衷的，就像那对于法国
的亨利·贝尔和对比利时的亨利·皮雷纳[3]一样。“新史学学派”
对于社会在朝着一个民主目标演进，是满怀着乐观主义的，但是
他们也像贝尔和皮雷纳一样，都不想力求发见有关不可逆转的
进步的规律。

第二次世界大战以后的最初二十年间，“进步历史学派”——正如“新史学学派”所称呼自己的那样——的政治的以及科学的前提都受到了质疑。美国历史学家们在“冷战”中发现了一种新的民族一致性。[4]在他们看来，美国与欧洲相对比，表现为一个真正无阶级的社会，并没有意识形态的分歧，除了美国“内战”那场例外，从不曾有过严重的冲突。而且他们认为，美国“内战”（南北战争）是可以防止的，假如废奴派和他们的激进的对手们不曾引入意识形态上的激情的话。他们相信，一个扩张性的资本主义市场经济已经消除了阶级冲突的最后因素。丹尼尔·贝尔（Daniel Bell）在1960年就已宣称“意识形态的终结”[5]。在“冷战”的早年，美国历史和美国社会越来越被人当作是“自由世界”的一个典范。对他们来说，一个已经成就了工业

效率并创造了大众消费市场的社会，就需要有一种与一个现代世界的现实相适应的历史学和社会科学。此时，计算机的应用就及时出现了。各种量化方法日愈被引进了历史研究，不仅在美国，而且也在英国、法国、斯堪的那维亚和其他地方，甚至于在社会主义国家里。量化加强了社会科学要求成为一种学术规范的资格。

然而，计量方法之应用于社会现象，其本身并不就表示向一种系统的、分析的社会科学过渡。量化往往只不过有助于以统计的证据来支撑各种论据。随着计算机技术的发展，定量研究自20世纪50年代就在美国而且也在别的地方的某些研究领域
44 里开始成倍增长。在政治史方面，选举行为已开始和社会变数联系起来。历史人口学已经把自己确立为一种定量的学术规范，尤其是在法国和英国。在美国，社会流动性是靠自从1790年以来每十年一度进行的人口普查的帮助来考察的。另外，计量方法日益有助于对经济过程的分析，尽管它们也可以用来探讨文化、远景、态度以及行为类型等各个方面。特别是在法国和英国，教区记录是靠计算机的帮助进行分析来揭示有关家庭构成、出生、婚姻、死亡和财产的信息的。这些方法已成为历史人口学的基础。有关婚姻的年龄以及非法性的数据则提供了对性行为的深入认识，从而还提供了有关登记在案的人们的道德观念的信息。在法国，对成千上万份的遗嘱的审查，便得出了人们对死亡与宗教的态度的变化，从而还有宗教非世俗化的范围。

定量研究在经济史中已经极其牢固地确立了，这是不足为奇的。马克思和韦伯两人都曾以对社会科学的这样一种理解进

行过工作：一方面，他们坚持使用明确界定的概念；另一方面，又考虑到在社会科学与自然科学相形之下，这些概念必须照顾到各个社会的独特性以及可比性，并想方设法探索赋给这些社会以其一贯性的那种意义与价值之网。此外，他们还承认自然科学也是人类文化的产物，并只能是使用由社会所决定的范畴来间接地加以理解。归根到底，社会科学是研究人世关系学的，它只能是定性地加以理解，虽说定量的数据在界定它们关系的大致轮廓上是有用的。

高度定量化的研究，在20世纪70年代的历史研究中起了重要的作用，尤其是在美国和法国；然而它往往要预先设定一种科学概念，即历史研究唯有当其把自己的发现总结为可量化的语言时，才能令人满意。埃马纽埃尔·勒华拉杜里（Emmanuel le Roy Ladurie）在1973年曾评论说："凡是不可量化的历史学，就
都不能声称是科学的。"[6]这一看法在20世纪的六七十年代随着 45
计算机技术的改进及其所造成经济上的转型，已经获得了重大意义。乔弗里·巴拉克劳夫（Geoffrey Barraclough）在1979年向UNESCO（联合国教科文组织）所撰写的有关最近历史研究趋势的概览中评论说："定量研究毫无疑问是历史学中最强而有力的新趋势，这一因素超乎其他一切因素之上，把20世纪70年代的历史学心态与30年代的历史学心态区别开来。"[7]正如我已经提到过的，在这里我们必须区别：一方面是偶尔应用定量方法，就像几十年来在社会史、而尤其是在经济史中所常见的那样；而另一方面则是把历史学当作是一门以数学模型进行研究的严谨科学这一概念。在这两个极端之间，在美国、法国以及

斯堪的那维亚地区，也出现过一种取向，自称是“社会科学历史学”。这种对大量数据的电子化操作过程的一个例子就是那个宏伟的“费城社会史工程”，它根据19世纪的几次人口普查着手研究费城的全体人口，为的是获得有关社会流动性的精确信息。法国的“系列史学”（*histoire sérielle*）也有一种与之大体上类似的研究路数，它运用大量长时段的数据加以考察，不仅涉及了经济的与社会的关系方面的，而且（我们将会看到）也涉及了心态研究方面的连续性和变化。

也许以严格的科学作为自己的样板的历史编纂学之中，最重要的倡导者便是美国“新经济史”派的实践家了。“新经济史”派从古典经济学的假设出发，脱离政治与社会之外孤立地研究经济成长的模型。罗伯特·福格尔（Robert Fogel）和道格拉斯·诺思（Douglass North）就这样在他们那部著名的反事实的《铁路与美国经济的成长》[8]的研究中，单纯地使用经济数据提出了这一问题：假如铁路不曾发展起来的话，美国的经济会有什么不同？“新经济史”是根据如下四项基本假设在进行工作的：（1）支配经济行为的普遍有效的规律是存在的，它们在本质上是符合亚当·斯密和大卫·李嘉图所总结的那些规律的。那些规律从来都不是畅通无阻地在运作着，因为政治的、意识形态的、宗教的
46 和其他各种力量都在妨碍着它们的运作。然而，它们却代表一种理论模型，即在理想的自由市场条件下，经济会怎样运作。（2）资本主义的经济是以经常不断地增长为其特征的，正如沃尔特·罗斯托（Walt Rostow）在他的《经济成长的阶段：非共产党宣言》[9]中所说，它在所有现代的和现代化的社会中都采取类似的形式。

因而马克思的公式"工业发达的国家向工业不发达的国家所显示的，只不过是后者自身未来的那幅景象"[10]，对罗斯托也是适用的。亚历山大·格申克朗（Alexander Gerschenkron）[11]反驳这一假设说道：其他国家开始工业化要晚于英国，而且是处于与英国不同的政治社会条件之下，因此就完全是不可比的。（3）经济现代化的过程必然导致政治的现代化，也就是说导致一个自由市场的社会和一种自由的、议会制的民主，正如第二次世界大战后西方工业国所表明了的那样。（4）定量方法可以应用于不仅是经济的而且也还有社会的过程。

1974年福格尔和斯坦利·恩格曼（Stanley Engerman）运用计算机对美国南方奴隶制的研究成果问世了[12]。这两位作者在序言中写道，他们不仅想要一劳永逸地回答所有有关奴隶制的效益性这一争论多端的问题，而且想要在可定量的资料基础之上提供有关奴隶们物质生活的质量以及有关他们家庭生活和劳动伦理的无可反驳的信息。这部书最初在美国出版界作为一部令人信服的科学著作受到了广泛的欢迎，但是很快就受到来自常规的社会史学家和经济史学家两方面的毁灭性的批判，这些人懂得要把定性的证据转化为定量的陈述是何等困难[13]。但这并未妨碍福格尔受聘担任哈佛大学的捐资讲座，并于1994年与道格拉斯·诺思一起接受了诺贝尔经济学奖。被福格尔所摒弃的那种历史科学，在他心目之中有别于其他社会科学的，是它始终有赖于一种总体上缺乏专业语言，并且因此也就是为受过教育的读者大众便可以接受的话语方式。在福格尔看来，这一点是和真正的科学无法调和的；历史学家们正如所有的科学家一

样，必须是受过技术训练的专家，他们是以正式的科学语言在和
47 其他专家交谈的[14]。福格尔尽管坚持历史科学之客观的、价值
中立的特点——这和也在强调历史学家的无党派性和客观性的
兰克并无不同——却是从在价值上一点也不中立的那些假设出
发的。就福格尔的情况而言，他之认同于一种现存的朝着增长与
消费方向发展的经济，就引致他未能充分考虑到这种经济所固
有的危险。

Ⅱ. 中期阶段：

社会科学的挑战

第五章　法国：年鉴派

以《年鉴》(*Annales*)杂志为中心的法国年鉴派历史学家 51
们,在20世纪的历史学中占有着独一无二的地位。一方面,这些作家们分享有其他社会科学定向的历史学家们对于科学地研究历史的可能性的信念;另一方面,他们又察觉到这种研究路数的局限性。在八十多年的历程之中,他们已经深刻地改变了是什么构成为历史以及是谁创造了历史的种种概念。他们提出了一种与19世纪和20世纪大多数历史学家所主张的那种历史时间的概念大为不同的另一种概念。实际上,从兰克到马克思和韦伯以及他们以后朝着社会科学定向的美国历史学家们,都是通过由过去到未来的单一维度的时间运动在观察历史的。而年鉴派的历史学家们则以强调时间的相对性和多层次的作用而彻底修改了这一概念。

年鉴派历史学家们坚持说,他们并不代表一个"学派"——虽说他们往往被认为是一个学派——倒不如说是代表着以对历史研究的新方法和新思路的开放性为其标志的一种精神。[1]在很大程度上,他们说对了。这个圈子里的成员们的出版物,反映着大不相同的各种兴趣和思路。他们并没有总结出一套公然的历史理论或历史哲学;事实上,研究总是领先于理论反思的。然而,他们的历史学著作却反映了某些理论上的前提假设。

尽管他们争辩说他们不是一个学派，但自从第二次世界大
52 战之后，年鉴派就一直拥有一个巩固的有组织的基地。而且尽管长期以来已发生许多根本性的变化，但是自从他们最早的奠基人吕西安·费弗尔（Lucien Febvre）和马克·布洛赫（Marc Bloch）[2]早期的著作以来，他们所使用的语言和他们所运用的概念始终是有连续性的。前面提到从1900年开始在亨利·贝尔的杂志《历史综合评论》（*Revue de synthèse historique*）上进行的关于方法论的讨论，就是《年鉴》的史前史的一部分。前面也曾提过的吕西安·费弗尔论述法兰什伯国（Franche Comté）的这部书，就标志着朝向一种新类型的历史科学的过渡。在书中，那些直至当时为止曾经起过如此之重要作用的各种实体——国家以及还有经济、宗教、法律、文学和艺术——都失去了它们的自主性而被统合在一个无所不包的文化之中。文化不再被理解为是精英阶层所专享的知识和审美的领域，而是全民都在经历的体验生活的方式。

吕西安·费弗尔，尤其是曾于1908—1909年间就读于莱比锡和柏林的马克·布洛赫，紧紧跟随着德国在社会经济史方面所做的工作。在费弗尔论法兰什伯国的书和兰普雷希特早期有关中世纪摩泽尔河流域的经济史二者之间有着平行的关系，尽管其间或许没有直接的影响。当德国在经济社会史上把焦点集中在行政与宪法方面时，兰普雷希特和费弗尔所关注的则是一个特殊的地理与文化区域在社会经济政治结构与思想行为模式双方之间的密切关系。费弗尔的兴趣反映出一种与大多数德国

历史学家迥然不同的训练。在德国，1850—1900年间，占有大学历史学讲座的141人之中，有87人是以语文学作为第二专业，其中有72人是专攻古典语文学的；另外有23人是攻读神学或哲学的，只有10人攻读经济和12人攻读地理。与此相对照，在法国地理学却是*agrégation*（大学教师任职资格考试）的不可缺少的一部分。[3]何况，地理学在法国已于19世纪末在保罗·维达尔·德·拉·白兰士（Paul Vidal de la Blache）——他曾深受卡尔·李特尔（Carl Ritter）和德国地理学传统的影响——的指导之下形成了一种学术规范，而其定向也是历史的和文化的。维达尔·德·拉·白兰士的*géographie humaine*（人文地理学）避免了与他同时代的德国弗里德里希·拉泽尔（Friedrich Ratzel）的 53
地理决定论，并深深影响了自费弗尔之后整个年鉴派历史学家的传统。除了地理学之外，还有涂尔干的社会学的研究路数是由他的学生、经济学家弗朗索瓦·西米昂介绍给年鉴派历史学家的。涂尔干一方面想要把社会学转化为一种严格的科学，这对西米昂而言，就包括数学的概括化。[4]另一方面，意识被当作是集体意识时，对涂尔干而言便成为了社会科学的中心题材，而规范、习俗和宗教则是其中重要的组成部分。接受这类学术路线就反映出在德国历史学中地理学、经济学与人类学之间的密切联系，而与包括马克斯·韦伯在内的德国传统之强调国家、政府与司法形成为对照。从这个角度来看，就可以理解费弗尔和布洛赫之所以要赋予那些无名的结构以极大的意义以及他们对于嵌入成其为历史人类学的主题的那类集体心态之中的感情与经验的各个方面的重视了。

年鉴派的思想基础早在费弗尔和布洛赫创立这份期刊之前就已被他们两人所奠定。费弗尔的《腓力二世和法兰什伯国》(*Philippe II et la Franche-Comté*)(1911年)和马克·布洛赫的《国王神迹》(*The Royal Touch*)(1924年)[5]——此书是谈中世纪法国和英国国王们的治疗疾病的神技的——都是在1929年该期刊创立之前问世的，正如费弗尔的《马丁·路德的命运》[6]一书一样。年鉴派根本就不赞成有一种严格界定的学说。它那名称部分地就是仿效《社会经济史季刊》(*Vierteljahrschrift für Sozial- und Wirtschaftsgeschichte*)——这份刊物是这一领域中最古老的但仍备受重视的刊物——所以新刊物原来是把自己命名为《经济社会史年鉴》(*Annales d'histoire économique et sociale*)，尽管从一开始它就察觉到自己与《季刊》(*Vierteljahrschrift*)大不相同。[7] 1946年以后，刊名改为《年鉴：经济、社会、文明》(*Annales. Economies. Sociétés. Civilisations*)，为的是更加大力地强调它那跨学科的性质。对于年鉴派历史学家来说，历史学在研究人的各门科学中占有着中心地位，但其方式却与它在古典的历史主义中所具有的大为不同。后者把国家抬高为关键的体制，一切其他社会和文化方面的东西都附属于它；而年鉴派的历史学家们则是扫
54 除了传统各学科之间的疆界，以便把它们都整合为"人的科学"(*sciences de l'homme*)。在这里，"科学"有意地使用了复数名词，为的是强调各种科学的多元性。年鉴派并没有追随兰克的片断的或是德罗伊森的有体系的那类教条论断[8]，但也没有总结出一套历史理论或史学理论，即使是布洛赫的《历史学家的技艺》[9]一书也没有——此书是他1940年在前线倥偬之际所记的笔记。

《年鉴》杂志的目的正如布洛赫和费弗尔在该刊第1期的"序言"中所说的，是要为多样性的方向和新的研究思路提供一个论坛。[10]

在《年鉴》中也找不到有任何明确的政治公分母。尽管它的撰稿人占压倒多数都是共和派和法国的爱国分子，但是他们远比不上德国历史学家的主体有那么多的意识形态；德国历史学家们的主体把自己学术的主要功能看作是要论证德国民族的目标以及帝国时代德国的政治社会体制。然而，重要的是要理解《年鉴》杂志创办人的政治投入，并且要记得马克·布洛赫（他是犹太后裔）是作为一个抵抗运动的战士于1944年被德国人酷刑残害的。至于《年鉴》在法国学术界的地位，费弗尔和布洛赫两人直到他们分别于1933年和1936年受聘至巴黎为止[11]，一直都是在斯特拉斯堡（Strasbourg）大学的；就是在那里他们与瑟诺博司（Seignobos）及巴黎大学传统的政治史学家们展开了争论。随后，情形就大为不同了。假如说20世纪30年代他们占有的还多少是个边缘位置的话，那么第二次世界大战以后费弗尔和《年鉴》杂志事实上就变成了一个组织，这时候他们对文化史、社会史就产生了一种新兴趣，而一种批判性的再思考便取代了布洛赫在《奇怪的溃败》[12]一书中所谴责的那些曾有助于为1940年的大灾难铺平道路的态度。

1946年，年鉴派在新成立的高等研究实践学院（École Pratique des Hautes Études）第六组获得了一个稳固的组织基地。上面已经提到，该学院是1868年仿照德国模式建立的一个研究中心。它并没有正式的研究课程，而是全力从事研究与训练研

究人员。在进行历史研究的第四组中引进了仿照兰克模式的讨论班。第六组于1972年改组为社会科学高等研究院（École
55 des Hautes Études en Sciences Sociales，简称为EHESS），任务是把历史学和各门社会科学规范统一于一种综合性的"人的科学"（*science de l'homme*）之内，它不但包括有对早年年鉴派是如此之重要的各种传统的社会科学，即经济学、社会学和人类学，而且也包括有语言学、符号学、各种文艺科学以及心理分析学。学院（École）通过接受法国国家科学研究会（CNRS）和美国各种基金的资助，已能对法国的研究工作施加重大的影响。

这一制度产生了互相矛盾的结果。它鼓励了跨学科的研究，从而往往鼓励了一种新颖的开放性；它也使得团队工作成为可能，协调了日益使用新的技术方法在对数据的程序处理进行各种规划。因而在20世纪六七十年代，一方面有费尔南·布罗代尔、皮埃尔·古贝尔（Pierre Goubert）、雅克·勒高夫、乔治·杜比、埃马纽埃尔·勒华拉杜里和罗贝尔·芒德鲁（Robert Mandrou）等人宏伟的综合性著作刊登在《年鉴》上；另一方面则有经常为外行人所不能理解的行话写作出来的高度专业化的成品。

虽说自从费弗尔关于法兰什伯国的书于1911年问世以来的八十多年间已有大量多样化的方法论上的与概念上的研究路数，然而年鉴派历史学家们的著作却一直有着大量的共同之处。要说明这一点，我们将简略地看一下自1911年至20世纪80年代之间问世的几部著作：费弗尔《腓力二世与法兰什伯国》（1911），布洛赫《封建社会》（1939—1940）[13]，费弗尔《16世纪不信仰宗教的问题：拉伯雷的宗教》(1942)[14]，费尔南·布罗代尔《地中海与菲利普二世时代的地中海世界》(1949)[15]，埃马纽埃尔·勒华拉杜里《朗格多克的农民》(1966)[16]和《蒙塔尤》(*Montaillou*)(1975)[17]，以及布罗代尔的《文明与资本主义：15至18世纪》(1979—1987)[18]和《法兰西的特性》(1986)[19]。

令人惊奇的是：这些著作没有一部是有着一种中心的体制可以作为历史叙述的一条线索的，让人们的行动在其中起着一种决定性的作用。但这并不意味着政治的作用是受到忽视的。在布洛赫对封建社会的考察中，政治就起着一种根本性的作用，但其方式却与德国的研究方式迥然不同。后者把焦点聚在封建 56
主义的形式方面，即政治的、教会的和司法体制的方面；而布洛赫却从人类学切入封建主义，把它当作是一个各种人际关系的复合体。我使用“复合体”一词是有意避免“体系”一词——“体系”一词极少被年鉴派历史学家们使用，并被他们视为过分地客观化了和物质化了人的行为。出于同样的理由，我们必须非常小心地对待年鉴派历史学家们所使用的“结构”这一概念。确实，他们强调的就是结构。凡是在19世纪的历史学中占有关键地位的个人，他们是极少提到的，除非这些人在他们的著作里不得不被提到。例如，在布洛赫的《封建社会》一书中，很罕见有国王，而且其出现也仅只是在边缘上。在布罗代尔论地中海的书里，国王们都被下放到论述地区政治史的单独的那部分里面去，而与前面两部分在论述几乎毫无时间性的地中海区域的地理背景及其缓慢变化着的社会经济结构，简直没有什么有机联系。个人重新出现在勒华拉杜里笔下的14世纪早期那个异端村落蒙塔尤之中，这是侵入到历史人类学之中的一个焦点，其中以长篇大论描绘了被嵌入一种悠久的民间文化之中的男人们和女人们的历史形象。

我已经说过，年鉴派的历史学家们引入了一种有关历史时间的新概念。他们的研究，包括费弗尔的《腓力二世与法兰什伯国》和《16世纪不信仰宗教的问题：拉伯雷的宗教》，布洛赫的《封建社会》，布罗代尔关于地中海的书和拉杜里的《蒙塔尤》，所关注的都是脱离于历史潮流之外在观看一种文化或一个时代，更有甚于是通过各个时代把一个变化的过程联系起来。我们讨论过的这些历史学家们大多都放弃了一种直线式的、有定向的历史观念，而那正是莱因哈德·科塞勒克（Reinhart Koselleck）所描述的大约在1750—1850年之间由前近代过渡到近代时期大多数历史学思想的特征。[20]米歇尔·福柯（Michel Foucault）认为，只有“一个历史”这一观念乃是一种近代的发明，而它现在已告终结了。大多数年鉴派历史学家是会首肯的。取代只有一个历史时间的，他们看到了有一个各种时间共同存在的多元性，不仅是在各个不同的文明中间，而且也在每一种文明之内。这一观念在布罗代尔论地中海的书中得到了最确切的发挥，他的书区分了
57 三种不同的时间，各有其自己的速度：地中海作为一个地理空间的那种几乎是静止的时间（*longue durée*，长时段），社会经济结构变化的缓慢时间（*conjonctures*，局势）和政治事件的急促时间（*événements*，事件）。在这一基础上，雅克·勒高夫写出了他的经典论文——《中世纪的商人时间与教会时间》。[21]

随着直线时间概念的被放弃，对进步的信心以及随之对西

方文化优越性的信念也就破灭了。所以作为一篇对人类历史的宏伟叙述之基础的那种统一的历史发展概念，已经不复存在了。再者，历史叙述在这种新的情况下就必须寻求新的表达形式。在历史学中也正如在小说中一样，有着一个中心布局的那种故事——其中是以个人占有着作为行动自由的代理人的地位的——也就不见了。而在19世纪直迄20世纪为广大的居民群落提供了认同感的国家，便从他们大部分的著作中消失了。除了少数例外，年鉴派的历史学要么是地区性的、要么是超国家的。这类地区往往带有某种一致性，不仅是在费弗尔论法兰什伯国的书里，而且也在20世纪60年代大规模依赖人口统计数字的一大批著作之中。[22]布罗代尔有关地中海的书所讨论的是整个地中海世界，即基督教徒和穆斯林的世界。他的《日常生活的结构》（1967）[23]一书讨论的是从1500年至1800年间人们生活的物质方面——资本主义体制的出现以及从健康到食品与时尚的各个可感觉到的方面——焦点虽集中在欧洲，但却置之于一个包罗全世界在内的广阔的比较架构之内。布罗代尔最后的大作《法兰西的特性》（1986）又回到了国家史上面来，但不是以巴黎为中心，而是从各个地区——若干世纪以来它们所特有的同一性始终是稳定的——的多元性的角度来界定法国的。重点又一次并不是放在变化上而是放在长时段（*longue durée*）之上，即一直持续到20世纪的农民文化和心态。

这些说法不应该给人一种印象，即年鉴派的观点八十多年来始终是一贯不变的，虽则费弗尔和布洛赫的早期著作和后期年鉴派的著作之间存在着一种连续性。他们反映了20世纪史学

58 思想最重大的转变，但是他们赋予了这些著作以他们自己的特性。既然他们对世界范围的历史学著作起了重要的影响，所以他们也就亲身参与了历史观点的变化。我们或许可以把年鉴派史学划分为四个不同的阶段，反映着自从费弗尔早期著作以来的四代历史学家；但是必须记住，每一代历史学家都经历过的观点的变化，反映着他们曾工作于其中的那种思想环境的变化。从而费弗尔的早期著作就表明了与法国和德国两国力图对一个地理的、历史的区域写出一部整体的社会经济史来（而并不忽视其政治方面）有着相似之点。地理学是年鉴派史学的一个重要部门，但那永远都是关切着文化与物理空间双方相互作用的“人文地理学”。例如，布洛赫在他的《法国农村史》（1931）[24]一书中，力图重构中世纪土地使用的模式和由之而产生的（并由空中摄影所表明的）文化后果，这就引来了对物质因素的聚焦。在许多年鉴派的著作中，最为引人瞩目的就是他们把极大的注意力给予了宗教现象——一般地仍是从人类学的角度上视之为集体心态的一部分。对于转入近代之际的宗教思想家的兴趣，在费弗尔对路德的宗教信仰与对拉伯雷被人设想为无宗教信仰的优先关注之中，表现得格外明显。从马塞尔·莫斯（Marcel Mauss）和列维-布鲁尔（Lévy-Bruhl）到列维-斯特劳斯的法国人类学的传统，在费弗尔的思想中随着新的语言学和符号学的研究路线而起着日益增长的作用。16世纪不信仰宗教的问题对于费弗尔来说，首先并不是一个拉伯雷或任何其他个人所表明的问题，倒不如说是一个他们用于操作的“心灵工具”——其中他们的语言是主要的工具——的问题。因此，费弗尔的研究就具有其考古学的那一方面。语言在这里倒更少的是在讲话的男男女女们的有意识的创造，而更多的是每一代人都生活于其中并塑造了他们思想历程的种种意义的那一套互相联系的体系。

在这种意义上，语言也就是物质世界的一部分。然而费弗尔的和布洛赫的唯物主义却距离马克思的唯物主义非常之遥远。马克思的历史哲学仍然分享着大量19世纪历史哲学的思维 59
面貌。当布洛赫钻研技术（无论是水磨还是犁[25]）的时候，他把人们在一定的社会中所使用的工具都看作是能开启他们的思想方式与生活方式的钥匙。就分析一个社会或一种文化而言，符号学要比经济学远为重要得多，因为正如布洛赫在他的《国王神迹》和《封建社会》里以及费弗尔在他有关拉伯雷的书里所表明的，每种文化都是各种意义在以语言和符号来表示其自己的一套体系。费弗尔本人就反映了他一生之中思想气候所发生过的种种变化。他那部有关拉伯雷的书及其强烈的符号学取向，是三十年前他有关法兰什伯国的著作于1911年问世时所不可能写出来的，有关法兰什伯国那部书仍然反映着19、20世纪之交的社会经济史中那种更加透明的世界。

与布洛赫和费弗尔相比，布罗代尔的著作似乎远不是那么晦涩。在他的著作里要比在费弗尔和布洛赫的著作里更加渗透着这样一种观念：被理解为气候、生物学和技术的那个外在世界，对男男女女们所能做的事情规定了严格的限度。*Longue durée*（长时段）的基本意义就在于：在生活中真正起作用的方方面面，在多少世代之中并没有什么变化。当然，布罗代尔并不否认情趣、观念和态度的冲击作用。因此他对衣食住的兴趣，并不仅只是作为物质生存的要素，而且也是作为表现于建筑、室内装饰、时装和烹饪的物质文化的要素。布罗代尔为20世纪60年代和70年代的计量史学铺平了道路，而他本人却并未成为一位计量史学家。在他与经济史家厄恩斯特·拉布鲁斯（Ernest Labrousse）合写的法国经济史中[26]，他感兴趣的是决定着几十年和几百年经济活动的那些巨大的、反复出现的周期。这样，经济学就变成了一门严格的科学，它之接近于古典政治经济学家更有甚于接近德国学派，但只是缺少前者对于经济增长的持续性与可愿望性的信念。

20世纪60年代，在社会科学中进行量化这一普遍的幻念也席卷了年鉴派。年鉴派历史学家们越来越想成为科学家。他们往往称他们的研究所是“实验室”，谈论着作为一门科学的历史学，而且肯定它是一门社会科学；然而他们反复在说，假如它要
60 成为科学的话，就必须是量化地进行工作。[27] 20世纪60年代法国的社会史就有很广大的一部分是大大有恃于量化工作的，例如，像是前面已提到过的人口统计研究，就是在大量人口统计数据的基础之上力求表现出一个地区的“整体的历史”（*histoire totale*）。这些研究从教区有关生殖行为的记录中所重新建构的统计数据出发，研究了更广泛的有关性态度的问题。或许20世纪60年代最为雄心勃勃的计量研究就是勒华拉杜里的《朗格多克的农民》（1966）一书了。就长时段而言，这是一部“没有人物的历史”[28]，是对马尔萨斯的假设所报道的人口增长与食物价格长周期的相互关系的一份统计分析。此书与他的公元1000年以来的气候史[29]一书——那部分地是根据树木年轮的过硬物证

而重构的——在同一年问世。

但是《朗格多克的农民》一书也悖论似地标志着脱离了"没有人物的历史"——此词是勒华拉杜里的概括——而转向了一种新的意识史学。意识史学在年鉴派的著作中一直占有一席重要的地位。《封建社会》一书在基本路数上也是一部意识史，书中对于一个社会体系乃是以其自身之表现为种种心态与观点的方式在进行分析的。菲利普·阿利埃斯（Philippe Ariès）在他的《儿童的世纪》（1960）[30]和《我们死亡的时辰》（1981）[31]两书中依据文学和艺术的资料探索了欧洲近代早期的心态史。于是在第三代的年鉴派历史学家们中间就启动了一场心态史学，主要的是罗贝尔·芒德鲁、雅克·勒高夫和乔治·杜比等人；他们探索的是在一个社会经济的语境中民众的态度。芒德鲁研究巫术和富格尔家族（Fuggers）早期资本主义的心态背景[32]，勒高夫[33]和杜比[34]则研究中世纪宗教生活、商业生活和军事生活的广阔领域。与此类似，艺术和文学也成为重建过去心态的重要资料，有如它们之于布洛赫一样。对计算机的入迷改变了对心态的研究。确实，像是皮埃尔·肖努（Pierre Chaunu）[35]和米歇尔·伏维尔（Michel Vovelle）[36]所追求的那种"心态史学"乃是从这一前提出发的，即对心态的重建唯有在对大量数据——诸如提供了有关死亡和宗教各种观点的信息的大量遗嘱——进行
分析的基础之上才有可能。在朝着量化的这场转变中，年鉴派史 61
学家并没有指出什么新的方向，只是把自己定位于已经成为一场历史社会科学研究的广泛运动之中。量化并不是年鉴派的产物，但是它在年鉴派强调文化的物质基础的传统中有着很好的

基础。然而，同样的这类传统在其人类学的研究路线上，也指向了面对人生之存在主义的、经验主义的各个方面开放的一种意识史学的方向。《朗格多克的农民》一书是计量史学运用理论模型的一个高峰。同时它还包括有对1580年罗芒狂欢节中新教徒屠杀旧教徒的一幅戏剧性的描述的重建，部分地是以新教徒市民阶级对贫困化的农民和工匠阶级之间在人口数字上与经济上的压力来加以解释的，但却以高度咄咄逼人并唯有从精神分析方面才能加以理解的那种带有性色彩的弦外之音的象征行动而打开了一个缺口。人口统计学和经济学现在就被符号学和深层的心理学所取而代之，或者至少是所支撑着。要求对具体的人生有一种存在主义的或经验主义的历史学这一压力以及终于形成为对专门侧重结构与过程的社会科学历史学的批判态度，就在年鉴派历史学家们所发见的日常生活的史学之中得到了表现。勒华拉杜里在《朗格多克的农民》一书之后，时隔九年又出版了《蒙塔尤》（1975）一书；这后一部书以14世纪初法国南部一个乡村的农民们被异端裁判所怀疑为异端而进行审查时的证词为基础，试图重建普通老百姓之最隐蔽的私人生活的细节和思想。

年鉴派的第三代历史学家们现在正接近于退休或者是已经退休，他们都曾参加过那场拥护严格量化的社会科学的普遍热潮，然后（也像勒华拉杜里那样地）转向了历史人类学。第四代包括有雅克·雷维尔（Jacques Revel）、安德烈·布吉埃尔（André Burguière）和贝尔纳·勒佩蒂（Bernard Lepetit）在内，都已经看到年鉴派所特有的取向之解体为正朝着各式各样不同方向前进的历史学。1994年刊物名称的改变就标志着《年鉴》杂志所发生的变化：旧的副标题“经济、社会、文明”（*Economies. Sociétes.*
Civilisation）换成了“历史学、社会科学”（*Histoire, Sciences* 62
Sociales）。前一个副标题虽然强调的是年鉴派的综合兴趣，但它反映了一种反对政治历史学的偏见。这一偏见也包括有一种对较单纯的、前近代社会的偏爱，在那里人种学的方法要比在复杂的工业的或后工业的社会中更加适用。

事实上，人们所提出用以反对年鉴派的，常常是年鉴派不能处理近代题材。毫无疑问，年鉴派史学的焦点始终都集中在中世纪和旧制度之上，然而年鉴派从来也不曾全然忽视近代。在20世纪30年代，他们把大量的篇幅贡献给了大城市中近代工业社会的各种问题，包括发达的世界和当时仍然是殖民地的世界在内。[37]有许多篇文章是讨论法西斯主义、布尔什维主义和美国新政的，但奇怪的是并没有讨论纳粹主义的。布洛赫的《奇怪的溃败》是一篇对法兰西第三共和国批判式的谅解。有几篇非常重要的对19世纪法国社会的研究，发表于20世纪的50和60年代，包括阿德林·道玛德（Adeline Daumard）的《巴黎的资产阶级（1815—1848）》（*La Bourgeoisie parisienne de 1815—1848*）[38]、让·布维埃（Jean Bouvier）的《里昂的信贷（1863—1882）》（*Crédit Lyonnais de 1863 à 1882*）[39]、夏尔·穆拉齐（Charles Morazé）的《资产阶级的胜利》[40]和路易·谢瓦利埃（Louis Chevalier）的《19世纪上半叶巴黎的劳动阶级和危险阶级》（*Classes Labourieuses et classes dangéreuses à Paris pendant la première moitié du XIXe siècle*）[41]，此处的最后一篇不属于年鉴派的圈子之内。在这些著作中，经济学和社会学各范畴的首要地位已经被莫里斯·阿居隆（Maurice Agoulhon）[42]和莫娜·奥祖夫（Mona Ozouf）[43]的强烈的人类学关怀所取而代之，他们两人是通过它那些符号审查19世纪共和主义的传统的。马克·费罗（Marc Ferro）几十年来是以对第一次世界大战[44]和布尔什维克的俄国[45]的研究而投身于20世纪的。弗朗索瓦·孚雷自从20世纪70年代就转到法国大革命史上面来，他的研究摒弃了马克思主义的阶级范畴而强调政治、思想和文化。[46]

年鉴派著作对近代和当代世界仍然保持着其特色的，乃是他们把注意集中在文化和符号上，从而就使近代的政论传统得以为人所理解。例如，多卷本的《记忆之场》（*Les Lieux des Mémoires*）[47]一书（1984—1986）是论述近代法国民族意识的符号、纪念碑和神龛的一部集体著作。尽管年鉴派是深深植根于法国的学术传统之中的，然而作为对文化与社会的历史探讨的新途径的一种模
63 型，20世纪或许没有任何一场学术运动曾经有过这样重大的国际性的冲击。他们的影响甚至远及于社会主义国家，那里的历史学家们也越来越认识到：年鉴派要比教条的马克思主义提供了更好得多的通向物质文化和普通人日常生活的道路。于是，1971年阿仑·古列维奇（Aaron Gurevich）的综合性著作《中世纪文化范畴》[48]一书就问世了，此书避免了马克思主义的语言和历史的规格，而是建立在马克·布洛赫的传统之上的。古列维奇并不是独一无二的人；20世纪80年代在苏联开始形成了一个重要的年鉴派史学家的圈子。在波兰，早在20世纪的70年代，布洛赫、费弗尔和布罗代尔的基本著作就都被翻译了出来，年鉴派的冲击甚至于来得要更大得多。[49]反过来说，《年鉴》杂志也刊登了波兰一些

最重要的经济史家和文化史家的投稿。毫无疑问，还有这一事实也有助于他们的影响，即年鉴派的史学家们一方面投身于他们所理解的对历史过去的一种科学思路，同时另一方面又以远比朝着社会科学方向的西方历史学或东方教条的马克思主义更具综合性而又更加开放得多的历史与社会的概念在进行工作。

然而他们的研究路线的复杂性和多元性，也在他们的实践之中引发了严重的矛盾。于是，就正如我们所看到的，尤其是在第二次世界大战结束以后的三十年之间，许多年鉴派的历史学家都对于允诺会有一种牢靠而客观的知识的那种社会科学研究路线入了迷。布罗代尔强调的长期持久的结构与文化的物质基础，也未能免于这种唯科学主义。可是，我们也看到还有一种牢牢确立了的传统，从布洛赫和费弗尔到勒高夫、杜比并且直到今天，着重依靠着诸如艺术、民俗和风尚之类的资料。因此这就鼓励着更精致的、定性的思维方式。这些历史学家们的工作有助于沟通历史学与文学之间的空隙。他们那种强烈的人类学关注，就防止了年鉴派史学屈服于已成为大多数社会科学的思想特征的那种唯科学主义。年鉴派在其全部的历史之中，始终引人瞩目
地从未染上过对基于科学与技术之上的那种西方文明的优越性 64
的信念，也未曾染上过成其为大多数社会科学的核心的那种现代化观念。反之，他们是专心致力于前近代的世界。这或许有助于解释何以20世纪70年代以后国际上突然对年鉴派感到兴趣，当时正是社会科学史学的基本前提开始受到了人们的怀疑。

第六章　批判理论与社会史：联邦德国的“历史社会科学”

65 劳伦斯·斯通（Lawrence Stone）于1978年[1]谈到，越是寻求一种一贯的、解释性的、分析的社会科学与一种把男人们和女人们纳入一个故事之中并找出对他们的意图和行动的理解的那种叙述史学之间的严格区分，对于欧洲大陆的历史著作来说，就越发的无法适用。在这里，我们也看到了20世纪50年代和60年代社会科学取向的萌芽，然而社会科学的种种概念却始终是有关文化的远远多于有关经济模式的。这一点即使在今天也还是真确的；而且正如我们将要看到的，即使是对马克思主义史学而言也是真确的。或许自从启蒙运动以来，理论的探讨在任何时候都不曾有如在最近三十年那么样地在沟通着民族的界限，在西方各国中历史学家们从来也不曾如此地关切着彼此的工作。可是这些讨论尽管具有国际的性质，却也反映着各个民族文化以及史学传统的不同。

对20世纪60年代德国的历史研究，不考虑如下的两项因素就不可能加以理解：（1）德国社会科学思想的知识遗产及其在古典德国文化与唯心主义哲学中的根源；（2）20世纪上半叶德

国政治的灾难历程。历史学家在德国（或者至少是在德国西部） 66
也很像在别的国家一样，在20世纪的60年代和70年代越来越转向了社会科学的模式，而到了80年代却对它变得警惕起来。但其间也有重大的不同。在法国、美国、意大利、波兰和其他地方，社会科学对历史研究的重要性是20世纪60年代早已确定了的，但许多德国历史学家却依然固守着治学的与历史思想的古老传统在抵制创新。那原因部分地就存在于德国的政治史之中，就存在于它那苦痛的、为时过晚的民主化之中。而且在19世纪上半叶，在工业化及其社会的后果尚未为人感觉到以前，历史学在德国——正如我们已经指出了的——就已经成为一种专门的学术了。反映着前工业与前民主的现实的那些历史思想模式，在19世纪最后三分之一的时间里始终牢固地“屹立”在德国的学术机构之中，而这时历史学的近代规范正在被引入其他国家。1848年革命失败后德国历史的历程，以及随后德国历史学家们在俾斯麦领导之下的德国统一进程中之放弃他们自由主义的信念，都加强了他们对国家的中心地位与对国际事务的强调而牺牲了社会史。正如我们看到的，社会史在德国是被人以怀疑的眼光来看待的，并且被认作是马克思主义。于是，在19、20世纪之交，当法国、比利时、美国和其他地方的历史学家们正在转向社会科学来扩大自己对近代工业的和民主的社会的理解时——美国特别转向了经济学、社会学和心理学，而法国则在转向同样的这些新生的学科时，也在转向人文地理学和人类学——德国的历史学专业却几乎人人都在抵制这类创新。社会史大抵上只限于经济系，它在德国保持着比在英语国家和奥地利更强大的对历史的注意力。这种对社会史和社会科学的对抗，一直持续到魏玛共和国时代，那里的历史学家们都曾是1914年以前训练出来的并且在政治上是社会化了的，他们满怀憧憬地回顾霍亨索伦王朝的君主制[2]，并且这一点一直继续到20世纪的60年代。

67 年轻一代的历史学家们出生在魏玛共和国的末期，甚至于是在1933年以后，但是所受的学术训练是在1945年以后，他们在20世纪60年代的西德之所以对社会科学感到强烈的兴趣，是和他们渴望批判地对待德国的过去和他们之献身于民主的社会紧密相联系着的。在他们看来，纳粹的独裁政权以其全部的野蛮性是怎样成为了可能的这一问题，乃是了解近代德国史的核心。与法国相对比——法国年鉴派传统的历史学家们偏爱的是研究前近代的、前工业的世界，大多是一再遗漏了政治的——新一代的德国社会历史学家们则把政治置于他们研究的中心，但又不像他们老一辈的同行们那样把政治密切联系到各种社会力量和现代化的各种问题中。他们的研究工作也是沿着深受马克斯·韦伯的（以及通过韦伯也受马克思的）政治社会学影响的社会科学传统进行的；他们对政治与社会之间的密切关系是非常敏感的。

德意志联邦共和国对德国过去的批判探讨之中存在着一个重要的分歧点，那就是1961年出版的弗里茨·费舍尔（Fritz Fischer）的《第一次世界大战中德国的战争目的》一书。[3]弗里茨·费舍尔属于老一代，生于1908年，是在魏玛共和国时期接受的训练，所遵循的仍是传统历史学的兴趣。事实上作为一个青年学者，他曾为华尔特·法兰克（Walter Frank）的“纳粹新德国国史馆”（Nazi Reichsinstitut für Geschichte des Neuern Deutschlands）写过东西。[4]然而费舍尔的书代表着与近代德国史的传统解释的彻底决裂。尽管它在方法论上是传统的，所依据的是官方资料，但它的结论却不是的。根据这些资料，费舍尔得出结论说：德国帝国政府在1914年夏是有意识地要冒险发动一场先发制人的战争。政府已经屈从于从工业、农业到工会各种经济利益集团的广泛一致的意见了，他们都赞成把德国政治经济的霸权扩张到大部分的欧洲，尤其是东欧，并取代英国和法国成为殖民大国。费舍尔认识到，要落实他所主张的经济压力集团与政治领导双方之间密切的相互协作，下一步对制定决策的研究就必须把范围扩张到他已经做过了的档案研究范围之外，要更加广泛地审查使这些决策在其中得以制定的那种结构性的框架。他提出了 68
从威廉皇帝时期到纳粹时期德国扩张政策的连续性问题，从而引出了更进一步的问题，即：要在德国体制的架构内了解德国帝国主义，必须追溯19世纪到什么地步？

在追询这些问题时，费舍尔并非只是单独一个人。像阿图尔·罗森堡（Arthur Rosenberg）、汉斯·罗森堡（Hans Rosenberg）和哈若·荷尔波岑（Hajo Holborn）这些人以前都已经提过这些问题了，他们在魏玛共和国时期就已经开始他们的工作，并于1933年被迫移居国外。现在，年轻的一代在20世纪的60年代又接受过来了这些思想。对他们的讨论至关重要的便是汉斯-乌尔里希·韦勒（Hans-Ulrich Wehler）于1965年出版的魏玛晚期以来艾克哈特·克尔（Eckhart Kehr）的论文集[5]和1966年重版的克尔的博士论文《军舰建造与政党政治（1894—1901）：德国帝国主义国内政治、社会与意识形态的前提的一个横切面的研究》(*Schlachtflottenbau und Parteipolitik 1894—1901: Versuch eines Querschnitts durch die innenpolitischen, sozialen und ideologischen Voraussetzungen des deutschen Imperialismus*)[6],该文于1930年初版。克尔在他的论文里论证说,德国帝国政府于19世纪90年代决定参与海军竞赛并不是由于对国家安全的考虑所推动,而是由于工业和农业的上层精英力图保持武力基础以对抗民主化和社会改革。克尔和韦勒两个人都把德意志帝国体制内所发生的德国工业化看作是德意志帝国的权威性体制所形成的,而它那种种价值和理想则是属于更古老的前工业的社会和文化。他们由此出发而论证说,导致第一次世界大战德国政策的乃是以经济社会的现代化为一方和以政治的落后为一方双方矛盾的结果。

对克尔和韦勒两个人来说,历史研究就提供了一种批判地审视德国民族的过去的工具。韦勒在他20世纪60年代末和70年代的著作中力图奠定一种"历史社会科学"的基础,他发挥了与法兰克福学派(马克斯·霍克海默和提奥多·阿多诺)的"批判理论"紧密相联系的一种社会科学的概念,它得自马克思但
69 摆脱了马克思学说的思辨的和权威的方面。韦勒向马克斯·韦伯在社会科学研究中价值中立的戒律提出了挑战,那是一项作为一个高度政治性的学者韦伯本人在实践中就已经破坏了的律令。尽管与克尔相形之下,韦勒着重地拉开了他本人与马克思的距离,他却认为德国社会的发展是被结构上的与社会上的不平等的持续性所决定的。然而他也像克尔一样地摒弃了马克思关于经济力量占首要地位的观念而代之以韦伯式的观念,即"统治

权（*Herrschaft*）、经济和文化”三者相互关系的力量在决定着每一个社会。[7]

与20世纪60年代西方史学界流行的对现代性的批判形成了鲜明对照的是，他认为现代化的进程是不可能正面加以抑制的；他这样做要比韦伯做得更加满怀希望，而韦伯则担心这一历程具有矛盾的性质。在韦勒看来，近代德国历史的灾难性的行程，其根源在于德国现代化的不完整。因此他说，他对德国历史行程的评价是基于这一前提的，即“德国社会之进步性的经济现代化应该是伴随着一场社会关系与政治的现代化。工业化及其永远不断的技术革命应该随之带来一个朝着法律上自由和政治上负责的、能够作出自己的决定的公民们的社会的发展”，但这在德国的情况中却显然并没有出现。[8]

走向现代性的“（德国）特殊道路”（*Sonderweg*）这一概念受到了严厉的批评[9]，因为在批评者的眼中，它不仅把一般地在西方以及特殊地在德国的政治社会发展过分地简单化了，而且也未能认识到并不存在一条通向现代性的唯一道路。然而韦勒的现代化概念的要害成分就在于他那政治信息，在于他否定德国专制的传统和他肯定1945年以后西德采取了西方的，特别是以政治的民主制与深刻的社会责任感相结合的那种民主制的民主传统。

韦勒的研究以及与他相接近的所谓“比勒费尔德（Bielefeld）学派”——并非真正是一个学派而只是一群志同道合的史学家，其中有几个人是比勒费尔德大学的——的社会史 70
学家们的研究，是从两个基本前提出发的。第一个是历史学应该采取一种社会科学的形态，但那应该是一种像韦勒所称之为的历史的社会科学（*Historische Sozialwissenschaft*）[10]，它不同于美国传统的行为社会科学，而是从明确规定了的有关社会变化的各种问题而切入社会的。第二个是在科学研究与社会实践之间存在有一种密切的关联。韦勒有关历史的社会科学概念是把韦伯扩大了马克思的社会形态概念视为理所当然的，由此就有可能把一个社会和一个时代当作是由政治的和社会文化的以及经济的因素所决定的一个整体。他进一步接受了马克思的前提，即西方的历史可以理解为自从史前的起源以来就是一场连续的、单一的过程。社会史学，或者像韦勒所喜欢称之为的历史的社会科学，因而就囊括了最广义的社会的、政治的、经济的以及社会文化的与思想的种种现象。历史研究的中心题材就是社会结构之进步性的转型。

同时，韦勒还相信历史学家有一种政治责任。他通过由马克斯·霍克海默以及最近由于尔根·哈贝马斯（Jürgen Habermas）所诠释的"批判理论"的范畴来观察这种责任，也就是说从我们的思想必须为之而努力奋斗的那样一个社会的条件来观察它，那个社会将是沿着合理性的（*vernünftig*）、人道的路线而组成，使得人能够作为参与造就自己命运的自主的人而生活在尊严之中。植根于启蒙运动的这一理想，就被韦勒用来作为对过去和现在各种社会进行审查的一个标准。因此韦勒的现代化观念在根本上乃是有标准的：历史学必须不仅成为一门社会科学，而且还必须是一门批判的社会科学。它肯定了现代化乃是一个永久不断的转化过程，科学和技术在其中是与不断增长着的自由、政治的成熟和社会成员之间的责任共同携手在发展着的。在韦勒看来，德国社会史家的主要任务就应该是询问：何以现代化出现在德国比起在其他的西欧国家或北美不同，竟导致了1933年至1945年那段时期的灾难性的后果？

于是，随着工业社会与社会民主相结合的现代价值就在西 71
方备受人们广泛的审察，这类同样的价值也被（德意志）联邦共和国相当一部分青年历史学家们普遍地加以肯定，其原因与他们对德国最近过去历史的感受大有关系。这种感受之中包括有与德国历史学界之观察并写下他们的民族史[11]的各种方式之间的一场严重的对抗。虽说20世纪50年代代表着研究德国历史与政治的传统路线的历史学家们仍然在统治着德国的各大学，然而到60年代他们的垄断却瓦解了，因为他们已告退休，也因为德国各大学继续自己的扩展过程直到70年代之初。[12] 1971年比勒费尔德大学成立，并作为专门进行跨学科研究的中心。1971年韦勒被任命为这里的历史系主任，1972年于尔根·科卡（Jürgen Kocka）也参加进来。批判的社会史学就这样获得了一个巩固的组织基础。1972年启动了“历史科学批判研究”单行本丛书，至今已有一百多部问世，1975年又继之有《历史与社会》（*Geschichte und Gessellschaft*）[13]杂志，它在德国学术界占有的地位颇有似于法国的《年鉴》和英国的《过去与现在》。

与大多数《年鉴》的和大量《过去与现在》的著作形成对照的是，《历史与社会》以及《批判研究》的焦点并不在于中世纪或近代早期的世界，而在于近代工业社会的转化过程。此外还有一个重点，就是政治与社会的相互关系。新的德国社会史学非常愿意运用计量方法，但是要比美国的"新社会史学"或法国的*histoire sérielle*（"系列史学"）更加审慎。德国"历史社会科学"的思想先驱并不是美国的社会科学家或法国的年鉴派史学家，而是些德国人：是经过马克斯·韦伯转手的马克思以及马克斯·韦伯本人，是上述曾在魏玛共和国学习过而在1933年以后被迫离开德国的那些历史学家们，如马克思主义者阿图尔·罗森堡和弗里德里希·迈纳克的学生汉斯·罗森堡和哈若·荷尔
72 波岑；艾克哈特·克尔曾在美国获洛克菲勒基金，1933年3月死于美国，年仅30岁；最后还有法兰克福学派的社会学家-哲学家们，尤其是马克斯·霍克海默。这些影响赋予了比勒费尔德的历史学家们以一种与法国或美国的历史学与社会学研究大不相同的格调，并导致了更加注意形成为政治文化的种种思想和价值。他们也偏爱新史学家之强调解释学的路数，作为是对他们经验分析的补充或者是组成部分。

尽管韦勒的理论陈述在界定一个社会时，赋给了文化以经济学和政治学同等的地位，并且尽管他从人类学上把文化解释为各种符号相互作用的综合体，然而他却被人指责为忽视了历史的文化方面。批评者批评说，在他的社会史中，个人就在笼罩着一切的种种结构之中消失不见了，文化全然是放在其制度化了的形态——诸如教会、学校、大学和其他正式的组织——之中来加以讨论的。日常生活的形态事实上并没有受到注意。在他的《德国社会史》（*Deutsche Gesellschaftsgeschichte*）一书中，韦勒讨论妇女的状况大多是就她们的法律地位和经济地位着眼。确实，比起托马斯·尼培代（Thomas Nipperdey）来，他用之

于妇女和日常生活的篇幅更少，而尼培代的三卷从1800至1918年的《德国史》[14]，一方面是回到了叙述式的政治史，另一方面又包括有大量章节论述日常生活（包括两性生活）。

20世纪70年代，于尔根·科卡作为社会史中批判的、理论的研究方法（或者说历史社会科学）领先的实践者之一而登场了。他在1949年的博士论文中就已经运用理论模型在分析社会变迁了。[15]科卡以庞大的西门子电器公司从1847年开业至第一次世界大战爆发为例，力图检验韦伯有关官僚制度的理想类型对私有领域出现了成群的白领雇员的论点，其适用性究竟如何。在这部书里以及在他随后对1890—1940年间德国与美国的白领雇员的比较研究中[16]——在后一部书中他考察了德国雇员对国家社会主义（纳粹主义）的接受程度——科卡尝试走出客观的结构与过程之外，而深入到那些参与其中的人们的政治意识 73
里面去。在此后的研究里，他从一个与我们下面将要谈到的那位E.P.汤普森迥然不同的视角来处理工人阶级的形成。在科卡看来，创造出近代工人阶级的基本力量始终是经济的和结构性的。科卡用现代化的概念进行工作，在他论19世纪阶级构成的巨著（1990）[17]里，他把现代工人阶级的发展解释成是突破了作为资本主义条件下工业化过程那部分的工资劳动的结果。与科卡的工作相平行，其他的德国社会史学家们也把自己的注意力日益转向伴随着这一工业化过程而来的各种社会条件。

当然，我们必须考虑到，韦勒著作的意图是要进行综合的工作，是社会的历史（*Gessellschaftsgeschichte*），而不是经验中的社会史。尽管如此，韦勒的批判的社会史概念却激发了社会史的大量经验调查，它们集中注意的是工业化的过程及其在手工工人、产业工人、白领工人和资产阶级中间社会分层化的后果。对德国工业化后果的兴趣并不是新事物。它是维纳·孔泽（Werner Conze）1957年在海德堡创立的“现代社会史工作坊”的中心题材，它今天仍然是一个活跃的组织，吸引了许多年轻的批判社会史学家，并出版了他们的许多著作。这些批判的社会史家对早期的调研工作所增添的是，更加着重于用理论来解释在德国政治语境中伴随着工业化而来的社会转变历程。

20世纪70年代和80年代在德国以及一般地在西方国家，而且稍后也在东欧，社会史学大量地把它们的重点从经济因素转移到了文化上面来。这两种研究路线并不必然互相排斥。自从20世纪50年代以来，德国工人阶级史正如在西欧和北美等地一样地经历了几个阶段。出自维纳·孔泽“工作坊”的早期研究，
74 特别注重工人运动当其在工业化过程中出现在19世纪和20世纪之初的德国政治文化之中时所起的作用以及这些运动在民族的舆论一致中的整合作用或者是并没有整合作用。

在狄特尔·朗格维舍（Dieter Langewiesche）[18]、弗兰茨-约瑟夫·布吕格梅耶（Franz-Josef Brüggemeier）[19]和克劳斯·滕费尔德（Klaus Tenfelde）[20]对工人阶级生活状况的研究中，政治焦点转移到幕后去了。这些研究既与汤普森对工人阶级的文化主义研究路线不同，也与诸如米歇尔·裴罗特（Michelle Perrot）[21]和威廉·休厄尔[22]对工人阶级抗议时的符号和礼节方面进行考察时那种直言不讳的人类学视角不同。朗格维舍、布吕格梅耶和滕费尔德的基本材料仍然是硬性的经验数据，而不是文学的、

艺术的或民俗的数据。而其架构则是工业化过程以及随之而形成的一个无产阶级。这三个人都把注意集中在鲁尔河流域矿工的身上，并且精心刻绘了矿井下劳动条件的转变、工人阶级的来源（绝大部分来自波兰移民）、工人与雇主之间的关系以及社会的和经济的冲突。布吕格梅耶考察了住房条件，因为这影响到社会条件——例如，夜宿房客对于一个贫困社区的家庭生活的冲击。工业疾病得到了详尽的叙述。但是工人们不仅是受害者而已，他们多方作出了反应并防护着自己，一再地在艰苦的罢工之中，但一般地是以不太显著的方式，诸如非正式的餐饮俱乐部（*Schnapskasinos*）——往往是警方所不容许的——这里就代替了往往是不欢迎他们的那些昂贵的酒店。一种根源于波兰的生活方式和宗教信仰的种族文化，就把许多这类工人和他们的德国同行隔离开了，不仅是在工作场地并且也在闲暇的时辰，这样就破坏了罢工行动的团结。

布吕格梅耶首先研究影响着无名群众的各种情况，考察政治结构框架之内的日常文化、德意志帝国的集权方面以及其唯恐已经确立了各个阶级在政治上和文化上对占统治地位的价值和道德所发生的威胁。然后他就转而研究矿工们个人的生平，并力图重行构造他们的希望和梦想都是些什么。有时候只不过是
几件简单的衣服或几双鞋，就会给予人以一种地位感和威望感。 75
于是，韦伯意义上的“荣誉”或者是布迪厄意义上的“象征性的资本”，就在那些其尊严感经常受到打击的地位卑下的男人们的自我界定之中有了它的地位。我使用的是“男人们”一词，因为布吕格梅耶所描述的乃是由男人们构成其劳动力的绝大部分的

一个世界。女人们在幕后则构成为雇主的经济核算的一部分。她们为夜宿者们提供便宜的住所，而且对所从事的工作并没有任何可观的报酬。然而这些传记却赋予了另外看起来是非个人的、集体的命运以一幅人间的面貌。而且它们推动了口述历史学的做法。鲁茨·尼塔梅尔（Lutz Niethammer）和他的同事们就这样对20世纪30年代生活在鲁尔矿区的工人们和他们的妻子们进行了深入的访问。[23]这些访问中起重要作用的并不在于重构都曾发生过什么事，而在于人们都记得起些什么。重要之点并不在于这些记忆正确与否，而在于它们反映这些男人们和女人们感受自己的过去的方式是怎样的。

从工人阶级运动史转向把焦点集中到个人生活经验的劳工社会史上来，并不是西德的学术界所独有的。它也反映了在西方其他地区，而且也是在所谓社会主义国家里的社会史学的总趋势，虽则后者转到这个方向上来要慢一些。说来好像是自相矛盾，劳工史在社会主义的东方一直是倾向于精英主义的，是从有组织的劳工运动和社会主义民主党（1917年，或者说共产党）的角度来写作的。这方面有一个例子就是1966年东柏林刊行八卷的德国劳工运动史。[24]然而即使是在东德，到了20世纪70年代的中期，历史学家们也察觉到有必要把自己的注意力转到工人阶级的日常生活上面来。于尔根·库津斯基（Jürgen Kuczynski）在1981年为他的五卷本《德国人民日常生活史（1600—1945）》（*Geschichte des Alltags des Deutschen Volkes, 1600—1945*）[25]一书作序，就号召马克思主义的历史学家们要向西方非社会主义的历史学家们的社会史学学习。哈特穆特·兹瓦尔（Hartmut Zwahr）从经典马克思主义的阶级概念出发，于1978年刊行了一部莱比锡无产阶级形成的研究，考察了工业化过程和阶级的形成是怎样反映在人际关系 76
之中的，例如在家庭纽带和友谊之中，以及反映在社会意识之中。[26]在特别有趣的一节里，他使用了工人们的个人档案和重要的档案机关所储藏的数据来分析工人中间对教父母的选择。到了20世纪80年代中期，东德有一组人种学家开始与西德和奥地利的学者们合作在撰写世纪之交柏林工人们的业余时光。[27]

批判的历史社会科学有一个变种，见之于迈克尔·米特劳尔（Michael Mitterauer）于1971年被任命为维也纳大学社会经济史教授之后和他的同事们一起进行的工作。米特劳尔和他的同事们十分卖力地以比勒费尔德学派的方式，力图把对社会结构与社会历程的研究和对文化与生活类型的研究结合起来。他们的工作要比他们德国同行们的工作更加大力地关注于家庭、两性和青春期。同时，他们广泛使用了计量方法，并且对英国和法国在历史人口统计学和家庭重建的领域的研究表现出更大的开放性。然而当诸如英国的“剑桥人口与社会结构史研究组”和法国围绕着路易·亨利（Louis Henry）的历史人口统计学家们正在着重研究前近代和前工业的社会之际，维也纳小组却更加广泛得多地致力于工业化和现代化社会中的家庭史与贫困状况和两性等问题的研究。对口述历史和对个人传记的重建，他们也置于很重要的地位。

劳工史是和妇女史平行发展的。在英国、美国、法国、德国以及其他地方，妇女史作为妇女组织的历史，往往是投票权的历史，那在20世纪初就已经开始了。到了20世纪60年代和70

年代，大量的妇女史都是研究妇女在工业化过程中的作用的。随后更多的注意便逐渐地给予了妇女生活的现实方面。这后一
77 方面就需要重新考虑社会科学的概念和方法了[28]，正如我们以下就要谈到的。历史社会科学的概念和方法与对各个妇女的生活经验的分析相结合的一次有趣的尝试，便是陶洛特·魏尔灵（Dorothee Wierling）于1987年出版的对19、20世纪之交德国大城市里中产阶级家庭女佣人的研究。[29]书中把女佣人这种行业看作是经历着朝向工业化与现代化转变的一种社会现象。在这场过渡中，女佣人们对“资产阶级”生活方式的形成起了重要的作用；没有她们，这种生活方式的形成是不可能的。同时女佣人们也吸收了中等阶级的种种价值，随后又把这些价值传给了她们所嫁的工人阶级。魏尔灵的研究依靠的是计量的群体数据；然而由于使用了自传材料、通信以及可能时还有访问，她力求重行掌握女佣人们所经历的和所记忆的生活处境的种种计量方面。所以它既保持着德国历史社会科学的传统，同时又超越了它。

第七章　马克思主义的历史科学：从历史唯物主义到批判的人类学

马克思主义的思想贡献是对于近代资本主义社会和近代文 78
化的批判，它是广泛地被一部分舆论所采纳的。这种批判的马克思主义尽管丧失了其大量的可信性，因为奠定其基础的前提过分深入地植根于19世纪而无法诉之于后工业时代的情怀。

然而马克思主义对现代历史科学的贡献是绝不能低估的。没有马克思则很大一部分现代社会科学理论——它们和马克斯·韦伯一样，是把自己界定为反对马克思的——就会是不可 79
想象的。当然，我们绝不可把马克思主义看成是一场统一的运动。马克思和恩格斯的教导是继之以一个半世纪以来对他们的著作的各式各样不同的解释。而且我们将会看到，马克思本人的学说是充满了矛盾而又模棱两可的。马克思运用了两种十分之不同的科学概念，那是无论他本人还是他的追随者都无法加以调和的。一种科学观在本质上是实证主义的，有着许多大致是从1850年至1890年之间的科学前提，它们对现实世界的概念是机械主义的。这种观点有两个根本概念：（1）客观的科学知识是可能的；（2）科学知识是以普遍的陈述来表达各种现象之合规律的行为。就历史学而言，这就意味着：为了获得科学的地位，它就必须发现和总结历史发展的规律。马克思在这里不同于其他的实证主义者像是托马斯·亨利·巴克尔（Thomas Henry Buckle）和伊波利特·泰纳等人，马克思在起源于经济不平等的社会冲突之中看出了合规律的历史发展的原动力。历史背后的驱动力并不是思想，而是——像马克思在《政治经济学批判》的序言[1]中所极其简明扼要陈述的——生产力。这些生产力在自己发展的过程之中便与被自己所召唤出来的社会条件发生冲突，而当社会条件成为对生产力的充分展开的障碍时，生产力便会造社会条件的反。由于自然规律的不可抗拒性，人类于是就从游牧和狩猎的原始共产主义的初级条件通过古代的、封建的和资产阶级的各个社会形态的阶段而被推入到社会主义社会，而此前为一切社会所固有的对抗在其中都会得以克服。重要的是，对于马克思而言，正如对他同时代的大多数人一样，人类的进步是以西方为中心的，唯有西方世界才是动态的，而亚洲和非洲——在这一点上，马克思同意黑格尔——则是停滞的。

这种科学观和历史观是深深嵌入了19世纪西方思想的主潮
80 之中的，与之显然有别的仅只是它那革命的目的。然而马克思终其一生也还有一种大为不同的有关现实世界与知识的观点，那是要在20世纪马克思主义的思想与历史学中起重要作用的，尤其是在苏联集团以外。“辩证法”一词——它往往是用来指这另一种概念的——必须要小心谨慎地加以使用，因为它包含一种内在的矛盾。一方面是辩证法摒弃了实证主义的现象世界占有科学中的首要地位这一概念；因为它认为一切可见的表现都是有问题的，它们必须放在各种互相冲突的力量那种更为广阔的语境之中来加以理解。在马克思1844年的青年阶段，以及1857—1858年的《大纲》(*Grundrisse*)和1867年通常被认为是马克思的成熟表现的《资本论》(*Das Kapital*)第一卷的第一章中，他对古典政治经济学的这一前提发出了质疑，即：经济世界是可以用其中在运作着的各种经济力量来加以理解的；而他却要求它们必须以人们的需要来加以衡量。这种辩证的观点远不是设定物质力量的第一性——那通常是被人与他的历史唯物主义联系在一起的，不管马克思本人唯物主义的论点如何——它摒弃了要把物质的力量置于人的力量之前的这一概念。因而这就驳斥了政治经济学——或者不如说是驳斥了根据它那些前提在运作的经济体系——因为政治经济学把对资本的需要置于人类最衷心的需要和热望之前。由此就得出1844年手稿[2]中劳动异化的观念和马克思在《资本论》中的论点：资本的政治经济学是属于这样的"一种社会状态，其中是生产过程掌握了人而不是受人的控制"[3]。辩证法作为一种哲学方法始于苏格拉底，它是以指出一个论据中的内在矛盾来进行推理的一种形式，它迫使人重新进行总结并继续检查新总结中的矛盾。因而辩证法就成为一种观察包含在每一种社会形态之内的不合理性（在这种情况，也就是侵犯了人的尊严）的批判理论的基础。但是另一方面，马克思又把他对实证主义的批判融入了由规律所驾驭的过程这一本质上乃是实证主义的概念，辩证法在其中采取了一种唯物主义的形式，引导着历史得以在一个共产主义的社会之中完成。

81 对辩证法的这种教条的、本质上是实证主义的认知，便成为苏联集团内外已经确立了的各国共产党的官方马克思主义（或者毋宁说是马克思列宁主义学说）的基础。列宁主义给马克思主义学说注入了一种马克思著作中所没有的新调子。马克思认为，历史过程的总方向是给定了的，尽管它采取的具体形态要受到政治行动的影响，从而也就为自由留下了余地。然而革命则只是在历史发展已经准备好了道路之后才会发生。用马克思的话来说："当全部生产力在其中尚有发展的余地之前，任何社会秩序都从不会消灭的。"[4]列宁则以一种强调党的核心作用的理论改造了这一观念。由此便得出了：历史研究的写作要服从于党的每一天的战略。

或许我们可以区别在历史研究中有几个不同的区域，意识形态在其中起着不同的作用。党最喜欢的乃是实际上远离了马克思的社会观和历史观而只为党的当前政治利益服务的那种历史编纂学。特别是在当代史的各个领域、1917年以来的党史以及苏联与各资本主义国家相对抗的历史方面，尽管也使用了马克思主义的词句，但其直接的目的却是论战式的和机会主义的，而非科学的，是要打击各种形式的政治偏差。在第二个或宏观历史的层次上，马克思主义的词句和历史模式就被强加于更大规
82 模的历史过程之上；在重构特定的革命事件或危机时，以阶级斗争的词句进行分析也是带强制性的。然而历史研究的主题距离当前政治的实际问题愈远，则历史学家的自由也愈大，尤其是在古典的、拜占庭的和中世纪的历史方面，而且（正如我们即将看到的）也在社会文化史方面。的确是必须要引证马克思、恩格

斯和列宁（而且在1956年以前还有斯大林），然而这些往往都是敷衍了事而不是根据对档案材料加以详细考订进行研究的核心部分。这类研究的大部分（但并非全部）都有一个缺点，即它们把自己限于相对的并未加以反思的事实堆砌之上。如果说综合性的著作备受被强加各种大而无当的理论之苦，那么档案研究的著作便缺乏使得一部著作非徒具有怀古的价值而已的那种理论上的深思和考虑。然而，即使是在这种受限制的背景之下，仍然做出了严肃的而又富有想象力的工作，这在苏联和东德[5]就来得更为困难，因为那里的严格控制是和历史学家方面非凡程度的驯服听话结合在一起的。波兰[6]自1956年——赫鲁晓夫在苏联共产党二十大的报告和波兰波兹南骚乱的那一年——以后，历史学家们大多都设法使自己摆脱意识形态的导向。只有在他们的研究触及党的当前政治利益或与苏联的关系时（例如卡廷大屠杀事件）才受到严格的控制。在二战前，波兰就已经发展出了一个经济社会史学家的学派，其最出色的代表便是法兰西斯泽克·布雅克（Franciszek Bujak）和扬·鲁特科夫斯基（Jan Rutkowski），他们与布洛赫和费弗尔保持着密切的联系。于是，1926年波兰就创办了一份杂志，它那主旨非常之有似于三年以后所创立的《经济社会史年鉴》（*Annales d'histoire économique et sociale*），而且也有一个类似的刊名《社会经济史年鉴》（*Rocznike Dziejow Społecznych i Gospodarczych*）。1956年，这种继承布雅克和鲁特科夫斯基的传统对经济社会史的兴趣，再度受到人们的重视，与年鉴派的联系又恢复了。

在某些点上，马克思主义者的研究路数和年鉴派的是非常

83 相符的。因而波兰的新的物质文化史研究所就非常适合于年鉴派对大众文化的兴趣。威托尔·库拉（Witold Kula）《封建制度的经济理论》[7]一书很快就被译成法文，由费尔南·布罗代尔作序。波兰的历史学家们也频繁地向《年鉴》杂志投稿。库拉在他的《度量与人》[8]一书中力图探讨整个西方历史中各种重量的象征意义。耶日·托波尔斯基（Jerzy Topolski）在他的期刊《方法论研究》（*Studia Metodologiczne*）和英文版的《波兹南社会科学与人文学研究》中开辟了与非马克思主义历史学家有关理论与方法问题的对话。在匈牙利，历史学也沿着类似的路线在前进。在捷克斯洛伐克，与国际历史学研究重新接触的尝试，在1968年苏联军事占领该国以后，受到了严厉的限制。但是就在苏联，也出现了一些并不受正统马克思列宁主义的历史哲学与神学的狭隘拘束的重要的著作。米哈伊尔·巴赫金（Mikhail Baktin）在20世纪的30年代就以其对历史人类学与符号学[9]的不朽贡献而打动了人心、必须指出的是这就为他在斯大林时代招致了严重的迫害。而且我们已经提到过阿仑·古列维奇于1971年在莫斯科出版的《中世纪文化范畴》[10]一书和随后的著作，在苏联为非马克思主义的心态史学奠定了基础。

但是官方的马克思主义理论无论是多么的强硬和僵化，却无法提出对社会史有建设性的问题来。我们已经提到过苏联集团的历史学家们对物质文化问题所表现出的兴趣。20世纪70年代的末期，在东德开始了一场大规模的规划，从事对于18世纪和19世纪初马格德堡平原文化的综合性的跨学科研究，这是城市化和农业商业化[11]不断增长的时期。这些研究决心要从经济和社会的基础进入到文化、饮食、时尚、建筑和庆典等方面的研究,非常之有似于年鉴派史学家之研究某一区域的整体史(*histoire totale*)。马克思主义学说中对劳动人口的重视应该是刺激对工人阶级生活的研究的,但是至少在苏联和东德,工人阶级的历史却指的是有组织的工人运动史,亦即直迄1917年的社会 84
民主党人的历史以及其后的共产党人的历史。其中大部分都是研究在特定的革命情势下无产阶级的作用的政治史。尽管与口头上声称的相反,它大体上乃是一部上层精英的历史。这一点有一个很好的例子,就是上面已经提到的1966年东德社会主义统一党中央委员会所刊行的八卷本德国工人阶级史,此书骄傲地自称它的材料是马克思主义的经典著作和“工人阶级党的决议和德国工人阶级运动负责人的讲话和论文”。[12]于尔根·库津斯基这位东德经济史学家的前辈在他的《日常生活史》[13]中抱怨说,东德的马克思主义历史学家始终未能写出一部普通人的真实的日常生活经验的历史,他要求他的同行们到西方非马克思主义的历史学尤其是年鉴派的历史学中去寻找样板。

因而,在1989年苏联体系崩溃时,大多数东欧的与苏联的历史学家都察觉到了正统的马克思列宁主义理论的不恰当性。在苏联以外,在西欧就出现了以20世纪的生活与思想之变化着的眼光、以马克思主义的观点,更加严谨地重新检验马克思主义的传统。当然,在马克思主义并不是官方意识形态的国家里,往往很难界定是什么构成其为马克思主义。当我们在本节中谈到马克思主义的历史学时,我们指的是自命为马克思主义者的人,其中有很多人在某一个时候——通常是在他们事业的早期阶段——曾经加入过共产党。因此在英国，从1947年到1956年就正式有过一个“共产党历史学家小组”的组织，有几位属于其中的历史学家后来在英国是成了名的，例如莫里斯·多布（Maurice Dobb）、罗德尼·希尔顿（Rodney Hilton）、克里斯托弗·希尔（Christopher Hill）、艾里克·霍布斯鲍姆（Eric Hobsbawm）[14]等人。1956年入侵匈牙利时以及赫鲁晓夫在苏联共产党二十大的讲话之后，就有大量的马克思主义历史学家都与共产党决裂，以抗议苏联的行为。然而有许多情形（例如爱德华·P. 汤普森）
85 却是历史学家们脱了党而继续认为自己是一个马克思主义者的社会批判家。

在第二次世界大战后的最初年代里，马克思主义的讨论在西方大抵是在有关历史进程的正统的马克思主义概念之中进行的。因而莫里斯·多布和保罗·斯威齐（Paul Sweezy）两人就进行过一场有关从封建主义向资本主义过渡的辩论[15]。争论的问题是：究竟是像多布所论证的那样，封建主义的崩溃是由于其自身内部的经济矛盾呢，还是像斯威齐所主张的那样，商业的兴起构成了其衰亡的决定性的外在因素呢？在法国、意大利、波兰和其他地方，马克思主义和历史学家之间也进行过与此相平行的讨论。这些辩论本身应该是只有忠实信仰者的小圈子才会感兴趣的，但它们在这个狭隘的圈子之外却激起了很大的兴趣。马克思主义的解释之代表着对非马克思历史学的一种挑战，倒并非是由于政治的理由，而更其是因为它质疑朝着事件和人物定向的传统历史学，并号召人们要更加注重社会的语境和社会的变化。使得非马克思主义的历史学家们感兴趣的，倒不是马克思主义者所提出的那些往往是教条式的答案，而是他们所提出的问题。因而英国马克思主义历史学家于1952年所创立的（但不是由党所控制的）《过去与现在》杂志[16]，很快地就成为了马克思主义的历史学家与非马克思主义的领头历史学家们——如劳伦斯·斯通、T. S. 阿什顿（T. S. Ashton）、约翰·艾利奥特（John Elliott）和乔弗莱·艾尔顿（Geoffrey Elton）等人——之间的一个讨论论坛。它就以其对社会与文化的广泛兴趣而在英国开始占有一席有似于年鉴派在法国的那种地位。就在这里展开了有关清教革命中贵族的危机和阶级的作用的大论战。包括法国、英国和北美历史学家们在内的类似讨论，也出现在法国的史学研究中，在法国由阿尔贝·马迪厄（Albert Mathiez）、阿尔贝·索布尔以及在更复杂的形式上被乔治·勒费弗尔提出的法国大革命是一场资产阶级革命的这一马克思主义论点，受到了阿尔弗雷德·柯班、乔治·泰勒（George Taylor）和弗朗索瓦·孚雷的挑战。

但是不久，马克思主义者对近代史中的重大政治动荡和工业革命的研究，就把注意力从无名的社会历程转而集中到这些变化在曾经历过它们的那些人们的意识中所采取的种种形式上面来。马克思并未写过一部下层的历史，但是恩格斯在他的《英 86
国工人阶级的状况》和他的《德国农民战争》中却更接近于这样的一种历史学。马克思的《路易·波拿巴的雾月十八日》则标志着已跨过了《共产党宣言》而朝着对政治变化分别加以考察前进了一步。1852年在写《雾月十八日》的时候，马克思已被迫对1848年他和恩格斯在《共产党宣言》中所说的预言作出让步——在《宣言》中他们已经正确地预见到革命迫在眉睫了，但却不正确地预告说，这些革命（他们认为那是资产阶级性质的）不仅会胜利，而且至少在德国会很快地继之以一场无产阶级的革命。马克思《路易·波拿巴的雾月十八日》所研究在法国的以及他和恩格斯《德国的革命与反革命》所研究（在德国）的事件进程，已经表明两次预言都是错误的。为了解释革命在法国的失败以及路易·波拿巴的即位，马克思这时就提出一幅现代社会的图像，那比他和恩格斯在《共产党宣言》中所拟订的那幅更加复杂得多；它承认资产阶级内部尖锐的社会与政治的分化以及诸如爱国情操与象征之类的超经济的势力在政治意识与行为中所起的作用。尽管马克思论证说，政治事件只有在互相冲突的阶级利益的语境之中才可以理解，他却创造出一种叙述，这些阶级的成员、广大的公众在其中都被撇到一旁去了，而政治人物则占据了舞台的中心，非常之有似于传统的政治历史学那样。工人们令人吃惊地不见了。至于构成为法国人口绝大多数的农民，马克思把他们看作全然是一种消极的势力，在一段值得瞩目的话里，他把他们比作是“一口袋马铃薯”[17]。与儒勒·米什莱的《法国革命史》形成对照的是，妇女完全没有出现。更有甚者，马克思对于真正的沦落无告者、无家可归者、瘾君子和罪犯等等都非常之鄙视，他把他们统统归入流氓无产者（*Lumpenproletariat*）[18]，他们缺乏马克思以之与工人阶级结合在一起的那种纪律和劳动伦理。

87 与此相对照，英国和法国的马克思主义者对中世纪和近代欧洲的政治经济动荡的研究，开始赋予历史学以一幅人间的面貌。乔治·勒费弗尔就以《1789年的大恐慌：革命时期法国农村的惊惶》[19]一书铺好了道路，他在书中探讨了曾经导致1789年夏季农民起事的那场农村中的大惊惶。罗德尼·希尔顿对中世纪英国的农民起义[20]、克里斯托弗·希尔对17世纪英国革命中的下层阶级[21]、非洲裔美国活动家杜波依斯（W. E. B. Du Bois）对美国内战后重建时期南方的黑人居民[22]，也都做过类似的工作。乔治·鲁德（George Rudé）[23]和理查德·柯布（Richard Cobb）[24]则到警察局的档案里去考察具体地都是哪些人构成了革命群众。鲁德在分析18世纪和19世纪初期英国和法国的骚乱时，认定了是食物价格在起中心作用的。但E. P. 汤普森在其现在已成为一篇经典论文的《18世纪英国群众的道德经济》[25]中则强调非经济因素的作用，诸如由传统的、前资本主义的经济正义的概念中所衍生的价格公正的观念。下层阶级的传统文化价值与新生的资本主义经济及官僚制国家双方之间的冲突，则是艾里克·霍布斯鲍姆的《原始的反叛者》[26]以及他和鲁德两人的《斯温船长》[27]两书的主题。这些研究与年鉴派的研究，在双方都偏爱前近代的世界这一点上惊人地相似。重要的例外则是霍布斯鲍姆宏伟的综合性工作，他那些标题的跨度是从法国大革命直至共产主义的解体。[28]这些著作都集中在形成其为近代世界的发展的主要线索上，而对民间的俗文化则只派给了一个附属的地位。

或许在这场强调民众文化作用的马克思主义史学运动中，最为重要的一部史学著作就是爱德华·P. 汤普森的《英国工人阶级的形成》一书了（1963）。此书的题名就宣布了汤普森的论点，即“工人阶级并不是像太阳那样地在某一个指定的时刻升起。它是出现在它自身的形成之中”[29]。在这部书以及他后来的理论论述中，他不同意马克思主义的正统说法以及结构主义者诸如法国的哲学家们尤其是路易·阿尔都塞（Louis Althusser）
88 对它的辩护，阿尔都塞是强调马克思主义的科学方面的。[30]在汤普森看来，马克思的著作对20世纪中叶马克思主义者的见解并没有决定性的意义。因此，他就区别开“作为定论的马克思主义和得自马克思的开放性的调查研究与批判的传统。前者是站在神学的传统之上的。后者则属于积极的理性的传统”，它把自己“从真正经院哲学的观念之下解放出来，即认为我们时代的问题（以及我们世纪的经验）只要严格钻研一百二十年前所刊行的文本就可以理解”[31]。汤普森从马克思那里引用了阶级的概念以及“阶级经验大体上是由人们生于其中或并非有意进入其中的那些生产关系所决定的”[32]。但是决不能把阶级看作是“一种‘结构’或者甚而是一种‘范畴’，而应该看作是事实上在人际关系中所发生的（并可以被表明为是已经发生了的）某种东西”[33]。“阶级意识（乃是那样的一种意识），在那里面这些经验是以文化的词句来加以掌握的：它体现为传统、价值体系、观念和体制等各种形式。”[34]因而汤普森就摒弃了“原型的”工人阶级这一观念，而代之以在一个特定的历史环境中所产生的“具体的英国工人阶级”。对文化的强调就标志着摆脱了把人际关系客观化的那些科学方法，转而得出了对形成其为一种文化的质量因素的理解的那种研究路数，因而他就要依恃文学、艺术、民俗和象征。

汤普森在这里摒弃了马克思主义的三项基本概念，即经济力量的首要地位、科学方法的客观性以及进步的观念。他抵制了这样一种观念：过去乃是通向未来的一个步骤。因此，他就“力图从那种对于后世无比地屈尊就范之中拯救出来那些可怜的织袜匠、卢德派（Luddite）的剪裁工、‘过了时的’手工织匠、‘乌托邦’的匠人以及甚至于是约翰娜·索斯考特（Johanna Southcott）的受蒙蔽的信徒们”，尽管“他们对工业化新潮的敌对态度可能是向后看的”[35]。

然而汤普森的研究路数却保存了正统马克思主义的各种重要因素。他的研究自称是仅限于英国的，其中他保卫了只有一个工人阶级这一观念而反对有着由不同的种族、宗教和行业传统所标志着的各种大不相同的工人这一观念。在赋予这个阶级以劳工贵族的光环这一点上，他和马克思的看法大抵相同。这样，诸如潘恩（Paine）、科贝特（Cobbett）和欧文（Owen）这些重 89
要的思想家，伦敦通讯协会（The London Corresponding Society）以及英国激进主义的政治传统，就对工人阶级的形成起着关键性的作用。就这方面而论，《英国工人阶级的形成》一书与其说是一部经验史，倒不如说是一部思想史。在这部书中，阶级冲突占据舞台的中心。这一冲突尽管有其文化的成分，却是根源于经济体系之中的。[36]若不是如此，与马克思主义的联系就薄弱了。但是它却导致批评者们公正地指出：其他形式的冲突和剥削，包括涉及性别关系方向的冲突和剥削，却被忽略了。[37]

在马克思主义者中间，汤普森的历史研究路线受到两个不同方向的批判性的追究。一方面它被法国哲学家路易·阿尔都塞从结构主义的马克思主义角度批判为是“社会主义的人道主义”的一种形式，它“贬低了马克思主要的实质性贡献——即，分析资本主义生产方式的形态、趋势和规律”[38]。另一方面，文化上的马克思主义者则论证说，汤普森还不曾把自己从过分强调经济关系的客观方面那种正统的前提之下充分地解放出来。[39]他们攻击他说，哪怕他是就文化来观察阶级的，这种文化也仍然是把注意力集中在产业工人阶级的身上，而那些与产业劳动过程并无直接联系的人们在其中并没有任何地位。虽说汤普森关心着要把约翰娜·索斯考特从那种“后代的无比的居高临下的态度”之中挽救出来，但是这一点同样可以用来说他自己对于妇女的普遍忽视，妇女毕竟并不是直接参与生产过程的组成部分，这一点是社会主义者和非社会主义者通常所同样了解的。

《历史工作坊》正如它的副标题所指出的，乃是在汤普森研究劳工史的路线上所成立的“一份社会主义历史学家的杂志”，但又超越了它。从它1976年创刊至1995年撤销了它的副标题（1982年曾改名为《社会主义与女性主义历史学家杂志》）的转变历程，就记录下了英国以及其他地方的马克思主义历史研究路线所发生的基本变化。“工作坊”一词是有意选用来既指马克思主义对史学工作与工作坊的重视，又指要创作一部由这座工作场所的历史学家们合作写出的一部历史书。它把自己置于社
90 会主义与激进的学术传统之中，那在英国要上溯到哈蒙德夫妇和韦伯夫妇，包括“共产党历史学家小组”的作家们在内，并且从E. P. 汤普森那里获得了“巨大的推动力”。它承认1952年由一组“具有鲜明左翼政治观点”的历史学家们所创立的《过去

与现在》乃是"英语世界中最佳的历史学杂志",[40]并且着手补充它的工作而又赋予它以一种新的方向。

但是《历史工作坊》与其他历史学杂志的区别并不在于它那社会主义的献身精神——那是原来《过去与现在》的许多撰稿人也都具有的,原来的编辑部有半数人都曾是共产党员——而是在于它声称有意要突破专业历史学的狭隘限制,以期"接触并服务广大的民主的读者群,而不是学术贵族的封闭的小圈子"[41]。从长远而言,它只是很不完全地达到了这一目的。它第一期开宗明义的社论就是长篇大论反对历史研究的专业化曾经导致了它们"日益增长的繁琐化"[42]、它们之与政治社会毫不相干以及资本主义社会所嵌入学院之中的那种僵化症。这份杂志本身乃是牛津大学那所劳工学院即罗斯金斯(Ruskins)学院的男女历史学家们聚集在一起密切合作十年的成果。它之所以重要,是因为编辑部被看成是事实上在做出集体决定的一个集体,尽管加雷思·斯泰德曼·琼斯(Gareth Stedman Jones)、拉斐尔·塞缪尔(Raphael Samuel)和蒂姆·梅森(Tim Mason)——他们都已经对学术性的社会史作出过重要的贡献——的地位更为突出,也因为妇女在编辑以及撰稿人中间都有很好的代表。第一期的社论已经表示要献身于"女性史"。他们指出,不仅是现有的政治史而且还有劳工史和社会史,都把自己局限在"反女性主义的界定"之内,因为尽管女性作为"劳动力的再生产者",其劳动也构成为资本主义经济的劳动过程的组成部分[43],却由于她们在公开劳动场所是看不见的而在这些历史著作中也便大抵始终是看不见的。

把焦点聚在妇女的作用上，有助于开拓杂志的视野和探索
91 新的方法论的途径。首先，《历史工作坊》是献身于它那“社会主义史”的概念的，而那在工业资本主义社会里是和“劳工史”密切相联系着的。尽管他们的马克思主义历史学是朝着文化在重新定向，但编者们投身的方式却非常之有似于汤普森对正统马克思主义的历史过程的概念。他们紧紧把握着目的论，把历史看作是由封建主义到资本主义再到社会主义之克服资本主义的各个阶段的转化。因此，杂志的第一篇文章便是罗德尼·希尔顿的《封建主义与资本主义起源》[44]，这是很说明问题的。近代社会的特征被杂志认为是出现了具有阶级意识的工人阶级在资本主义的传统之下进行工业生产。注意力放在了工人在这些条件之下所经历的各种劳动方式，但工人们则几乎全是19世纪和20世纪初期英国的产业工人。妇女的经历也被置于这种语境之中。然而不久，编者之一的拉斐尔·塞缪尔就开始质疑工业主义与资本主义的同一性，并且既承认非机器的劳动和传统手工业在19世纪资本主义经济中所起的巨大作用，又承认资本主义在非工业的经济领域，主要的是农业中，所起的作用。[45]

在《十年以后》[46]这篇由《历史工作坊》的编辑拉斐尔·塞缪尔和加雷思·斯泰德曼·琼斯署名的社论里承认了判断有错误。“我们未加说明的关注中心乃是产业工人阶级，而我们雄心勃勃的顶峰（正如在最初的宣言中所表明的）则是要把资本主义作为‘一种生产方式’来研究。”他们又补充说：“女性主义已经使这种目的论成了问题。”作为在1985年以前的十年中间已经变得日益明显的资本主义结构变化的结果——这些变化已经

暴露了阶级关系与过去所设想的是不同的，而且要更加复杂得
多——目的论已经进一步地成为了疑问。事实上，杂志对妇女的
处理，自从最初的几期起已经从工业的劳动场所转移到了家内
私生活的领域上来，并且越来越关注于性关系的问题。对妇女的
剥削是从更广阔的性关系的语境来看待的。在界定对男性的认 92
同时，也探索了各种休闲活动的不同（或者说，女性所缺少的那
些休闲活动）以及暴力的作用。

自1980年开始，这份杂志就以越来越多的篇幅致力于研究语言（作为社会经验的一种构成要素）的作用。编者们驳斥了以拉康（Lacan）、福柯和德里达为代表的结构语言学那种过激的立场——对这些人来说，语言所指的并不是外界的实在，因而就既没有辩证的力度，也不是变化的原理——然而编者们却强调“社会主义的语言……发生在社会主义出现之前”[47]，而且事实上极大地促进了社会主义运动的形成。但是语言远不是存在于它自己那由语法所构造成的领域之内（像结构语言学家所坚决主张的那样），而是（正如皮埃尔·阿查德［Pierre Achard］在《法国的语言与历史》[48]一书中所论证的）“始终都或多或少成为一个政治的与意识形态的不断斗争的场地”。莫里斯·戈德利埃（Maurice Godelier）从一个广阔的人类学角度观察语言，主张“语言的意义从来都不是全然被语言的体系和文本所赋予的，而是被劳动过程、被血缘关系、被等级地位并被一个社会各种象征的与物质的形态的整体变化所制约着的”[49]。此外，该杂志也同意女性主义理论家的意见，即性别并非是一种天然给定的、而是一种被嵌入在语言之中的文化结构，同时还把语言本身看成

既是在反映社会而又作用于社会的。直到20世纪90年代，重点大都是放在工业化的欧洲和美国。非西方世界在杂志较早的各期中大多只是出现在扩张着的帝国主义的暗影之下，目前在20世纪90年代的论文中拉丁美洲、非洲和土著澳洲已经受到更大程度的个案关注。

撒切尔主义以及苏联和东欧社会主义体系（尽管它们摒弃了列宁主义）的解体，深深动摇了《历史工作坊》的编辑们对马克思主义的信心。早在1985年他们就承认，“作为景观中的一道地质学上的确凿事实，即劳工运动的存在”——那曾经是杂志创刊时的基本假设之一——“已经不能再认为是理所当然的了”。
93 他们痛苦地承认“社会主义思想已脱离了大众愿望的一切想法”[50]。1995年的春天，他们悄悄地取消了“社会主义与女性主义历史学家杂志”这一副标题。他们提出：“自从我们上次十四年以前（1981年）在我们的桅杆顶上‘加上了’女性主义历史学家以来，我们工作于其中的那种政治情况已经变得几乎无法辨识了。”这些激进的历史学家们得以自命为马克思主义者的那些情况，已经不复存在了。当今世界的各种挑战——环境的、种族的、两性的——已经变得如此之复杂，以至于“社会主义者”和“女性主义者”以及他们所赋有的涵义已经不够用了。[51]

这份杂志在其扩展学科疆界这一目的方面获得了成功，但这一点对于其他重要的杂志来说也是真确的，最为令人瞩目的便是《年鉴》、《过去与现在》、《历史学季刊》（*Quaderni Storici*）和《跨学科历史学杂志》。但在沟通专业历史学家和非学者双方之间的差距方面，它却并不很成功。到了20世纪90年代的中期，它的撰稿人还几乎清一色是属于大学或研究机构的。我们可以追问：这份杂志原来的信仰和目的都还剩下了什么？不仅是马克思主义的目的论，而且还有成为其理解社会与政治实践的根本的那种阶级概念，已经是无可弥补地动摇了。然而对一种与平凡的男女密切相关的而又可以为人理解的历史学的献身精神，却继续存在着。说来自相矛盾，随着这个杂志使自己摆脱了马克思主义的假设，它反而比以前从马克思主义的观点来理解劳动与劳动人民，更加能够接近于普通人民的经验了。最后，这个杂志始终坚持马克思主义的批判观点，献身于抗衡深深存在于社会之中的一切形式的剥削和统治。但是不同于正统的马克思主义。它主要地不再以这些求之于经济的与国家的体制结构，而是求之于生活中的各个方面，包括两性关系在内。

《历史工作坊》在以往二十年历史学中的地位，不应该评价过高。它是国际上许多采取类似方向的杂志之中的一种。它承认它有负于《过去与现在》，但从一开始它在民间历史与文化方面就走得更远，并且试图（哪怕成绩有限）征召普通的群众。作为一场运动，它受到许多地方的模仿，尤其是在联邦德国和瑞典。 94
类似的关注也反映在大量各式各样的刊物上：英国的《社会史》杂志、美国的《社会史杂志》和《激进史学评论》、意大利的《历史学季刊》，它们都把焦点从体制方面转移到要把广大居民的现实生活经验置于历史兴趣的中心地位。1993年在德国和奥地利创立的《历史人类学》（*Historische Anthropologie*）和1991年莫斯科创立的《奥德赛》都是参与这类努力的最新的杂志。

Ⅲ.

历史学与后现代主义的挑战

第八章 劳伦斯·斯通与“叙述史学的复兴”

《过去与现在》自从1952年创刊以来,就一直是英国讨论历 97
史学与社会科学的最重要的论坛;1979年它刊登了劳伦斯·斯通的文章《叙述史学的复兴:对一种新的旧史学的反思》[1]。在这篇已成为当今名篇的文章里,斯通指出20世纪70年代在观察和写作历史的方式上发生了一场根本的变化。社会科学史学的中心信仰——即“对过去的变化有一种一以贯之的科学解释”[2]乃是可能的——已经广泛地被人摒弃了。取而代之的是对人类生存最为变化多端的各个方面重新产生了一种兴趣,同时伴随有这样一种信念,即“群体的文化乃至个人的意志,至少潜在地也和物质生产与人口增长的各种非个人的力量是同等之重要在起着作用的变化因素”[3]。对具体的各个人的经验的这一重新强调,就导致又回到了叙述型的历史学上面来。

转到经验上面来,就包含着对科学的合理性要进行一番批判性的重新考察。社会科学定向的历史学已经预先设定,科学与技术对有助于其增长与发展的那个不断在扩大的近代工业世界有着一种积极的关系。但是这种对进步与对近代世界文明的

信仰，自从20世纪的60年代以来却经历了一场严峻的考验。20世纪50年代美国的历史学家们和社会科学家门仍然很得意地在
98 谈论着美国有一种民族的“一致”和一个没有深刻社会冲突的真正的无阶级社会，它使得过去和现在的美国有别于欧洲。约翰·肯尼斯·加尔布雷思（John Kenneth Galbraith）于1958年发表了《富裕社会》[4]一书。我们已经提到过，丹尼尔·贝尔的《意识形态的终结》[5]于1960年问世，随后1962年又有迈克尔·哈林顿的《另一个美国》[6]一书，它们把焦点集中在美国人口中被排除在富裕之外而并不分享“一致性”的那部分人——即无论白人和黑人中的穷人——的身上。在美国，此前社会中隐蔽着的紧张关系就以其全部的力量登上了前台，随之就有20世纪60年代早期民间的不服从运动和60年代后期贫民窟中流血的暴动。随后的越南战争把美国人分裂了，正如前几年的阿尔及利亚战争之分裂了法国人一样深刻。但是，反对战争超出了纯政治的问题之外。有关公民权利与有关越南战争的冲突在美国所引发的这场20世纪60年代后半期的冲突，其焦点不仅是集中在对现存的政治与社会状况的批评上，而且也集中在对一个高度工业化社会的生活质量上。对进步与科学的信仰——这不仅对计量的“新经济”史学而且对马克思主义都是带根本性的——从技术已经改造了各个工业国家并影响了各个发展中国家的种种危险和残暴性的视角看来，已经日益成为问题。

重要的是应该认识到，20世纪60年代末期在（美国加州）伯克利、巴黎、柏林和布拉格的学生运动既是针对西方资本主义的，也是针对苏联式的马克思主义的。这一点对于历史编纂学

内部的发展来说乃是至关重要的，假如我们要理解何以无论是通常的社会科学模式还是历史唯物主义都不能继续令人信服的话。两者都是从宏观历史学的和宏观社会学的概念出发的；对它们而言，国家、市场，或者对马克思主义而言则是阶级，乃是中心的概念。对这双方，科学所驾驭的增长的可能性与可愿望性，都被认为是理所当然的。把焦点放在社会结构上与社会过程上，乃是正统的社会科学与正统的马克思主义双方所共同的；而这就对此前为人所忽视而现在则要求认同自己的地位和自己的历史的那部分人口，并没有留下余地。再者，社会科学与马克思
主义历史学双方都对日常生活的现实方面——即它那物质的但 99
也还有它那感情的方面、它的希望以及它的恐惧——都没有什么兴趣。

对于现代西方文明的历程与性质，有一种悲观主义的看法占据了大量“新文化史学”的中心地位。这种新史学对马克思主义保持着一种自相矛盾的关系。关于历史学之具有解放的功能，它分享着马克思主义的观点；但是它所理解的男男女女们要从其中获得解放的种种束缚，却与经典马克思主义者的大不相同。剥削和统治的根源主要地不应当求之于体制化的结构或政治、经济，而更重要的是应当求之于人们对别人施加权力的种种人际关系。因而，性别也就被赋予了一种重要的新地位。在某种重要的意义上，福柯就取代了马克思而成为权力及其与知识的关系的分析家。

斯通所提出的一个关键性的问题是：历史学究竟（以及以什么方式）可不可以或应不应该把它自己理解为是一种科

学。不仅是社会科学取向的历史学，而且还有像兰克在19世纪的大学里所发展出来的那种较古老的考证历史学的研究传统，都在把历史学看作是一门科学。然而对后者而言，科学却具有另一种不同的意义。它包含着摒弃了分析的社会科学那种实证主义，并强调人文科学或文化科学（*Geisteswissenschaften*［精神科学］）与自然科学之间的区别。然而它却仍然坚持一种科学的概念，并把历史学看作一门科学的学问。因此，在德国*Geschichtswissenschaft*（历史科学）一词就取代了*Geschichts schreibung*（历史著作）一词来表述职业历史学家所做的工作。这里科学的概念就包含一种以研究的逻辑为中心所规定的严格方法论的指导而获得的客观知识。然而当强调历史理解中的移情（empathy）作用时——其中包含了历史学家的主观性——这个历史研究学派却在历史研究与想象的文学之间划定了一条明确的界限。可是必须强调的却是，分析与叙述之间的这一区别又往往并没有得到坚持。乔治·杜比在《布汶的传说》[7]和雅
100 克·勒高夫在他晚近的圣路易传[8]中，正如我们下面将要看到的，表明了叙述在年鉴派的传统中占有一席重要的地位。

尽管斯通着重摒弃了历史学中有“一贯的科学解释”这一幻念，然而他却绝未提示说：历史的叙述虽则必须要有文学形式，却应放弃它对合理的探索与现实主义的重构的要求。但是正如我们在序论中所看到的，法国和美国有许多理论家，大部分是来自文艺批评界的，诸如罗兰·巴尔特、保罗·德曼、海登·怀特、雅克·德里达和让-弗朗索瓦·利奥塔（Jean-François Lyotard）[9]等人往往都被认为是后现代主义者——而这一标签是

他们中有些人会强烈反对的——他们是会号召作出这种让步的，并且会质疑事实与虚构、历史与诗歌之间的区别。他们把历史学看作与其文本之外的现实并无任何干系。但是我们将会看到，实践的历史学家们很少是走得这么远的。较老的社会科学历史学与新的文化历史学双方之间并没有彻底决裂，但新历史编纂学的主题以及与之一道的方法，却随着重心之从结构与过程转移到普通人民的现实生活经验上面来而在改变着。这包括对传统社会科学的要求产生了更大的怀疑，但它并不意味着就逃之于想象。不仅是历史学家们继续认真地和批判地在运用史料进行工作，而且正如我们在以下几节将要看到的，他们还采用了得自社会科学的方法和发现。因此，他们就一点也不曾放弃这一信念，即历史学家必须遵循合理的方法来获得对过去的真知灼见。

第九章　从宏观史学到微观史学：日常生活史

101 在20世纪70年代和80年代，不仅是西方的，而且在某些情况下也有东欧国家的历史学家们开始越来越质疑社会科学历史学的前提了。社会科学历史学的世界观，其关键在于相信现代化乃是一种积极的力量。这种信仰的最激进的形态是在弗朗西斯·福山（Francis Fukuyama）1989年的论文《历史的终结？》[1]中提出来的，它宣称现代技术性的社会以资本主义的自由市场原则为基础而伴之以代议体制，就标志着作为历史发展所产生的事物合理秩序的成就。其他社会科学取向的历史学家们，像于尔根·科卡等人，则远没有那么信心十足，他们察觉到了现代社会的破坏性方面，然而却表现出对现代化的整体的积极性质的信心，在其中市场经济与一种高度发展的技术就会伴之以民主的政治体制而保证公民的自由、社会的正义和文化的多元主义。[2]在科卡看来，纳粹主义以及东欧与苏联的马克思列宁主义体制的崩溃，就似乎证实了这一点。他的看法是，批判的历史社会科学的关键功能就是要指出妨碍了真正现代社会的20世纪社会秩序的返祖现象，正如韦勒和他在他们分析1945年以前的德国社会所曾做过的那样。

对于卡洛·金兹伯格（Carlo Ginzburg）和卡洛·波尼（Carlo 102
Poni）这两位意大利微观历史学最重要的代表来说，宏观历史观念以及伴随着它们的社会科学历史研究法之所以衰颓的关键原因，应该恰好是对技术进步的有益的社会政治后果这种乐观主义的见解丧失了信心。[3]反对宏观历史的社会科学研究法（包括马克思主义在内）的论据，则是根据政治的和伦理的理由甚至更有甚于根据方法论的理由，尽管（正如我们将要看到的）意大利学派特别要使社会科学历史学的基本前提服从于探索性的方法论批判。对以现代化为其特征的世界历史过程之关键性的反驳，在他们看来乃是以人为其代价的。他们论证说，这一过程释放出来的不仅是巨大无比的生产力，而且还有与之无法分割地联系在一起的那类毁灭性的摧残一切的能量。还有，它们（可以说）是在人民——主要是小人物——的背后进行的，而人民在社会科学取向的历史学中，正如他们在把焦点置于权势者身上的传统政治史学中是一样地被人忽视。历史学必须转而面向种种日常生活的情况，正如它们是被普通人民所经历的那样子。但是费尔南·布罗代尔在20世纪60年代和70年代的《日常生活的结构》[4]一书中向他们所提供的那种日常生活史，却由于只关注物质条件但未能考察这些情况都是怎样被人经历的而未能触及要点。

我们已经指出了各种政治信仰不仅是在较老的政治史学派的学术研究中，而且也在晚近的社会史学的形式中（并且当然也在马克思主义中）所起的作用。它们起着同样的作用，并且或许在新的日常生活的微观史研究中,起着更加显而易见的作用。意大利有许多历史学家,也像他们英国的许多同行一样,开始时自命是马克思主义者,后来却转而朝向马克思主义的宏观历史学的基本概念挑战。这一点并非偶然。对于研究日常生活的历史学家们来说,历史研究的主题已经从他们所称为权力的“中心”转移到了“边缘”,转移到了多数人,而这些多数人在他们看来绝大部分都是并无既得利益的人和被剥削的人。这种对于
103 未得利和剥削的强调,就把这种历史学和古老的有关大众生活史的浪漫传统(诸如19世纪威廉·瑞尔的人种学[5])区别开来。瑞尔不胜眷恋地回顾着一个没有内部冲突的、牧歌式的民间社会,而研究日常生活史的历史学家们却强调根本就不存在和谐。

然而这些历史学家并不把多数人看作一个群体的一部分,而看作是绝不能消失在世界历史过程之中,也不能消失在无名的群体之中的各个人。爱德华·汤普森已经明确表白了他的历史著作的动机,他宣称《英国工人阶级的形成》一书的目的就是要“把可怜的袜工……(和)默默无闻的手织工……从后世无比的轻蔑态度之下解救出来”[6]。但是假如我们希望把无名的人从备受漠视之下解救出来,就得号召有一种新的概念上的和方法论上的历史学研究途径,它不再把历史看作是吞没了许许多多个人的一个统一过程、一篇宏伟的叙述,而看作是有着许多个别中心的一股多面体的洪流。这时候作数的就不是一份历史而是许多份历史了,或者更应该说是许多份故事了。而且假如我们是在研究多数人的个人生活,那么我们就需要有一种认识论和这些多数人的生活经验相配套,它能让我们获得有关“具体”的

而不是有关“抽象”的知识。

到了20世纪的70年代，有两个人的著作准备好了把文化定位为牢固的政治、社会与经济的语境上的一种历史学，那就是乔治·杜比论婚姻、民族神话的延续和封建主义的社会结构的大作[7]和雅克·勒高夫论知识分子与教士和工作的概念与类型的著作[8]。勒高夫和杜比也成功地写出过一部社会文化史，叙述以及个人占有着其中的中心地位，例如杜比论1274年7月27日星期日的布汶战役就是把一桩历史事件转化为一种民族神话（1973）[9]，以及最近雅克·勒高夫1996年的圣路易传记[10]一书。在整个20世纪的70年代，在英语世界和意大利语世界里对民间文化的研究变得越发地常见了，例如基思·托马斯（Keith Thomas）的《宗教与巫术的衰落：16、17世纪欧洲民间信仰研究》（1971）[11]、彼得·伯克（Peter Burke）的《近代早期欧洲民间文化》（1978）[12]、娜塔莉·Z. 戴维斯（Natalie Z. Davis）的《法国近代早期的社会与文化》（1975）[13]和卡洛·金兹伯格 104
的《奶酪与蛆虫：一个16世纪磨坊主的宇宙》（1975）[14]等。在所有以上各书中宗教都占有重要地位，在戴维斯的书里还格外注重性别。

没有任何理由说，一部研究广阔的社会转型的史学著作和一部把注意力集中在个体生存上的史学著作就不能共存并且互相补充。历史学家的任务应该是探索历史经验在这两个层次之间的联系。然而在20世纪80年代的德国，社会科学历史学的宣扬者们（他们在号召严格的、概念的和分析的指导路线）和日常历史学的倡导者们（他们认为那类指导路线就意味着是活经验的丧钟，他们热衷相信活的经验才应该是历史学的真正题材[15]）双方发生了一场激烈的辩论。汉斯·梅狄克（Hans Medick）在一篇关系重大的论文《划艇中的传教士》（1984）[16]中力图揭示日常生活史的基本立场。就这种历史学而论，70年代和80年代以克利福德·吉尔兹为代表的文化人类学可以看作是历史研究的一个模型。这一符号学的研究路数乃是吉尔兹的"深描"[17]这一概念所追求的，它意味着在和另一种描述直接对抗。它也意味着我们并不是要把我们预设的概念说给对方接受，而只是要如实地重新捕捉它。然而在这一点上，吉尔兹和梅狄克两人陷入了一场显然的矛盾之中，因为他们所号召的那种深描并没有使我们接触到个人，而只是接触到他或她所陷于其中的那种文化。于是，那个"可怜的织袜工"——汤普森是着手要把他的个人尊严从非个人的历史的势力之下解救出来的——却又把自己的个性丧失给了文化，因为我们只能是通过塑造出他或她来的那种文化才窥见到个人。按照吉尔兹和梅狄克的看法，无论是人种学家还是历史学家都没有对别人经验的直接接触。因此他就只有通过象征性的和仪式上的行为而不断在间接地猜测这些经验，这些行为是在个人的意图和行动的直接性之下进行，它们就构成为一个文本使人可能接触到另一种文化。

科卡批评了梅狄克的研究方法，说它是一种"新历史主义"（不可和前面讨论过的美国新历史主义混为一谈），根据的是两
105 项理由：正如较老的历史主义一样，它断然摒弃了理论，而且在科卡看来它坚持直接的经验就导致了方法论上的非理性主义。如果我们不从清楚明白的问题去观察——那会帮助我们在浩瀚

无垠的经验之中定位出我们所要寻求的东西——我们就无从具有某种对现实的一贯洞见。而在梅狄克看来，以精心概括出来的各种问题去研究我们的主题，这种做法本身就歪曲了我们的发见；但在科卡看来，没有这些问题就使得有意义的知识成为了不可能。再者，在科卡看来，孤立于更广阔的语境之外而把注意力只集中在历史的"琐碎"方面，就会使得历史知识成为不可能而且导致历史学的繁琐化。因此就有一种危险，即日常生活史可能退化成为奇闻逸事和发思古之幽情。

可是梅狄克认为，"小的才是美丽的"一点都不是指脱离了更大的语境之外的轶闻逸事史。事实上，梅狄克坚持说：历史学应该从对"中心"体制的关怀转移到边缘上面去，在那里可以发见有并不符合既定规范的每个个人[18]。然而，个人却只能是作为一个更大的文化整体的一部分而为人理解。因此他所追求的微观史，缺少了一个宏观社会的语境便不能成立。不仅是梅狄克在德国所提出的日常生活史（*Alltagsgeschichte*），而且也还有它那些意大利的宣扬者们——我们下面还要谈到他们——所构想的微观史，都设定有一种综合性的民间文化的存在。因此就有了朝着历史人类学的转向及其对文化象征表现的符号学研究途径。在意大利人看来，这是一种从远古时代一直持续至今的令人惬意的文化。

在这一点上应该提到20世纪70年代初期马克斯·普朗克历史研究所（Max Planck Institute for History）启动的有关原型工业化（protoindustrialization）的研究计划。在这里，焦点是放在一个小单元上，即农民家庭。有一个比利时籍的美国人富兰克林·门德尔斯（Franklin Mendels）1972年铸造了这一名词“原型工业化”[19]，把焦点集中在这些家庭的各种经济力量和再生殖实践的相互作用上。按照他的说法，在一个对纺织品的需求日益增长的时期，农舍工业就导致了工业化的一种早期形态，并且推动了人口的增长以及早婚和多生子女以解决对劳动力的需求。
106 20世纪70年代初期，在英国以及其他地方都沿着这些线索进行过重要的研究[20]，而且还有助于激发德国的研究计划，结果便有了1979年的那部集体著作《工业化以前的工业化》[21]，此书集中讨论了“工业革命”之前农村中家庭工业的发展。尽管这些历史学家对系统的社会科学表现出保留的态度——在他们看来那留给人们主动性的空间是太小了——他们还是把他们的工作着重地放在严格的社会科学之上，主要地是在经济学和历史人口学之上。他们运用了得自古典政治经济学的各种社会分化的概念和市场经济的概念。在这种意义上，他们是在概念结构之中进行工作的，有似于我们已经在埃马纽埃尔·勒华拉杜里对食物价格与人口压力二者相互作用的分析中所看到的那种结构。然而随着强调以家庭作为生产过程中的关键单位，就出现了新的焦点。我们便从数量人口学的硬性结构走进了更加具体得多的家庭环境，原型工业化就为其中带来已经变化了的再生殖的模式，包括由于财产关系变化而来的早婚和生育。劳作的模式也改变了。研究表明：消费、储蓄和劳作不仅取决于经济压力，而且也取决于由大肆挥霍所表现出来的种种地位与荣誉的问题达到了何等地步[22]。因而要了解农村原型工业社区的性质，我们就必须走出经济与人口的分析之外而考虑到文化。

20世纪的80年代，马克斯·普朗克历史研究所原型工业化研究组的主要参加者汉斯·梅狄克和于尔根·史仑鲍姆（Jürgen Schlumbohm），再加上当时也在这个研究所的一个美国人大卫·萨比安（David Sabean）从他们较为一般的对原型工业化的研究出发，考察了一个特殊区域的进程，梅狄克[23]和萨比安[24]是在士瓦本（Swabia）的两个村落赖兴根（Laichingen）和内卡豪森（Neckarhausen），而史仑鲍姆[25]则是在威斯特伐利亚的贝姆（Belms）教区。在某一层次上，这是老式社会科学研究方法的继续。极其大量的数据被锁入了计算机，特别是有关结婚与死亡时的财产清单以及生命统计、审判记录、识字率，等等。结果便有了大量有关文化的信息。例如，财产清单就给出了书籍拥有量的信息。焦点便放在从旧制度到19世纪后期大约两百年这 107
段时期内的某个村落或地方。尽管他们对吉尔兹频频表示敬意，但他们的研究路数却大为不同。他们是以当时他们所诠释的过硬材料和社会学数据、而不是以重笔濡染在进行工作的。把文化当作是一种整合的符号学体系那种吉尔兹式的概念——那和我们发见像是19世纪威廉·瑞尔那样的人类学家之怀念着一种更单纯、更和谐的民间文化的那类浪漫观念并非全然不同——便被一种看出了分化与冲突的概念所取而代之。此外，在由前近代向近代社会过渡的重大的政治、经济与社会变化的语境中，就出现了地方史。尽管这些历史学家不喜欢现代化这个概念，他们却怀着对这些“代价”的警惕而在运用它。因此，他们就比自己所认可的更为接近于传统的社会科学历史学并更加远离了历史人类学。

在我们刚才讨论过的德国人类学与微观历史学的史学家和意大利的微观历史学（*microstoria*）的实践者双方之间既有巨大的相似之点，又有根本的分歧之点。尽管他们的政治观有相似之点，他们却是来自两种不同的传统。意大利传统的主要代表人物卡洛·金兹伯格、卡洛·波尼、乔瓦尼·莱维（Giovanni Levi）和爱多阿多·格伦狄（Edoardo Grendi）开始时都是马克思主义者。[26]他们反对马克思主义学说是根据两项理由：一项是他们反对已经成立的各个共产党的权威作风。第二项是他们反复申说，他们对马克思主义与非马克思主义的增长概念所共有的那类宏观历史概念丧失了信心。他们希望再度赋予历史学以一种人间的面貌，这就导致他们不仅反对传统的马克思主义而且也反对分析的社会科学和年鉴派。年鉴派避免了前两者的狭隘性，但是布罗代尔的历史学大厦，正如莱维指出的，仍保留有很大空间可以容纳大量各种各样的观点和研究路数——可是竟然没有人入住[27]。

微观历史学的实践者们，也像他们的德国同行们一样，想要
108 回到具体的人的生活经验上来。他们保留了马克思主义历史学取向中的三种因素，其中有两种是他们与德国人所共有的：一是相信社会不平等乃是一切历史社会的核心特色。二是生产和再生产对各个文化的形成所起的作用。他们坚持认为，各种经济力量并不能为生活中社会文化的各个方面都提供一种解说，但它们却进入其中。它们成为社会不平等的主要原因，没有它们历史便不可能为人理解，尽管不平等采取了各种远远超出于政治、经济和社会不平等之外的形式——像是它在传统上（而尤其是

在马克思主义的传统上）为人所设想的那样。三是他们的这一信念，即历史研究必须立足于严谨的方法与经验分析之上。他们在批判马克思主义与社会科学研究路线的同时却避免了由吉尔兹所宣告的并被梅狄克在他有关传教士的论文中极为认真采用过的这一信念，即，历史学是从诗歌中获得它的许多洞见的，正像我们已经看到这一立场也曾被海登·怀特所宣扬并被美国的文化史学家们（例如娜塔莉·戴维斯）[28]采用过，对于他们来说——至少是在他们方法论的论述上——事实与虚构之间的界限已变得流动不居。对于微观历史学的实践者来说，这条界线倒是并不很流动。他们坚持认为，历史学家所处理的乃是一项真实的题材。他们批评传统社会科学的研究路线，倒并非说社会科学是不可能的或是不该要的，而是说社会科学家作出了某些概括，而当用之于检验他们号称要加以解说的那种小规模的生活的具体现实时，却是无效的。然而无论是在德国取向还是在意大利取向的著作中，理论与实践之间总有某种矛盾。当意大利人对他们认为的吉尔兹方法论的非理性主义始终抱有怀疑的时候，他们（而尤其是金兹伯格）却在自己的历史叙述中也在靠拢吉尔兹那种重笔濡染的立场。相反的，德国人从一开始就紧紧地以社会科学的方法在工作，包括对漫长系列进行计算机分析。

和德国的微观历史学家们不同，意大利人在《历史学季刊》杂志上拥有一个组织上的巩固根据地，它自从1966年创刊以来就在意大利占有一席颇有似于《年鉴》在法国和《过去与现在》在英国的地位，成为了视野广阔的各种历史研究的一个论坛。在德国，《历史与社会》（*Geschichte und Gesellschaft*）也起着这 109

样一种作用，但却有着更强烈得多的社会科学取向。只是随着1993年《历史人类学》（*Historische Anthropologie*）的创立，才出现了一份代表微观历史学与历史人类学观点的德国杂志。

引人瞩目的是这份新杂志的第一卷刊登了卡洛·金兹伯格一篇论意大利微观历史学传统的文章[29]。这篇文章实质上复述了金兹伯格和波尼最初在1979年《历史学季刊》上、后来又在别处其他纲领性的论述中所曾提出过的见解。他们指出，宏观历史学的危机乃是20世纪70年代对那些宏伟的叙述之日益增长的幻灭感的一部分。立足于大量数量化的、计算机化的数据之上的大规模社会科学研究受到了质疑，倒并非社会科学研究方法是不能应用的，而是因为大规模进行概括从根本上就歪曲了真正的现实。按微观历史学实践者们的说法，微观历史学的一项基本承诺就是要为“被其他方法所遗漏了的人们打开历史的大门”，并且要“在绝大部分的生活所发生于其中的那些小圈子的层次上阐明历史的因果关系”[30]。

被微观历史学的拥护者与福柯和吉尔兹的拥护者双方所宣扬的理论立场与方法论立场之间，既有亲和性，也有显著的差别。他们也像福柯一样，力图表明“霸权体制已经是怎样排斥了某些思维方式，认为是魔鬼的、非理性的、异端的或有罪的”[31]；就像是金兹伯格在他对磨坊哲学家和宇宙学家梅诺奇奥（Menocchio）[32]的个案研究和莱维在对乡村牧师乔凡·巴蒂斯塔·奇萨（Giovan Battista Chiesa）[33]的个案研究所做过的那样。他们也像吉尔兹一样，目的是要对文化进行一种“解释性”的研究，而那必须是“通过单独的、貌似无关重要的象征，而不是通过可重复的和可量化的观察所得出的规律”[34]来着手进行的。用莱维的话来说，“微观历史学的研究方法是以各式各样的线索、符号和象征的手段在告诉我们怎样可以获得对过去的知识这个问题。”[35]然而他们却一直坚持认为，在历史文本之外还有一个现实是可以为人知道的。他们承认，其中掺入了知识。正因为是这样，所以微观历史学方法“就和把现实作为是客观存在的那些历史学家们所采用的传统陈述式的权威论述的形式分道扬镳了”[36]。由于又回到了专业化历史编纂学以前的那种表现形式， 110
微观历史学便引进了这样的一种叙述，历史学家在其中不仅是传达了自己的发见，而且也传达了自己的操作程序。“在微观历史学中……研究者的观点就变成为叙事一个内在的部分。”[37]叙述对于表现历史学家的发见之所以重要，就因为它可以传达以抽象的形式所不能传达的各种成分，也因为它表明了历史学家所由之以达到自己的叙述的那个过程。

然而尽管对客观性加上了这些限制，微观历史学却与更古老的社会科学共同享有几项基本的设定，使它有别于福柯的和吉尔兹的研究路数。爱德华·缪尔（Edward Muir）指出，就福柯而言，“各种理论都是不能证实的，因为证实的标准是出自要使过去符合于现在的那种现代科学规范。正确性就是指与被一种规范或被一种体制所界定的事物秩序符合一致”[38]。对金兹伯格和莱维而言，这是“一种逃避。正确性必须是由过去向我们提供的具体的、物理上的真凭实据来决定的”[39]。微观历史学并不全盘排斥经验的社会科学，但它强调在方法论上需要以小规模现存的现实来检验他们的建构理论。它根据同样的理由在质疑吉尔兹对文化的研究路数。尽管吉尔兹声称他处理的是一个小规模的世界，他却坚持把文化当作一个整体体系，当作一个整体的那种宏观社会概念。正如莱维指出的："我觉得微观历史学与解释性的人类学之间在观点上的主要分歧之一便是：后者在公共的符号与象征二者之间看出一种一致的意义，而微观历史学则力求参照它们所产生的社会表现的多重性来界定它们和衡量它们。"[40]那结果便是有一个由"社会分化"[41]所标志的社会。在这里，有关霸权与社会不平等的各种考虑——这是马克思主义历史学的主要关注——就形成了微观历史学家的历史观。

我们将简略地考察一下微观历史学最有代表性的两部著作，即卡洛·金兹伯格的《奶酪与蛆虫：一个16世纪磨坊主的宇宙》（1975）和乔瓦尼·莱维的《承袭的权力：一个驱魔师的故
111 事》（1985）。这两部书有许多共同之处，然而在他们的概念的与叙述的研究路数上又大有不同。金兹伯格的书已经成为一部经典著作，或许也因为它读起来是那么好，而且呈现给了我们一个异常之丰满的个人。莱维笔下的驱魔师则更其深入得多地被嵌入了社会结构之中，而且那文本也更其是分析的。两部书都有着微观历史学的一般特征，即专注于一个给定地点的某个个人，并且力图强调该地方背景与更大范围的不同之点。两部书都精心重建了社会与政治的背景，焦点又都是放在地域性的而非更广阔的跨地区的层次上。然而金兹伯格对他的主角梅诺奇奥的研究途径，要比莱维的更加具有解释学的性质。其主要的焦点放在了梅诺奇奥的心灵世界上。而进入他心灵的那条途径则是通过他所阅读的文本。阅读并不是一种可以借之以传达意义的非

个人的过程，倒不如说那是精英心灵的著作通过了大众文化的三棱镜而射入这位农民磨坊主的心灵之中。而金兹伯格本人的想象力对于重建梅诺奇奥的思想历程也是要害所在。书中的叙述受到了作者所提出调查策略的干扰。莱维的关注则更加集中在社会科学上，他要检验或纠正已有的各种假说。他往往用许多段话来说出所要肯定的假说。其中中心的关注则是乡村中权力关系的模式。用经济因素或政治制度的术语是理解不了这些的。莱维质疑的是，市场非个人的各种力量和近代国家机器的发展究竟对这些权力关系决定到一个什么限度。他论证说，要理解农民世界，决定性的因素乃是“对难以捉摸的象征性的财富（即权力和威望）的保持和接受”[42]。为了确立他的论点，他就诉之于更为传统的社会史所运用的各种资料和方法，即根据教区文件、土地税测定数据和其他行政机构文献的集成来重建被奇萨施以魔法的人们的生活和他们的社会背景。他也叙述了从土地买卖的数据到家庭组织和继承的数据，从而证明了在乡村中运作着
的并不是古典经济学的盲目的市场、而是一个复合的市场，其 112
中社会的与个人的关系（包括家庭的策略）对确定价格水平起着决定性的作用。桑德那（Santena）乡村的农民社区就这样不仅是宏观社会变迁的消极的对象，而且还具有一种显著的内涵。终于，一个没有矛盾的、高度凝聚的农民社会之牧歌式的形象，就在这种分析的过程之中瓦解了。

于是，我们在意大利微观历史学家尤其是莱维的著作中，就又看到了像我们在哥廷根小组所看到的那样，微观历史学乃是对更古老的社会科学历史学的一种延伸而不是对它的否定，

是重新发现了作为历史变化的代理者的那些人物与小团体的个性。然而微观历史学研究所可能适用的那些社会和文化,看来在空间上和时间上都是有限的。指责微观历史学家只考察小社区而很少乃至全然不顾更广阔的网络(语境),是没有根据的,至少在我们所考察的著作并非如此。然而有关近代城市的社区,却没有什么可以与之相媲美的历史研究,尽管也做过一些城市人类学的工作。所有我们所讨论过的著作都是研究前工业世界的,或者是从这一前工业世界向工业化早期过渡的。其中一部分可能研究的是像内卡豪森[43]或桑德那那样的村落,因为它们相对而言是自我封闭的和自给自足的,哪怕它们不能完全逃避国家行政的和市场的冲击。今天的内卡豪森已经大部分变成了一个寄宿的城市,它的居民往来于各大人口中心从事雇工或商务活动。

微观历史学家的理论叙述和他们的实际研究及写作之间,有着明显的冲突。他们正当地强调了历史中的不连续性,并由此推论出来:任何宏伟的叙述都是不可能的。但他们是以一种大抵上对现代化是负面的评价在进行操作的。尽管他们发现他们所研究的近代社区中也有种种冲突和分裂,然而他们却是怀着一定程度的恋旧之情在观察它们的消逝的。也就是说,他们之转向微观史的社区,并非仅只是因为有材料可以对它们从微观史角度进行研究,而且也因为他们对近代世界抱有某种厌恶之情。有许多年鉴派的历史学家很可能是受到同样驱使而转向中世纪或
113 近代早期世界的。在近来许多人类学定向的著作中——例如艾里克·吴尔夫(Eric Wolf)的《欧洲和没有历史的民族》[44]与西敏司(Sydney Mintz)的《甜与权力:糖在近代历史上的地

位》[45]——被看作是一种破坏力量的现代化，就构成为研究欧洲对非西方世界扩张中的一条红线。这也往往就是中世纪研究的情况，例如前面提到的雅克·勒高夫有关近代的时间概念的起源《中世纪的时间、工作与文化》的那篇名文。尽管福柯强调历史并没有统一性而是被"断裂"所标志着的，然而他有关精神病、诊疗所和监狱的那些著作却又设定近代史的历程是以日常生活中不断增长着的规范为其特征的。这一点也是罗伯特·穆欣布列德（Robert Muchembled）著作中的基本观念，他也像福柯一样地把近代早期法国官僚制国家的发展联系到了肃清非国教徒和边缘集团。而这也是诺伯特·埃利亚斯（Norbert Elias）那部实质上是一部宏观史的《文明的进程》[46]一书的主题，此书最初出版于1939年他流亡的期间，而只是到了1969年再版之后才出了名；书中追踪了各种风尚的规范化。埃利亚斯的书里提出了一个论点，即随着王权专制主义就开始发展出来了一种宫廷文化，它把以前相对地是无拘无束在进行的种种肉体功能，诸如饮食、消化和做爱，都屈服于新的严格的规范之下，并把它们驱入了隐私的领域。确实，近代世界的规矩采取的是更加由行政手段来组织的形式，然而令人怀疑的是，它在前近代世界里就已达到了像这些作者们那么广泛地加以浪漫化的地步。

有几种批评曾经反复被提出来，用以反对微观历史学家们：（1）他们的方法以及他们对小规模历史的专注，就把历史学归结为对轶闻逸事的发思古之幽情；（2）他们把以往的文化浪漫化了；（3）正如已经提到过的，因为他们着意要研究相对稳定的文化，他们就没有能研究以迅速变化为其标志的近代和当代世界；（4）就此而言，他们便没有能力研究政治。

然而，他们也曾做出过认真的努力，要用微观历史学的方
114 法来研究20世纪的政治冲突。把近代与现代的日常生活史（*Alltagsgeschichte*）[47]和研究前工业社会的微观史联系起来的，则是要致力于走出非个人的社会结构与过程之外而钻入到具体的人生经验之中。鲁兹·尼塔梅尔主要关心的是探索工人阶级（包括工人阶级的妇女）的日常世界，他在探讨物价和工资统计或政府公报对于了解人们在其中活动的那些情况具有多大价值。在这里，微观历史学再一次被看作并不是对大规模社会与政治过程分析的代替品，而是一种必要的补充。在微观历史学的调研中，处于中心地位的是被传统史料所忽略了的男人们和女人们。传记和回忆对于重构他们的生活占有重要的地位。但是显然，在大多情况中这些资料是无法利用的。又是在这里，口述历史便可以作出贡献。口述历史曾特别用之于研究受害者，而近来也还有“大屠杀”的罪魁祸首，但最近则是斯大林式的迫害与屠杀的受害者和罪魁祸首。毋庸讳言，访问也有问题，特别是这些搜集都是在几十年之后，这时被访问人的记忆已经受到后来事件与经验的影响。然而访问可以由其他的证据或其他的访问加以核对来证实。地方史研究小组往往使用口述历史的方法表达普通平民的生活经验来达到自己的目的；但是这类方法特别是在德国、而近年则是在苏联，已经被用来作为最近历史重构工作的一部分。

有些问题是传统的政治社会方法所难于回答的。与哥廷根的马克斯·普朗克微观历史研究组有着密切联系的阿尔夫·吕

德克（Alf Lüdtke）问道：20世纪德国人的历史浩劫是怎样成为可能的？我们怎样解释据认为是在反对导向战争的德国政策的社会民主运动内部所组织起来的工人阶级，却大部分都支持了1914年的战争？或者为什么1933年的确在工人中间事实上并没有公开反对纳粹，而且的确还是广泛支持它的？[48]老式社会学 115
的阶级范畴，就需要仔细审察和修订了。细心深入地进行访问，就可以对人们的政治社会态度的复杂性投射一道光亮。于是，满怀着工作伦理并以德国的工艺标准而自豪的工人们，在战争工业中就干得很好，不管他们的政治观点如何。在政治上的反对与拥护这两极之间，工厂里存在着一整副广泛的反抗光谱，它采取了各种不同的形象。鲁茨·尼塔梅尔曾在产业工人中间组织过两大套口述历史工程，第一套是在鲁尔区进行的[49]，第二套是在德意志民主共和国最后的日子里在东德进行的[50]，它们探讨了第三帝国和战后时期的个人回忆。在苏联，随着perestroika（改革）的开始，口述历史学家们就联合“记忆研究组”对斯大林时代的孑遗进行了广泛的采访。

有些对德国所采用日常生活史的批评者表示“担心它将由于集中注意在相对说来是始终未受干扰的平凡的日常生活方面而把纳粹政权的形象正常化了”[51]。这当然不是尼塔梅尔班子的意愿。口述历史的批判功能有一个例子是克里斯托弗·布朗宁（Christopher Browning）的《平常的人：101后备营与波兰的最终解决》（1993）[52]，它根据的是20世纪60年代国家检察长办公室在汉堡对210名涉及对波兰的犹太公民大规模处决的该营前成员的审讯。布朗宁的研究对这场大灾难的罪魁祸首们的历史平添了一个新视角。直迄当时为止，这场大灾难大都被看作是一场庞大复杂的行政过程，正如劳尔·希尔贝格（Raoul Hilberg）[53]所描述的，乃是被阿道夫·艾希曼（Adolf Eichmann）——此人在汉娜·阿伦特（Hannah Arendt）看来，体现了"平庸的恶"[54]——之流的官僚们在自己办公室桌前作出的。布朗宁现在把焦点集中在这架"毁灭性机器"的等级制底层的小人物们的作用上，这些人执行了千百万次的处决。他对101后备营的叙述，表明了这些汉堡的中年警察们（他们许多人都有着工人阶级的背景，并没有公然
116 反犹的情绪）是怎样卷入了波兰大规模的处决的。布朗宁指出："在日常生活史的方法论中，并没有任何固有的东西必然会减轻这场大灾难在纳粹德国史上的中心地位。相反地，我要论证这是揭发大规模的屠杀是何等之深刻地刻入到驻守在被占领的东欧的德国人生活之中的最佳方法。"[55]

这就再一次把我们导向微观历史学的实践者们所提出的方法论问题。他们反对社会科学历史学研究方法的关键论据便是：这样的历史学就剥夺了以往历史的质的那一方面，而没有给它留下一副人间的面貌。问题是怎样才能够重行捕捉历史中的人间的和个人的方面。我们已经看到汉斯·梅狄克在克利福德·吉尔兹的文化人类学的"重笔濡染的描述"中就发现有这样一种历史的典型。历史学也像人类学一样，乃是一种解释性的而非一种系统性的科学。冷静的分析被一种难以言传的顿悟取而代之。然而在我看来，这种重笔濡染的描述式的知识论包含着有一种无法解决的矛盾。它把它的研究题材看作是与观察者全然不同。它正确地警告说，不要把观察者的思想范畴投射到被观察者

的身上。重笔濡染的描述,应该使得“另一个人”以他的或她的“另一个人的性质”呈现于观察者之前。这就赋予了观察者的主体以一种“客观性”的成分,并使之呈现为一个被嵌入现实之中的客体。而另一方面,这种人类学的研究路数也就是在向世界的客观性挑战。它把别人看作是需要加以阅读的文本,非常之像是阅读一篇文学的文本那样。然而,一个文本可以用各种各样的方式来阅读。这种研究路数的逻辑后果,将会是取消了事实与虚构之间的界限。[56]

但事实上,这并非是微观历史学家的本意。在他们努力要复原他们所研究的男男女女的主体性与个体性的时候,他们摒弃了种种充满说不清的社会科学构造和过程的成见,但是他们作为历史学家也在他们的工作中认定是在面对着一种真实的题材的。在他们努力接近这一题材时,他们非常愿意使用社会科学的各种工具。令人瞩目的是,特别在德国,微观历史学家们依靠
计算机技术的用意确实倒不是想建立广泛的概括,反而不如说 117
是要发见这类概括的种种例外。尽管我们所讨论的这些意大利人比他们德国的同行们格外着重于思考人类学的研究方法,并且更少依靠计算机,然而他们却拒绝他们认为是吉尔兹方式的那种文化人类学方法论上的相对主义。归根到底,微观历史学看来并不是在否定具有更广泛的社会网络（语境）的历史学,而是对它的一种补充。微观历史学家们就为研究过去的历史增添了一份具体感。因而克里斯托弗·布朗宁在《平常的人》一书中使用微观历史学的方法所做的,就不仅是详尽记录“大灾难”的细节而已;通过他对个别罪魁祸首的聚焦,他也是力图对他们的

行为增加一项新维度,而那是更广泛的概括化所不能揭示的。克里斯多夫·布朗宁强调指出,这场大灾难并不是一番抽象作用,而且有关它的记述,也不像海登·怀特所提示的,主要地都是历史学家们建构的。[56]布朗宁指出:“在历史学家所带入研究之中的东西以及研究又是怎样地影响了历史学家,其间是有着一种永恒的辩证的交互作用的。”[57]

第十章 “语言学转向”：历史学之作为一种学术的终结？

我已经谈过了各种后现代的历史学理论，它们提出了历史知识的可能性与不可能性的种种问题以及历史著作在后现代时期所应采取的形式。在本章中我想提出实际上用以作为历史学著作的基础的各种后现代历史学理论的范围与方式的问题。这些理论都是从这一信念出发的——让我们再一次引用劳伦斯·斯通的话来说——即，“对过去历史变化要有一种一贯的科学解释”[1]是不再可能的了。但各种后现代的理论却超出了斯通的总结之外而声称任何一贯性都是值得怀疑的。后现代历史编纂学理论的基本观点是要否认历史著作所谈的乃是真实的历史过去。因此，罗兰·巴尔特[2]和海登·怀特都肯定说，历史编纂学和小说（虚构）并无不同，它无非是小说的一种形式。因而怀特在《元史学：19世纪欧洲的历史想象》（1973）一书中就以四位历史学家（米什莱、托克维尔、兰克和布克哈特）和四位历史哲学家（黑格尔、马克思、尼采和克罗齐）的例子力图来表明，在历史叙述之中并没有真实性的批评标准。他论证说，因此在历史著作和历史哲学之间就没有本质的不同。对史料从事语 118

119 言考据的工作确实可以发现事实,但是此外要再进一步构造出一份历史叙述,在怀特看来则要取决于审美的和伦理的但非科学的考虑了。他论证说,在历史著作中形式和内容是分不开的。他继续说,历史学家所能支配的是为数有限的修辞学的可能性,它们就决定了他们叙述的形式以及一定限度上的内容,于是我们就看到"历史叙述都是话语的虚构,它们的内容之被发明正有如其被发现是一样地多,而且它们的形式与它们在文学上的对应部分的共同之处更有甚于与它们在科学上的对应部分"[3]。

从希罗多德到娜塔莉·戴维斯都是既承认历史叙述的文学方面,又承认想象力对于建构它们的作用,而怀特在这里则远远超出了这一历史思想的传统。可是怀特却维护这一信仰,即这些叙述对于涉及真实人物的真实过去提供了洞见。娜塔莉·戴维斯坦率承认,在重建过去的历史之中,发明占有着一席关键性的地位;但是她也坚持说,这种发明并不是历史学家们随心所欲地创造,而是在遵循他们通过史料向我们说出了"过去的声音"[4]。兰克也同样承认想象力在重建他那些历史人物的思想过程之中的作用。

因此,在否定历史叙述可以具有任何真实性的理论,与充分意识到历史知识的复杂性、但仍然肯定现实的人具有着导致现实行动的现实思想感情而在某些限度之内又是可以为人所认识和重行构造出来的那种历史编纂学,双方之间就有着分歧。确实正如帕特里克·巴纳斯(Patrick Bahners)所说的,自从康德以来,就不再具有"对客观实在的实质性的批评标准"[5]了。但是康德和随后的科学与社会科学的思想,也包括马克斯·韦伯的思想，都仍然认定有一种科学研究的逻辑是可以传达的，而且尽管它并不提供任何实质性的批评标准，却对检验自然世界与人的世界提供了形式上的标准。但哪怕是这些批评标准，也受到了一些当代科学理论家的质疑。

在向科学探索导致了对客观现实之不断进步的理解这一观念提出挑战的近代和当代的科学理论家中间，我们必须区分一方面既有像加斯东·巴什拉（Gaston Bachelard）[6]和保罗·费叶 120
阿本德（Paul Feyerabend）[7]这类激进的怀疑主义者，另一方面又有像托马斯·库恩这样的历史相对主义者。巴什拉和费叶阿本德把科学理解为是一种诗意的活动，并不受任何逻辑的或研究方法的约束。在《科学革命的结构》（1960）[8]一书中，库恩也论证说，绝不可把科学理解为是客观世界的反映。但他并不把科学看作是虚构，而看作是受历史与文化所制约的一种话语，是那些一致同意在约束着他们的话语规则的人们之间的话语。在他看来，科学乃是科学研究的一种制度化了的形式，是个科学共同体处理客观现实的一种方式，它的成员对有关调查与解释的各种战略是意见一致的。因此，库恩也质问了科学对客观现实的关系，但是他没有像巴什拉和费叶阿本德那样质疑合理的科学话语的可能性。

知识与客观现实的关系问题，也在语言学理论中起一种中心的作用。现代科学把语言理解为一种传达有意义的知识的载运工具。逻辑实证主义起源于20世纪30年代维也纳学派，随后在英美分析哲学中起了重要的作用，它追求一种扫除一切矛盾和受到文化制约而含混不清的语言，那样就足以传达逻辑的概念和科学探索的结果。随后，结构主义又严密地质询了语言的这种指称功能。

按照瑞士语言学家斐迪南·德·索绪尔在1916年逝世后出版的《普通语言学教程》[9]中所总结的语言理论，有两项相关的观念是基本性的：语言形成了一个封闭的自主体系，它具有一种语法结构。还有，语言并不是传达意义或意义单元的工具，而是反之，意义乃是语言的一种功能。或者换句话说，人并不是用语言来传递自己的思想的，而是人所思想的东西乃是由语言所决定的。在这里，我们就掌握了结构主义的社会观和历史观的中心观念。人是在各种结构的——在这一情况中，即语言学结构的——框架之内运转着的，他并不决定它们，而是它们在决定着
121 他。这一概念在20世纪50年代和60年代美国"新批评"派的文艺理论中起了重要的作用，另外在法国也表现在罗兰·巴尔特所发起的讨论之中并引向了雅克·德里达的解构主义的方法[10]。从语言理论的角度来看，文本并不是指外部的现实，而是就包含在它本身之内。这一点不但对文学的文本而且对历史编纂学的文本，都是真确的。既然文本并不指客观的现实，所以巴尔特就论证说，真理和虚构并没有区别。[11]而且，文本看来不仅与它和外在世界的关系无关，而且也与它的作者无关。起作用的完全是文本，而不是它所产生于其中的那个语境。福柯所采取的下一步便是要消灭作为与产生文本有关的一个因素，即作者本人。而随着作者的消灭，意图和意义也就从文本之中消失了。因此对福柯来说，历史就失去了它的意义。这是西方人在福柯所称之为近代史上"古典"阶段——这个阶段已经过去了——的一项

迟到的发明。看起来似乎成为悖论的是：福柯那么多的著作（主要的是他有关精神病、诊疗、惩罚和性关系的著作，但也包括他主要的理论作品《知识考古学》和《事物的秩序》）却反映出了一种彻底的历史透视的眼光。

福柯和德里达的批评都是针对着每一种文本中所隐藏着的意识形态的前提假设的。他们论证说，因此就必须使文本与作者脱钩。同时他们强化了索绪尔的语言概念。对索绪尔而言，语言仍然具有一种结构；它构成为一个体系。在文字（指示者）和它所指的事物（被指示者）双方之间仍然存在着一种统一。对德里达而言，这种统一就不复存在了。反之，他看到有无限之多的指示者都没有明确的意义，因为并没有一个阿基米德式的点可以据之以指示出一种明确的意义。对于历史编纂学而言，这就意味着一个没有意义的世界，也没有人间演员、人的意志或意图，并且完全没有一贯性。

因此，假如将来要写历史的话，就必须采用全然不同的形式。在美国，对历史文章的性质的讨论就研究了这一主题。我们已看到对海登·怀特而言，历史编纂学今天首先必须被看作是遵循文学批评的一门文学。多米尼克·拉卡普拉（Dominick La 122
Capra）1985年就号召历史编纂学要重新掌握自从古典的古代以来就为它所珍视的修辞性质。[12]在19世纪，随着历史学变成为一门专门的学术并要求成为一门严格的科学，历史学家们就频繁地力求使历史著作摆脱辞藻的因素。在科学和辞藻二者之间设置一种简单的二分法就成为一时风尚，而不理解所有的语言，包括科学的语言在内都有一种修辞的维度。用拉卡普拉的话来说,“把科学界定为修辞学的对手或对立面的这一倾向,往往结合着一种要保卫‘朴素的风格’的心态,而这种风格却有赖于,或者号称是有赖于其对象乃是全然透明的。”[13]但是,根本就不存在这类“朴素的风格”。事实上,即使是在19世纪和20世纪学术专业化的时代,历史著作也没有丧失它那修辞的或文学的性质。许多伟大的历史学家也都承认这一点,所以兰克强调说,历史学不仅是科学而且也是艺术,并且两者是分不开的[14]。值得注意的是,提奥多尔·蒙森(Theodor Mommsen)接受了1902年颁发的第二届诺贝尔文学奖。撇开定量历史学的单篇著作不谈,很少有什么历史编纂学的例子是不具有显著的修辞学的或文学的成分的,即使是罗伯特·福格尔和斯坦利·恩格曼对美国奴隶制的计量史研究《苦难的时代》一书,尽管有着庞大惊人的数量操作,却是在讲述着一个故事,意在以他们的论据说服读者:奴隶制既在成本上是有效的而且又是人道的。当然,即使是历史学家所研究的文献中,修辞也在起着重大的作用。资料,或者至少是可以当作资料用的文献,其本身也是语言学的结构,亦即文本;除非它们是纯粹的数据,否则的话也都要使用修辞的战略来表述一个论点。统计数据也是经过选择而被构造出来的。

今天的很大一部分历史学思想都在认真对待上述的语言和文本学的概念。法国之介入这些讨论已经深刻影响了美国的文学批评和理论。语言学理论对历史研究的冲击在美国来得甚至比在法国更大,而且那在美国对于欧洲史的研究比对于美国史
123 的研究显然来得更大得多。在下面的几页里,我们主要的(但不是唯一的)重点将放在对美国的讨论上,因为“语言学转向”[15]

这一概念是美国发明的。这场“转向”的核心成分就在于承认语言或话语对于构成社会的重要性。被看成是社会和文化的决定因素的社会结构和历程,现在正日愈被看作毋宁说是文化(被理解为一个用话语交往的社群的文化)的产物。对以语言为中心的这种强调,已经渗入到近年来很大一部分政治史、社会史、文化史和思想史的学术研究之中。但是当某些作家从语言学的理论得出了非常之激进的理论,并把历史学归结为符号学时——在那里,社会被看作是文化而文化则被看作是“意义的网络”,类似于一种文学的文本不能归结到文本之外的现实——另有些历史学家则把语言看作是研究社会文化现实的一种工具。

文化人类学家克利福德·吉尔兹已经提供的晚近的史学思想,或许对符号学的文化研究产生了最重大的刺激。他写道:“我和马克斯·韦伯一道相信,人是被悬挂在他亲自所织就的意义之网上的一种动物,我把文化当作是这类的网,并且因此之故我就把对文化的分析不当作是一种寻求规律的实验科学,而是一种追求意义的解释科学。”[16]但是他赋予“意义之网”这一概念的意义,却与韦伯所赋予它的大不相同。对韦伯而言,这就构成为对实证主义方法的否定,实证主义方法是把自己限定在对客观现实的经验性的观察之上的。韦伯同意康德的观点,认为客观现实唯有通过心灵中逻辑范畴的调节作用才可能为人接触到。但是对他而言,这一点绝不是指否定社会科学研究的严密逻辑。事实上,在韦伯看来,“客观性”才构成为社会科学研究的基石。[17]客观性在这里与外在世界的“客体”无关,而只关系到用以研究这个世界的社会科学方法论。这种方法论的逻辑植根于自从古代希腊以来西方世界的思想史,然而它的有效性却一直蔓延到一切文化的合理思想之中。我们已经提过,他曾肯定说社会科学中的逻辑论证过程必须是对于一个中国人的心灵也像对于
124 一个西方人的心灵同样地有说服力。韦伯对于“理想类型”的观念并不否定,反倒是预先就设定了这一观念,即确实有构成其为社会科学研究主题的现实的社会结构和历程。它承认一种纯粹经验的研究路数是不可能的,然而它却设定人们可以用经验的发现来检验“理想类型”而接近于社会现实。再者,在韦伯看来,社会科学所研究的是形成其为社会的那些宏观历史的与宏观社会的结构与历程。我们已经看到,对于明晰的概念与明显的理论的这种强调,就形成为许多社会科学取向的思想基础,包括汉斯·乌尔里希·韦勒和于尔根·科卡的德国“历史社会科学”学派在内,而他们是被文化史学家们日益斥之为客观主义的。

吉尔兹尽管称引韦伯,但却由此走上了另一个全然不同的方向。他告诉我们说,人类学家所做的工作“并不是什么方法问题”而是在“重笔濡染”。重笔濡染之作为对方法的一种代替品,根据的是被吉尔兹所界定为“符号学”[18]的那种文化概念。根据这一观点,一种文化具有一种语言的特性,并且像语言一样构成为一个“体系”。这就使得解释成为了可能,因为每一项行动、每一桩表现都具有一种象征的价值,反映着文化是作为一个整体而存在的。重笔濡染就包括着与文化的象征性表现的直接冲撞,而没有任何理论指导的问题;被理论指导的问题则由于抽象化的方法而有剥夺文化活力的表现的危险。因此在表面上,通过重笔濡染而与研究主题在人类学上的直面冲撞,与力求“理

解”自己的题材而不加以任何抽象作用的古典历史主义之解释学的研究路数,二者之间就有一种相似性。但这种相似性是骗人的。解释学设定在观察者与被观察者之间有一个共同的基础,使得理解成为可能;相反,吉尔兹则认为他所观察的题材是全然不同的。把题材归结为我们所能理解的词句就意味着是在歪曲它,而不是从它的另一方面来把握它。

在前一章里,我讨论了吉尔兹对日常生活史和对微观史的冲击。在这里我们就来考察对文化史的符号学研究方法。在近来的文化史学中频频被人援引的吉尔兹研究方法,就向批判的 125
历史学提出了许多问题。他不仅不是一个历史学家,而且他也不懂得什么历史学。他那篇论“巴厘岛斗鸡”[19]的名文就是他研究方法的最高范例。观众们对斗鸡的反应就反映着一种被看作既是整合的又是稳定的并且形成为一个整体的符号学体系的文化。吉尔兹并不观察发生在巴厘岛社会中社会过程架构之内的文化,也不考虑社会分化和社会冲突。因而尽管他号称目的是要避免体系化,而是把注意力集中在行为的独一无二的表现上,然而他所借助的恰好是他所否定的宏观社会概念本身。而这就造成了方法论上的非理性主义。对符号的解释是经验所无法检验的。这种异域文化的“意义”,就直接面对着这位人类学家。这就会防止引入主观偏见,而主观偏见则被认为既是对运用受理论指导的问题分析社会科学家们的工作进行渲染,也是对相信自己可以理解自己研究的主题的传统历史学家们的工作进行渲染。但事实上,吉尔兹对文化的解释并没有任何控制机制。结果便是把人类学家的主观性或者说想象力,重新引入了他的题材之中。法国社会学家皮埃尔·布迪厄在他对马格里布文化的研究中曾提出过一种比吉尔兹分辨得更细的文化观点。他的研究方法强调经济的和社会的语境,但承认这些关系的符号学性质;这既反映了他早年就开始了的马克思主义思想,但也反映出他对马克思主义的重新解释。他同意马克斯·韦伯:归根到底是荣誉的各种概念进入了经济关系之中才形成了文化的基础。文化不能再被看作是一种自我包涵的文本了,而是必须要在变化的政治、社会和经济的语境之中加以观察,而这必须是通过它的符号来进行研究。

这里可以提到对吉尔兹对历史题材的研究方法及其应用的两份修改,即马歇尔·萨林斯(Marshall Sahlins)论库克船长之死的论文[20]和罗伯特·达恩顿(Robert Darnton)的《屠猫狂欢》[21]。萨林斯勾画了两种不同文化的相互作用,即夏威夷的波利尼
126 西亚文化和英国探险者所强加之于它的西方文化,每一种都各有其自己的逻辑。然后他力图以夏威夷宗教法典的词句来解说夏威夷人杀害库克,同时还把它置于西方资本主义扩张的框架之内。于是已经被吉尔兹分隔开来的文本与语境,又被结合到一起。但是对夏威夷文化的重建,也像吉尔兹研究巴厘岛的文化一样,并没有什么经验性的操作机制。达恩顿根据一个印刷学徒事后三十年的叙述,复述了一次杀猫仪式的故事,作为是印刷工人对他们的老板和老板娘一种象征性的反抗行为。按照夏蒂埃所说,达恩顿就使用吉尔兹术语中的文化作为“一项由历史传递下来体现为符号的各种意义的类型,一种表现为象征形式而遗传下来的概念体系,人们就靠它们来交流、延续和发展他们有关

人生的知识和对人生的态度"[22]。正像勒华拉杜里在《罗芒狂欢节》[23]中一样，达恩顿是以性骚扰的术语来解说大屠杀的仪式主义的，经济上和社会上的被剥削者就通过它来对抗自己的上级。正像吉尔兹在《巴厘岛斗鸡》中所做的那样，达恩顿也力图重新捕捉一种民间文化。同时他把这一文本置于资本主义现代化的压力之下印刷业的经济转化所造成的冲突这一更广阔的语境之中。然而问题仍然是：究竟我们能不能通过对杀猫的重笔濡染（这令人回想起巴厘岛上的斗鸡）就确实能够以其全部的复杂性重建一种文化。

虽说吉尔兹频频地被文化史学家们所引证，事实上却证明他对他们超出他所称之为"从一种追求规律的实验科学（而走向）一种追求意义的解释科学"[24]之外的贡献，其价值是很有限的。在这场对意义的寻求之中，语言成为了一种重要的符号学工具。于是，在各个不同的社会文化史的领域里，就出现了一场"语言学转向"；但是无论在哪里，语言指的乃是客观现实这一信念却不曾为人放弃，像是巴尔特、德里达和利奥塔重新解说索绪尔的语言学理论所说的情况那样。

我将简略地审察一下近来社会文化史中的几种取向，它们指派给语言或话语以一种关键地位，并不是作为对社会现实的 127
一种代替品而是作为对社会现实的一种指导。

其中最远离文化人类学而又最密切有似于思想史的传统形式的一种，就见之于 J. G. A. 波考克（J. G. A. Pocock）、昆廷·斯金纳（Quentin Skinner）和莱因哈特·科塞勒克（Reinhart Koselleck）的政治思想史研究。在许多方面，他们都有似于贝奈狄多·克罗齐、弗里德里希·迈纳克、R. G. 柯林武德（R. G. Collingwood）和阿瑟·洛夫乔伊（Arthur Lovejoy）的经典思想史中所代表的传统思想史。他们也从解释学来研究伟大的政治理论家们所留下来的各种文本。他们把这些文本看作包含了作者的意图，并且他们认为探索这些文本的意义仍然是历史学家的任务，正如那是他们古典前辈们的任务一样。既然思想主要地不能再理解为伟大心灵的创造，而必须看作是思想群体所表达的话语的一部分，波考克[25]和斯金纳[26]就转而研究西方政治思想从佛罗伦萨的人文主义到启蒙运动的公民社会概念的出现这场连续的历程。两人在他们的书名上都使用了“政治思想”一词。他们由于强调漫长时期所持续下来的文体结构而使自己有别于传统的思想史。他们把文本看作是人们交流中有意提出来的思想的载运工具，从而不同于现代的语言与话语的概念。他们主张思想是不断地被思维着的人们所构思和谈论着的，这些人能觉察到自己是在做什么，但却是在他们群体的话语框架之内在思索着和谈说着。话语预先就设定了有一个相对自主的演员群体，他们可以彼此沟通，因为他们说着同一样的语言，由此他们就可以作用于政治社会界。这种话语的概念和于尔根·哈贝马斯的交往行动的理论[27]相距不远。话语有助于政治现实的形成，而反过来也要受到政治现实的影响。莱因哈特·科塞勒克[28]要比波考克和斯金纳走得更远，他使用话语分析的办法来重建的不仅是政治思想史而且也还有政治社会结构史。科塞勒克和维纳·孔
128 泽、奥托·布鲁纳（Otto Brunner）这两位最重要的德国社会史家一道于1973年启动了七卷本的《历史的基本概念》[29]百科全

书。在漫长的条目中——有些长达100页以上——作者们深入审察了1750—1850年间德国关键性的政治社会概念的意义和转化。其前提是通过对这一时期“政治社会语言”的分析，就可以洞察由前现代到现代体制的政治社会转化以及这一关键时期所发生的思想模式。

林·亨特、弗朗索瓦·孚雷、莫里斯·阿居隆、莫娜·奥祖夫和威廉·休厄尔等人论法国革命变化的著作，则更接近于那种强调象征更有甚于概念的政治史分析。这里我们应该提到雷吉娜·罗宾（Régine Robin）在20世纪70年代初期对法国大革命早期阶段的“请愿书”（*cahiers de doléances*）的语言以及对诸如“国家”、“公民”（*citoyen*）和“阁下”（*seigneur*）等政治术语的语义学的分析。[30]正如林·亨特在她自己《法国大革命的政治、文化与阶级》（1984）一书的序言中所解说的，此书在1976年开始构思时是“一部革命政治的社会史”，但是“越来越转化为一部文化分析，而政治结构在其中……只构成故事的一部分”[31]。亨特一点也不否认社会结构和过程对于形成法国大革命的作用，但是她的意见却认为这些并不足以说明大革命。大革命的政治并不单纯是经济与社会的根本利益的表现而已。倒不如说，革命者们是通过他们的语言、他们使用的形象和他们日常的政治活动，已经参与了社会改造。他们便以这种方式开创了社会政治的新局面。在亨特看来，形成法国大革命的政治文化的决定性因素，乃是革命者们的象征姿态、形象和修辞。在这里，亨特就表明了她受益于孚雷、阿居隆和奥祖夫。孚雷原是一个马克思主义者，早在20世纪的60年代和70年代之初就宣扬一种具有强烈量化倾向的社会科学取向。正如我们看到的，在20世纪的70年代，他研究问题不仅采用了与阿尔贝·索布尔[32]对法国大革命的马克思主义强硬路线相一致的分析，而且也采用了
129 与阿尔弗雷德·柯班[33]和乔治·泰勒[34]这类马克思主义立场的批评者相一致的分析；柯班和泰勒认为索布尔[35]和勒费弗尔[36]那种资产阶级革命的概念是不恰当的，但仍在继续寻求经济的和社会的解释。孚雷这时则力图把大革命置于思想在其中起着重要作用的政治文化的架构之中[37]。政治文化这一概念在阿居隆[38]和奥祖夫[39]对革命的节日、象征和修辞——它们在大部分居民中创造了一种共和意识——的研究之中得到了进一步的发展。

威廉·休厄尔在《法国的劳作与革命：从旧制度到1848年劳工的语言》(1980)[40]一书中探讨了语言对于形成工人的革命意识的决定性作用。他的重点是放在导致1848年马赛事件的革命运动上。他针对许多近年研究中人们所广泛同意的见解指出，工业化最初的几十年间法国、英国、德国和美国对罢工行动和爆发暴力的最重要的冲击，并非像马克思主义者所认定的那样是来自产业工人，而是来自手工匠人。因此，1848年的革命就是深深植根于前工业的、行会性质世界的那种感性框架之内而发生的。故而休厄尔就指出："尽管我们显然并不希望经历19世纪的工人所经历的事情……我们却可以不失机智地在现存的记录里面找到工人们曾通过它们而经历了自己的世界的那些象征形式。"而且"因为交流并不限于说话和书写，所以我们也必须找出许多可以理解的其他活动、事件和体制的形式：如手工匠人的组织所采用的礼节和仪式的、政治示威形式的、法律规章的

或者生产组织的细节的",其中反映出"工人阶级经验的象征性的内容和概念的一贯"。[41]

就在休厄尔强调象征的作用时,加雷思·斯泰德曼·琼斯和托马斯·柴尔德斯（Thomas Childers）则更为直接地把重点放在了语言上。斯泰德曼·琼斯特别强调语言不仅是表现而且还构成了社会现实的范围。然而这三个人都承认现实社会结构与历程的存在,并且在语言中看到有一种可以检验它们的工具。 130
像汤普森一样,斯泰德曼·琼斯也研究英国工人阶级的构成。他承认汤普森把阶级意识这一观念从其与经济基础直接挂钩的状态之下解放出来是有贡献的。但是他比汤普森要更加着意于把阶级意识的根本要素定位在阶级语言之中。汤普森工人阶级经验的概念需要重新加工,因为这一经验是被嵌在赋予它以它的结构那种语言之中的。[42]因而历来以阶级意识的词句来解释宪章运动的那些概念就是不恰当的——假如他们忽视了宪章运动被嵌入的范围并不是在社会结构之中而是在一种给定的政治语言之中的话。斯泰德曼·琼斯论证说,宪章运动的兴起和衰落更多地乃是由宪章运动的拥护者们解说他们在经济与社会上受到剥夺的那些政治语言所决定的。这绝不意味着经济条件和社会转型在分析宪章运动作为一场政治运动时是可以忽视的,正有如休厄尔在他处理导致1848年马赛起义的革命运动时不能忽略它们一样,然而它们却必须以形成其为工人的政治意识的那种语言和话语才能为人理解。

同样的观点也出现在托马斯·柴尔德斯的《德国政治的社会语言》[43]这篇论文中,他在文中把自己的思想联系到亨特、斯泰德曼·琼斯、休厄尔和司考特等人的思想。在这篇论文中，他直接关注的是魏玛共和国的文化，其导致了纳粹的兴起。他的出发点则是社会科学取向的历史学家们诸如汉斯·乌尔里希·韦勒和于尔根·科卡等人（他们是以德国在一个工业化时代姗姗来迟而又不完备的民主化在解说纳粹主义的）及其英国的批判者们——乔夫·艾利（Geoff Eley）和大卫·布莱克波恩（David Blackbourn）（他们质疑这一论点，即德国的现代化实质上不同于其他国家的现代化）——双方之间的论战。按柴尔德斯的看法，双方的论点都是不恰当的，因为他们都过分全然地依据经济和社会的因素。柴尔德斯并不否认这些因素的重要性，但是他相信它们必须是放在所运用的政治语言这个框架之内加
131 以考察。这种语言反映了实际的社会区别，但也塑造了讲它的和听它的各个阶级的政治社会意识。因此，柴尔德斯就着手审察各政党、各利益集团、政府当局以及各个人所使用的辞汇，以便勾画出互相角逐的各方的政治意识。为了做到这一点，他就分析了“从1919年到1933年1月阿道夫·希特勒掌权的每一桩国家大事和大量的地方角逐的每天的党派文献与活动，包括传单、小册子、标语、演说和集会”[44]所使用的语言，以便重建当时的政治话语。他也像休厄尔和斯泰德曼·琼斯一样地向“经济事件在本体论上的优先性”提出了挑战，但并未忽视社会经济状况的作用。

若安·司考特在她的论文《历史的性别与政治》（1988）中，至少在她的理论概括上、在她试图为“女性主义读史”奠定基础这一点上，对语言的首要性提出了一种要比我们刚刚讨论

过的任何一位历史学家都更加激进得多的立场。和这些历史学
家们不同,她公然认可德里达的语言概念和福柯的权力概念。她
同意德里达的观点,认为传统的语言设置了一套等级秩序,结果
是长期一贯地造成了妇女的屈从地位。[45]同样地,她又接受了福
柯的观念,认为知识就构成为权力和统治。但是德里达的立场是
提出一种语言学的决定论,而对积极的政治纲领并未留下什么
余地;但司考特却把女性主义政治奠定在德里达式的语言理论
的基础之上。她令人信服地论证说,性别在与生物学的意义相对
照的社会政治意义上并不是由自然所规定的,而是由语言所“形
成的”。然后,她就批判了斯泰德曼·琼斯,因为“他把语言单纯
当作是交流思想的运载工具,而并非是一种意义的体系或一场
意指的过程”。此外,她还批判性地指出:“他又缩回到了‘语言’
乃是反映外在于它的‘现实’而并非形成那个‘现实’的这一
观念上面去了。”[46]这就引致休厄尔在一篇从另一个方面看来倒
是对这篇论文非常之肯定的评论中指出:“司考特是过于毫无批
判地接受了德里达的和文学上的解构主义了,而没有充分考虑
到把本来是在哲学和文学批评中所发展出来的理论词汇运用到
历史研究上面所固有的种种问题。”因此,“她就论证说,历史学 132
和文学之间的任何区别都消失了”[47]。我近来和她交换对这个问
题的意见时,她在写给我的信中阐明她的立场说:“我的论证并
不是说现实‘仅只是’一个文本,而是说现实只可能通过语言而
获得。所以社会政治的结构并未被否定,只是它们必须通过它们
在语言学上的发音才能加以研究。德里达对这种研究则是非常
之有用的……”[48]除了借助于德里达之外,这种观点实质上和她

所批判的斯泰德曼·琼斯的观点并无不同。事实上，在她对法国革命运动中代表女性主义观点的那些妇女领袖们的作用的研究中，司考特指派给语言的地位是非常之有似于休厄尔和斯泰德曼·琼斯所指派给语言的那种地位的。[49]

* * *

结论：从巴尔特到德里达和利奥塔在法国文学理论中所发展起来的语言学理论包括有一种成分，在我看来是必须十分认真对待的，而且它可以应用于历史思想和写作。这场讨论的参加者很正确地提出了这一论点，即历史作为一个整体来说并不包含有任何内在的统一性或一贯性，每一种历史概念都是通过语言而构成的一项建构，人作为主体并不具有任何脱离矛盾与模棱两可之外的完整的人格，而且每一种文本都可以用不同的方式来阅读和解说，因为它并不表示任何毫不含混的意图。福柯和德里达有着很好的理由指出了语言的政治涵义和其中所固有的权力的等级关系。这些渗透在全部人生之中的矛盾，就迫使观察者去“解构”每一种文本，以便揭示出其意识形态的成分。每一种现实都不仅仅是通过言谈的话语在与人交流，并且从根本上说就是由它们所构成的。

然而这种语言哲学却使它自己更好地参与了文学批评而不是历史写作。因为历史叙述，哪怕使用的是紧密地以文学模型为范本的叙述形式，也还是要求勾绘或者重建一种真实的过去
133 更有甚于只是文学想象的那种情况。尽管若安·司考特和林·亨

特(在她的《新文化史》[50]一书中)在召唤现代的语言学理论,但社会史家和文化史家却在遵循着另一个不同的方向在行动。过去的十几年里,历史研究之"语言学转向"已经成为了在突破旧的社会经济研究路数所固有的决定论的那种努力的一个组成部分,并且在着重强调文化因素的作用,而语言则在其中占有着一个关键性的地位。然而正如斯泰德曼·琼斯所指出的,这不是一个以语言学的解释取代社会的解释的问题,而是一个考察这两者如何联系的问题。[51]在晚近的政治史、社会史和文化史的研究中,语言学的分析已经证明了是一种重要的辅助工具。然而总的说来,尽管我们在本章里所谈到的历史学家们都强调语言、修辞和符号行为对政治社会意识和行为的冲击,但是很少有人接受"现实并不存在,唯有语言才存在"(福柯)[52]这种极端的立场。大多数历史学家会同意卡洛尔·史密斯-罗森堡(Carroll Smith-Robsenberg)的话:"语言学的分歧建构了社会,社会的分歧也建构了语言。"[53]

第十一章　20世纪90年代的视角

134 1979年劳伦斯·斯通在他一篇现在已经非常之有名的文章《叙述史学的复兴》里,对老式的历史研究的社会科学模式提出了疑问,并且认可了人类学和符号学的新取向。1991年他又在《过去与现在》杂志上的一篇随笔《历史学与后现代主义》[1]中表达了他对自从那时以后历史学话语所采取的激进方向感到关切。我们还记得在《叙述史学的复兴》一文中,他宣告了“对以往的变化作出一种融通一贯的科学解释这一企图的终结”。这时他看到了对历史学的三重威胁,即:来自后现代主义的,来自语言学、文化人类学、符号人类学的,以及来自“新历史主义”的。所有这三者都一致把政治的、体制的和社会的实践当作是“符号体系的话语集团或密码”。“这样,文本就变成了一座单纯的镜子之宫,只是彼此在交相反射而已,并没有对‘真理’投射出任何光明来,‘真理’是并不存在的。”从这个角度看,说到最后“真实也和想象的东西一样地是想象”。[2]

英国的社会文化史家帕特里克·乔伊斯(Patrick Joyce)断然向斯通的警告提出了异议。他承认“真实可以说是独立于我们有关它的表象之外而存在的”,但是他又坚持说,“历史从来都不是以话语之外的任何形式而呈现在我们面前的”。在他看来,

后现代主义的主要进步就在于承认“无论在政体上、经济上
还是在社会体系上，都没有显然是统摄一切的一贯性”，而且也 135
“并没有任何基层的结构”是产生了使我们对历史语境能以理解
的那些文本所“可以参证的”。[3]

但是从20世纪90年代的视角看来，乔伊斯的立场似乎远不如十年以前那么有说服力了。当然，即使是在20世纪80年代，乔伊斯所界定的后现代研究方法也绝不享有垄断权。在20世纪80年代的后半期，占领了《美国历史评论》和其他美国杂志篇幅的“语言学转向”，并没有同样地也风靡北美以外的历史学界，哪怕是在法国；虽说它所依据的概念大部分都源出于法国从巴尔特到德里达的文学理论。我们已经指出，语言决定论所激进地总结出来的各种理论对于历史著作的影响都是有限的，哪怕是对加雷思·斯泰德曼·琼斯、威廉·休厄尔、林·亨特和托马斯·柴尔德斯这样的作者们，他们都在话语中看到了有一把开启历史理解的重要的钥匙。斯通可以令人信服地论证说：“不可能想象有哪一部重要的历史著作是根据彻底的后现代主义的视角并使用后现代主义的语言和词汇写了出来的。”[4]或许西蒙·沙玛的《死去的确凿性：无根据的猜想》[5]和史景迁（Jonathan Spence）的《胡若望的疑问》[6]在有意识地要消灭学者的历史著作和历史小说二者之间的界限上是走得最远的了。

在20世纪的80年代和90年代之交发生了苏联和东欧的革命剧变。事后回顾，对这些剧变可能有各种解说；而在当时却大部分都未能预见。它们以令人瞩目的方式推翻了旧的社会科学的自信心（它相信贯彻始终的社会解释的可能性），同样地也推

翻了新的文化史学的自信心（它大体上忽视了日常生活文化的政治语境）。共产主义的崩溃看来证实了西方资本主义拥护者们的预言，他们也像弗朗西斯·福山一样，深信经济现代化的压力必然会导致合作性的市场经济和代议制的民主。因而美国就会成为世界的模范——虽说1989年以后的事件很快就否证了这些
136 预言。尽管有过这些预言，却很少有分析家曾期待过苏联体系的崩溃迫在眉睫。当苏联及其东欧的卫星国随着戈尔巴乔夫的改革（Perestroika）之后预期着会有进一步的改革的时候，人们一般都期待着它们会在社会主义体系的框架之内发生，而不会触动由两个超级大国所左右的国际秩序。大为意想不到的是德国的统一和苏联的解体。事实上，大家都相信东方国家和苏联的内部改革会使两大集团之间的关系正常化。至于德国，则这种正常化就会意味着统一会丧失其紧迫性。未能预见到的则是国内的特别是种族的暴力，继1989年至1991年的事件之后接踵而来，不仅是在苏联的和南斯拉夫的继承国里面，而且也在穆斯林世界和撒哈拉以南的非洲。世界秩序的种种变化就向历史学的思想和实践提出了许多重大问题，使得历史研究难以遵循它以往所曾遵循过的路线。

毫无疑问，文化传统的持续变得越来越显著了。在20世纪50年代和60年代曾左右了大多数社会科学思想并且后来继续在起重要作用的现代化概念，已经很难与宗教的原教旨主义和种族特色论相调协了。共产党统治了七十年并没有消灭古代的宗教传统。同样地，原教旨主义以其穆斯林的、新教的、正统犹太教的和印度教的各种形式，呈现为针对着现代化对传统信仰与

风尚冲击的一种反抗。这一切似乎使得对历史学的人类学研究路线甚至于更为迫切了。同时,共产党政权想要赶上现代经济的结构性变化的失败,也无疑促成了他们的崩溃。从20世纪60年代开始,科学技术革命就是东方集团理论研讨的主题,但是这场革命在西方导致的后工业的信息经济,却未能在苏联集团中出现。苏联及其各卫星国的崩溃,部分原因是因为它们无力面对一个正在现代化之中的社会的挑战。成为悖论的是,1989—1991年的种种事件,不仅使马克思主义的基本概念破了产并使 137
得马克思主义的目的论摇摇欲坠,而且也帮助了他们自己好好地进行一次马克思主义的分析。作为一种意识形态和一种乌托邦的马克思主义,已经变成了一场噩梦。然而——借用马克思的概念来说——苏联体系的崩溃却以一种令人瞩目的方式表明了变化着的生产手段针对过了时的生产条件的反叛。意识形态与专政促成了一个体系的僵化,它无法回应变化着的时代需要。当这些观察有助于对最近过去的历史进行一种结构的和文化的研究方法时,它们也提出了在晚近的历史学研究中有时候被人忽视了的政治的作用这个问题。毫无疑问,诸如戈尔巴乔夫和叶利钦这样的人物影响了事件的进程,即使他们是在确切的结构性的束缚之下行事的。所有这一切似乎并不是号召人们放弃旧的社会的、文化的和政治的历史学模式,反而是在号召人们要扩大历史探索的视角和方法。

检阅一下最近几年的讨论和出版物,我们便会既对连续性也对断裂同样地感到惊讶。20世纪80年代占统治地位的那些主题,今天仍然备受注意。对计量史学的幻灭感仍然在继续。对人类学史学的兴趣仍然盛行，正如1993年创立的德文杂志《历史人类学》可以证实的那样。意大利文的杂志《历史学季刊》是这类研究的一个先驱。俄文杂志《奥德赛》也反映出同样的兴趣。美国历史学会年会的日程表以及美国各主要杂志的目录，也都表明对“阶级、性别和种族性”这些题材的入迷，反映出在当前美国和其他地方的社会政治压力。然而在当前的历史研究中也有一种突出的关注，是要从20世纪80年代之公开宣扬文化主义退回到近代和当代世界，从而脱离新文化史过去对近代早期和中世纪欧洲世界的优先关怀。

《年鉴》公开声明要重新定向，就标志着20世纪90年代心
138 态的变化。正如我已经提到过的，在1994年1月这个杂志撤销了它的副标题“经济、社会、文明”字样——那是它自从战后时期开始就一直使用的——而代之以“历史学、社会科学”。名称的改变是自从20世纪80年代后期以来它的编辑们深入讨论的结果，并反映在1994年1月至2月份那期宣布这一改变的社论之中[7]。1988年有一篇重要的社论已经提示说，历史学和社会科学正进入了一场深刻的危机。[8]然而名称的改变表明了对近年来政治社会状况已经根本改变了的一种警觉。“经济、社会、文明”这个副标题就有意地取消了政治之作为历史学的首要关注，而随之也就贬低了叙述的作用。这时正值面临着20世纪80年代末的剧变，政治又被重新发见了，随之则是个人的作用。新的题名意在再一次把政治包括在内。而在政治的领域——正如弗朗索瓦·孚雷重新评价法国大革命所指出的——则是思想和人物在起决定性的作用。《年鉴》之选择这个新标题，一点也不是要

把社会和文化从历史学的思考中排除出去，反倒是要重新确立它们所出现于其中的那种政治语境。他们现在想要对当前的问题给予更大的注意。历史学与社会科学之间的密切关系依然继续存在，但是经济学、社会学和政治科学正在恢复它们在第二次世界大战后在《年鉴》中所失去了的地位；这并不意味着又回到了往日的外交史或者是其研究脱离了更广阔的政治社会语境的抽象模型的经济学。20世纪90年代各期的《年鉴》，就反映了这种重新定向。曾在20世纪30年代的杂志中扮演过重要角色的各种当代世界的问题，又呈现了出来。最近的各期就曾经探讨过当代各种不同的关注焦点，例如：苏联档案的公开、日本的劳工组织、对维希历史的正视、传统社会的现代化、美国资本主义发展的各个方面、扎伊尔的政治与艾滋病、当前在印度的和阿尔及尔的宗教冲突；但是也有追溯近代早期和中世纪时期的传统题材，诸如亚洲和欧洲社会中国家权力的集中化、中世纪的城市社交、商业经济信贷网的发展、财政金融、债务责任、中 139
世纪的“疾病、信仰和想象”、12世纪拜占庭的乌托邦以及从17世纪到20世纪犹太人的社区生活。

《年鉴》以及别的作品又回到了政治和社会科学上面来，这并不表示摒弃了旧的兴趣和关注，倒不如说是扩展了历史研究的范围。后现代主义对历史理性的批判，在各个重要方面仍然保持着原来的地位。宏伟的叙事把焦点放在西方世界的现代化上，把它作为是始终一贯的历史行程的顶峰——这一信仰是无可挽回地丧失了。雅克·雷维尔长期是《年鉴》的编辑之一并且自从1995年以来又是“社会科学高等研究院”（École des Hautes

Études en Sciences Sociales）的主任，他在反思《年鉴》的历史时曾于1995年出版了一部书，试图重新评估今天历史研究的处境；他写道：三代的《年鉴》派历史学家们所致力的“整体的”或“全球的”历史这一向往，已经是束之高阁了[9]。但是历史学并未被转化为一摊毫不相关的个体的堆砌。我们已经看到意大利和德国的微观历史学家们尽管是专注于地区史，却从未丧失过更广阔的历史与政治语境的眼光。事实上，他们相信只有专注于地区史（那总是不同于“正规史”的[10]）才有可能检验概括化的程度。无论微观历史学家们是怎样顽强地向马克思主义的、韦伯的或罗斯托的有关近代世界转化的概念进行挑战，他们却并未能摆脱现代化的观念，而那在现在大多都被人看作是冲击地区史的微观规模的一种毁灭性的力量。微观历史学研究的主题，事实上始终都是国家、经济和教会在现代化初始时对乡村的冲击。

最后，后现代主义还提出了种种重要的知识论问题，它们激烈地在向客观知识的可能性挑战。不仅是历史的始终一贯性受到了质疑，而且也还包括作者的和文本的始终一贯性。历史知识的直接性就被否定了；然而这一点并没有什么新东西，并且至少也要上溯到康德。海登·怀特的论点（即历史学总要采取一种叙述的形式，因而就具有文学文本的性质）人们是普遍接受
140 的，但并不接受他的结论（即，所以历史学和一切文学一样，在本质上就是一种“写小说的操作”）。罗杰·夏蒂埃在1993年评论道：“哪怕历史学家是以一种‘文学的方式’在写作，他也不是在‘创作文学’。”[11]他那劳动有恃于档案研究；虽说他的材料并

不呈现出一副毫不含糊的形态，然而它们却要受到可信赖性的检验。历史学家总是要检查造假和作伪的，因而是满怀着求真的意念在操作的，不管通向真相的道路可能是何等的复杂而又不完整。

这一切并不是指向一种新范型，而是指向一种扩大了的多元论。十分明显的是：第二次世界大战以后如此之广泛地为人谈论的“历史学的失落”[12]，并不成其为当前心态的特征。在德国，这种失落感可以归咎于对民族传统丧失信心；在其他地方则是萌发于这样一种信念，即近代世界宣告了传统价值和共同体形式的终结。在20世纪70年代初期，美国、英国、西德和其他地方——但法国和波兰肯定不在其内——所开设的历史学课程暂时都被社会科学的课程所代替了；而且至少是在英语世界，社会科学常常是采取一种强烈的反历史学的姿态。在美国，历史学学生的数量急剧地减少了。但是在20世纪80年代，这种趋势却扭转了过来。各大学（特别是在美国）所开设的历史学课程变得越发多样化了，包括两性研究和种族研究以及非西方的各个社会与文化的研究在内。[13]历史杂志、书籍和电视节目传播开来。集中营的解密和第二次世界大战结束五十周年的纪念，就是人们强烈关注历史的指示器。因而1989年以来欧洲地覆天翻的变化看来就加强了而不是削弱了人们对过去的兴趣。

结束语

1. “历史学的终结”?

141 近些年来人们反复表示的一种意见是,我们是生活在一个后历史的时代,而我们所知道的历史学已告终结了。[1]那意思显然不是说,时间就此便停止不动了,而是说不再可能有宏伟的叙述赋予历史以始终一贯性和意义了。自从圣经所讲的古代开始就成为犹太-基督教信仰的核心的那种观念——亦即,历史有一种超世的目的和方向——已经受到人们的质疑。启蒙运动把这一信仰世俗化了,并把历史的末日置于人类历史自身的过程之中。它在欢呼近代西方文明乃是顶点以及人类的自由和文化将会在其中得到保障的那种可愿望的社会秩序正在趋于实现。最近则是弗朗西斯·福山在反复申说这种乐观的信仰。[2]

19世纪标志着对历史发展的益处充满了极高信心,然而同时它也标志着对近代文化的性质有一种深沉的不确定感的开端。早期的批判出自对科学的合理性、技术的进步以及被19世纪的文明所如此之高度珍视的人权这些观念感到不安的声音。他们包括的不仅是眷恋着前近代、前工业化世界的那些思想家们,而且也有某些想要超越它的人们。这种往往是反民主的批判,针对着的是启蒙会把男人们和女人们从长年的屈辱、被剥夺和强暴的毒害之下解放出来的那种憧憬。困扰了克尔凯郭尔(Kierkegaard)、尼采、布克哈特、陀思妥耶夫斯基和波德莱尔的,倒更少的是困扰了其他思想家(如亚历山大·赫尔岑)的那种为近代欧洲世界所固有的暴力和不公正,而更多的是他们感到在群众化与随之而来的英雄主义的没落过程之中种种价值的庸俗化。克尔凯郭尔在1848年革命的前夜就悲叹近代人丧失了英雄式的暴力的能力。[3]过了时的精英们已经在创造了19世纪企业世界的政治社会转型中被消灭尽净,恐怕再也没有新的文化创造精英们来取代他们的地位了。科学和技术被越来越多的思想家们看成是合理化过程的最终结果,它摧毁了曾经赋给生命以意义的神话与诗歌的成分,现在正以虚无和生存的荒谬在面迎着人类。从这种对近代文明的悲观论出发,历史学思想就走向了两个互相矛盾的方向:一个方向是有意识的精英主义的和反民主的方向;它的后期代表人物如恩斯特·荣格(Ernst Jünger)和卡尔·施米特(Carl Schmitt)都幻想着在一个技术战争与暴力的世界里有一场民族总体(*Volksgemeinschaft*)的复兴。第二个方向则包括1945年以后的思想家们,他们确实驳斥了这种精英主义的态度,但是又接过了许多它对科学和技术的批评作为自己对资本主义批判的一部分,这些思想家们在现代的科学技术之中看到了毁灭人类世界的工具。 142

在这一过程中,某些现代历史学观念的核心思想便丧失了它们的可信性。在18世纪形成而在19世纪占统治地位的那种历史理解,是建立在几个前提之上的。其中之一便是这样一种观念:

存在着一种历史，*die Geschichte*（历史），是容许对历史发展有连贯的叙述的。兰克在1824年仍然把他的第一部著作题名为《拉丁与日耳曼民族史》，虽说他事实上是追踪一篇伟大的叙事，即16世纪转折期近代国家体系的形成。另一个观念则是：存在有某些关键性的体制，主要是国家，在叙述中占有着中心地位。因此，J. G.德罗伊森就有可能区分"历史"（*die Geschichte*）和"事
143 务"（*Geschäfte*）[4]，后者包含有日常生活的许多方面和许多被认为是与主流无关的人。最后，正如前面指出过的，黑格尔、兰克、孔德、马克思和其他许多人都表达了这一坚定的信念，即只有一种唯一真正历史性的文化与社会，即西方的那种。

所有这三种观念都遭到20世纪的批评。历史统一性的观念在20世纪的早期就受到了奥斯瓦尔德·斯宾格勒[5]、阿诺德·汤因比（Arnold Toynbee）[6]和其他人的挑战，他们要求写出一部"各个高等文化"的比较史。但是这种"文明的"与"原始的"民族之间的区分，已经被文化人类学随着"没有历史的民族"[7]这种形象而一起被人抛弃了。过去曾被历史学家们忽略了的许多居民群落越来越要求在历史学中占有一席地位。因此，历史学的聚焦点就被扩大为不仅包括权力的中心，而且也还有社会的边缘；这就产生了微观史和许多其他的历史观念。然而，承认不再可能发见有一种宏伟的叙述来赋予历史以方向，并不就意味着历史像是人们往往所悲叹的那样丧失了一切意义。历史学仍然是一种强大有力的工具，集体和个人都是靠了它来界定自己的认同感的。取代了只有一种有意义的过程，现在就有了叙述的多元论，涉及了许多不同群体的现实生活的经验。

本书已经论证了微观历史学的合法性,同时它也已经说明了何以微观历史学永远都不能逃脱历史是在其中进行着的那些更大的结构与变革的框架。正如我们看到的,几乎所有的微观历史学家们都通过现代化过程对他们所献身研究的那些小社群的冲击而必须面对着现代化的历程。现代化的概念已经丧失了其规范性的方面,然而它仍然是指现代世界中在起作用的各种历程。历史学家已经察觉到现代化的范围并不是一个统一的历程,而是在有着不同的文化传统的不同背景之下其本身也会表现不同。现代化至多也不过是一种理想类型,可以用来参照具体的条件来衡量具体的变化。然而历史思想理论的现状却远不是为历史 144
作出一个“终结”,而是引向了越来越大的复杂化,无论是更广阔的语境还是个人的歧异在其中都会有着自己的地位。

2. 历史学作为一种学术事业的终结?

我们对20世纪历史研究的概览已经试图表明:历史的客观性那个“高贵的梦”[8]所陷于其中的那种坏名声,一点都没有导致严肃的历史研究的衰落。反之,它却导致了一场研究路线的分化,而且往往还导致了学术精密化的增长。某些事物已经变得越来越明显了。兰克以后的专业历史学家们所认定的这种保证——即认为只要钻入史料之中就可以保证对过去有一种与真相相符的感知——早已经被修订了。而历史学家却不曾放弃曾经鼓舞了兰克和他的同道们那种对历史真实性的投入的基本态度。随着晚近历史学家们越来越承认客观性的限度,他们就以某种方式变得要比兰克传统的“科学”学派（他们是在客观的知识乃是可能的这一幻觉之下进行工作的）更加警惕着那些要使他们的真实性作出妥协的种种偏见。历史学作为一种“行业”，曾以多种方式保留了旧式历史学所赖以成立的许多方法论上的操作程序。历史学家仍然要受到他的或她的资料的束缚，他或她用以研究它们的那种批判工具在许多方面仍然照旧未变。然而我们却更加谨慎地在观察这些资料。我们越来越察觉到它们未能直接传达现实究竟到一个什么程度，他们本人只不过是在重建对这些现实的叙述性的结构罢了——但并不是不顾一切，而是被学术的发见和学术的话语在引导着的。

历史研究的范围在过去几十年之中是戏剧性地大大地增加了，不仅是就进行研究的集体和个人而论，而且是就历史学家感兴趣的题材和问题而论。那些题材往往涉及生活现实的各个方面，需要有各种新的学术战略；正如我们已经看到的，这类新战
145 略就把新的着重点放在解释有意义的关系上，当这类关系服从于非个人的分析范畴时，就丧失了其定性的方面。在这里，就走进来了想象和移情，但这类想象正如娜塔莉·戴维斯所强调的，乃是被“过去的声音”[9]所引导的。对科学的合理性采取批判态度，已经导致某些历史学家否认历史学和小说之间有任何本质上的区别。各类不同的作家都曾论证说，历史学和神话是分不开的；为了学术探讨便放弃了修辞学的历史研究的专业化则是一场错误，应该再颠倒过来。[10]弗兰克·安克斯密特曾论证说，历史学家应该坦率承认他们的话语都是隐喻，始终一贯性“在现实之中”是毫无根据的，它那根据只“存在我们用以述说它的语

言之中”[11]。在我看来,彼得·诺维克(Peter Novick)在很正确地主张客观性在历史学中是无从把握的,历史学家除了可以“说得通”而外,就不能再希望更多的东西了[12]。然而显然地,说得通所依靠的并不是随心所欲地对一篇历史叙述进行创作,而是还要包括合理的战略来决定什么才是在事实上“说得通”的。它设定历史叙述要联系到一桩历史现实,不管历史学家借以接近这一现实的历程是何等之复杂而又间接。因此,尽管许多历史学家都认真地看待当代的语言学、符号学和文学的各种理论,然而他们在实践上并不曾接受这种观念:即,他们所借以工作的文本与现实并无联系。确实,每一份历史叙述都是一种构造,但它是从历史学家与过去之间的对话之中所产生的一种构造。它并不是在真空之中出现的,而是出现在一个对“说得通”具有着共同标准的许多探索者的心灵之中的。

3. 启蒙运动的终结?

20世纪对合理的历史探索那种可能性的彻底怀疑,正如我们已经提到过的,乃是与对现代社会与文化的日益增长的不安感紧密地相联系着的。当前的社会被看作是启蒙运动的后裔。启蒙运动本来被人理解为是投身于合理的反思而把人类从专横跋扈的束缚之下解放出来,使得每一个人都可以自由地发展他
的或她的潜力。在后现代主义的探讨中,启蒙运动已经变成了一 146
个打人的坏孩子,不仅要对掏空了世界的意义负责,而且也要对创造了技术的和行政的工具来统治人类负责。后现代主义的思

想是建立在一种反启蒙运动的情绪的传统之上的,那可以上溯到18世纪和19世纪早期保守派和浪漫派的思想家们的反现代主义。由此便有了一条线索经过尼采和海德格尔通向20世纪20年代和30年代激进的右翼。

然而从20世纪40年代开始,这一批判的许多重要方面就被像马克斯·霍克海默、提奥多·阿多诺和赫尔伯特·马尔库塞这样的思想家们移植过来,他们把马克思的异化和商品化的概念应用于对现代文化的批判。启蒙运动曾以破除迷信在企求解放人类,他们认为那是创造了一种新神话,即科学分析就可以理解、并且通过它所发展出来的技术就可以控制自然和人类。他们从马克思主义的分析出发,论证说在启蒙运动宣称的普遍人权的背后隐藏着一种建立在财产权的基础之上的等级制的社会的、经济的、因而也是政治的秩序。他们声称,启蒙运动的重大错误就在于它那被扭曲了的理性观,而其终极的目的则是把真理简化为科学的、也就是数量的概括。[13]这种对科学万能的信仰就构成了一种新神话。由于放弃了对于生存的质量方面的关注,它就看不到构成其为真正科学的核心的那种批判的视角。

对启蒙运动的这种定性总结,后来又被福柯、德里达和利奥塔反复申说,而在我看来那却代表着一种粗暴的歪曲。应该承认,启蒙运动有着许多互相冲突的方面。让我们以孔多塞作为启蒙运动的代表之一,启蒙运动追求的是通过把科学知识以及由之而来的技术方法系统地应用于社会领域而使财富和福祉达到最大化的程度[14]。但是对孔多塞而言,科学和技术本身肯定地都不是目的,而只是从无知、贫困和暴政的苦难之下解放人——

对他而言,人也确实是包括妇女在内——的手段。启蒙运动确实
有着两重性,即启蒙运动的普遍主义以及它的合理的计划与控
制的信念;有人论证说,那就包含有空想主义和从罗伯斯庇尔到 147
列宁这些过激派的极权主义的种子。[15]可是,强调启蒙了的个人
的自主性,也就预设了要坚决反对一切形式的专断的权威和全
面的控制。

从启蒙运动到奥斯维辛(Auschwitz)集中营的道路,要比阿多诺或福柯所表述的更加无比地复杂,而且还是深深受益于它那些反对者的反现代主义的。20世纪的历史已经教导了我们有关启蒙运动的人权与合理性观念的大量含混不清之处。后现代主义的思想就由于其警告人们要反对空想主义的与进步的观念而对当代历史学的讨论作出了重大的贡献。然而这应该引导我们不要放弃或是拒斥启蒙运动的遗产,反而是应该对它作出批判式的重新审察。这也是本书所检阅过的大量新社会史学与文化史学的用意所在。对一种尽管受到了惩戒的启蒙运动的代替品,便是野蛮主义。

后记　21世纪初的回顾*

149 本书最初以英文出版，至今已经七年，而最初的德文版至今则已经十年以上了。[1]当时，冷战的结束所造成世界场景的重大变化，还只有一小部分反映在历史研究上。20世纪最后的三分之一期间，重点继续是从分析的社会科学转移到更加强调文化因素的方面来，但是面临着迅速变化着的世界局面，却具有其更加繁富而且已改变了的焦点。

本书的结尾，对于所谓后现代主义对客观的历史学研究的挑战，给予了很大的重视，不过近年来，后现代主义在历史学家中间已经不大为人注意了[2]。事实上，激进的后现代立场大多只限于美国——以及我们将要看到的印度——以及较小范围内的英国，尽管它的许多思想根源都来自法国的后结构主义。它那基本的设定是：语言乃是一种自我参照的体系，它并不反映、而只是创造现实，这就否定了有可能重建过去恰如人们确实所曾生活过的那样；这就勾销了历史叙述与小说之间的那条界线。对于这种过激的立场，1997年詹金斯（Keith Jenkins）发表了一篇

---

* 这是伊格尔斯为其著作《二十世纪的历史学——从科学的客观性到后现代的挑战》英文2005年新版写的《后记》，现由卫斯理大学出版社授予版权译成中文。该书旧版的中译本（何兆武译）已由辽宁教育出版社于2003年1月出版。——译者

极端的总结,他写道,全部近代的历史观,即历史学家可以重行
捕获历史的过去,“现在看来乃是一种自我参照的、大成问题的 150
兴趣的表述,是一种意识形态的解说性的话语。……事实上,历史这时候就成为了只不过是在一个毫无根据的、有成见的表述的世界之中的另一番毫无根据的而又有成见的表述而已。”[3]

但是这一点却难以适应历史学家们所运用的各种假设,哪怕是在今天遭到了后现代主义的挑战之后。人们怎样重新铸造过去的这个问题,比起它对于较古老的政治学派或是对于社会科学定向的历史学来说,都已经变得大为复杂得多。古老的历史研究的纯客观主义,早已被人放弃了。事实上,它从来就不曾被严肃认真的历史学家所无条件地接受过。然而近年来警觉性增长了,即历史学家乃是带着问题在接触他们的题材的,而且解答它们的方式则要受到历史学家建构他的叙述的那种语言学的与概念的工具的影响。[4]然而后现代主义认识论的相对主义之这种过激的形式,却对于历史研究和历史著作并没有什么影响。不过,从后现代主义思想和从“语言学转向”所引发出来的一些观念目前却大量反映在历史著作之中,尽管这些观念并非直接出自现有的后现代主义,而是出自与历史学思想和实践有关的发展之中。

从而与后现代主义相类似的那些观念,就对于历史学思想的重新定向产生了一种深远的影响。这就包含着要质疑历史之作为引向今日西方文明的一种单向的历程。从这种对历史重新界定所得出的激进后果,并不必然地就是历史并没有任何的一贯性。然而历史学家们却开始从宏观历史的结构转向对较小的

枝节、对日常生活而尤其是对小人物的经历赋予了更大的关注。这一切也都关乎到历史学家们处理史料的方式。这里的巨大冲击之来自各种后现代主义的理论，远不如其来自文化人类学[5]、语言学和符号学，它们全都参与了20世纪最后几十年和21世纪之初思想气氛的转型。正如我们已经看到的，自从20世纪80年代的“语言学转向”以来，人们的注意力就日愈放在了文本形式的语言作用上面来。然而历史学家们对于语言在历史学探讨上的重要性，却有意见分歧。[6]若安·司考特[7]论证说，历史学家所
151 处理的文本与真实的过去并没有直接的关系，语言并不反映而只是创造现实，有更多的历史学家把语言和语境看作是对历史理解的重要工具，但也注意到这是在特殊的社会历史语境之中发生的。

同时，被很多朝着社会科学定向的历史学家所主张的信念，即政治变化与政治事件须以社会经济的因素才能最好地得到解释，却继续令人们丧失信心。过去的十年里，在处理政治史方面曾有过两个显著的新重点。[8]是什么使得政治领域的概念被扩大了？大量的政治史，包括社会科学史家所写的政治史，在20世纪的70年代和80年代都把焦点聚集在国家上，通常在民族国家上，作为国内和国际政治活动的中心。这一点确实不仅欧洲和英语国家的历史学家是如此，在中国、日本和韩国也如此，在后者中间早在20世纪早期[9]，民族史就已经取代了王朝史，而且在其他1945年以后新独立的亚洲和非洲的国家也如此。而且甚至于在以前的殖民地国家里，民族国家的观念近年来也受到了挑战，最重要的是在印度；自从20世纪80年代以来，“底层（族群）研

究”团体[10]就强调指出不仅西方的民族国家的观念是精英主义的,而且那也不适用于更古老的印度史及其社会的与文化的分歧性。但是新的聚焦点出现了——特别是(但不仅只是)在美国——它把更大的重点放在社会的、种族的和性别的因素方面来。现在一个民族往往更不被看作是一个具有统一的认同感的有机单元,而是被看作是次级的、可加以认同的各个单元的混合体。20世纪90年代华盛顿国家历史博物馆的新展览,就反映了具有不同传统的多种族的民族概念,然而正是这一多元文化主义,正在重新形成为美国的同一性而并没有使之解体。

此外,在社会史中仍然流行着的阶级概念也经历了变化。E. P. 汤普森在1963年的《英国工人阶级的形成》中就不再单纯地以社会经济的术语来理解阶级了,而是在简明的文化方面也把各种观点和思想的模式都包括在内。但是这种植根于马克思主义、哪怕是当今的文化马克思主义的观点却仍然在把阶级看作
是一个整体性和整体化的单元,这在今天看来似乎是过时了,因 152
为它未能考虑到远为复杂得多的各种社会的特性。在对各种政治和社会的分析中,种族、性别、宗教和意识形态要比其他的各种因素具有着远为更大的重要性。这一点有时候就导致文化史的孤立地位,而忽略了各种经济与政治因素之更大的整体作用。

此外,构成其为政治(而且也还有社会)领域的概念,也在两个方面都扩大了。一方面是我们刚才提到的,即政治和社会领域的扩大就囊括了文化的各种不同成分;而另一方面则包括其以权力关系而表现出的私人领域,那就包括有日常生活的各个方面。米歇尔·福柯已经提出了权力关系在人与人的层次上是

怎样在运作的基础。而在此前,权力运作都是以强而有力的中央机构（例如政府或经济）这类术语来加以考察的,在那种超级政府的形式里,权力是作用于并渗透到生活的一切层面而受到更大的注意的。而文化的、社会—政治与经济的语境,则仍然有被忽视的危险。

而这就把我们带到了晚近的女性主义史,这种被扩张了的权力观就在其中起着一种核心的作用。女性主义史的关键观念乃是女性的被压抑。早期的女性主义史曾被谴责为“过分地白人、过分地中产阶级和过分地异性化”[11]。女性主义史在20世纪90年代就日愈让位给了“社会性别”史,那是指女人和男人在历史社会语境中的关系。这里提出的是经济地位、种族性、性取向、立法、风尚和习俗的各种问题。后现代主义的观念在女性主义的理论中要比在历史思想的其他领域中起着一种更大的作用。对于某些像是司考特那样的女性主义理论家来说,父权统治的各种形态是深深地包孕在自从古典的古代以来西方哲学“理性中心”的传统之中的,因而他们就号召对西方全部历史的、政治的和哲学的文本进行解构。女性主义的学者们根据更为经验的理由,研究了妇女和其他被附庸化了的或被边缘化了的集团企求改变现状的各种方法,并且还从新的女性主义的视角重行审视了历史上的各个关键方面,诸如资本主义的出现、法
153 国大革命、奴隶制与奴隶解放、北美和欧洲的社会改革、民权等等,以及殖民地世界的民族解放运动[12]。自从20世纪80年代中期以来,对妇女之间的差别的考察就越发地取代了男女之间的差别。但是最近十五年中一项重要的发展,便是妇女与性别的

历史日愈被纳入到通史之中来。

受到与后现代主义相平行的各种观念的影响而并未完全分享到它那认识论上的相对主义的另一个领域则是有关记忆的中心作用。[13]恢复历史记忆大部分要靠口述历史。口述历史在20世纪80年代就已经确立了。早在20世纪30年代,美国有一项公共集资的大计划就访谈了孑遗的往日奴隶。正如已经提到过的,20世纪80年代有一项广泛的德国口述历史,采访了普通平民而尤其是产业工人是怎样经历了第三帝国的。在苏联最后的日子里,回忆口述史小组也通过个别访问,力图重构斯大林主义之下的生活。到了20世纪的90年代不仅是纳粹大屠杀的受难者的经历,而且还有犯罪者的证词,都得到了广泛的研究。[14]尽管警惕到口述证词的不可靠,这类访谈的目的仍然是要对真正的往事获得一番更好地了解。对历史理解的另一种非常之不同的路数,则是由法国《记忆之场》文集的编者们所创始的。[15]编者们对于力图在文献证据的基础之上重建过去而确立学术性的历史提出了另一种办法,即代之以把焦点放在为集体所回忆的历史之上。取代了个人回忆的乃是它要依赖已经成为集体认同的可感知的回忆物,诸如纪念物、节日和各种神圣的地点。对于《记忆之场》的编者而言,这就是民族的同一性,而特别是法兰西的同一性。柏林的德国历史博物馆有一项主要的计划是通过研究传说与神话在创造民族的认同感中所起关键性的作用来探讨欧洲各民族以及美国各民族和以色列是怎样回忆他们的过去的。[16]

正当一方面是历史著作越发经常地从宏观转向微观的题

材、从广阔的转向微小的地区性的历程和结构时，当前世界的情况却对今天的各种社会都不可避免在经历着的各种转型要进
154 行大规模的考察。两种大为不同的综合工作，都反映了苏联解体之后已改变了的情势。我们已经简短地提到过弗朗西斯·福山1992年出版的《历史的终结》。他论证说："所有经历着经济现代化的国家，都必定要变得彼此日愈相似。"这就把福山引到了如下的问题："到20世纪的末叶，我们再一次谈论有一种方向一贯的人类历史，它终将把人类的大部分都引向自由民主——这对我们是不是还有什么意义？"对这个问题，他的答复是肯定的。对于他，这一发展的驱动力就是资本主义的市场经济，而在宣示着未来的那个样本就是美国。福山坚信，一个由自由民主所造成的世界，是不会有战争的诱因的。[17]

正如冷战结束之后不久的那些事件所表明的那样，这一观念成了一种幻觉。它是建立在一个非常之简单化的现代化模型之上的[18]，那对于许多哪怕是在1989年之前就已经非常之警觉到了文化与文化之间的区分的社会政治史学家来说，就显得是很不妥当的了。它还以一种把自由的资本主义的民主制概念当作就是和谐的社会这一概念而在运作着，却并未能考虑到社会的不平等的作用以及不同的利益集团之间的冲突——无论它们是经济的，还是意识形态的、宗教的、性别的或是种族的。它还把西方的情况设定为一切非西方社会的规范。

塞缪尔·亨廷顿（Samuel Huntington）在1996年《文明的冲突》一书中提出了另一种相反的模式，它强调文化的作用而贬低经济的和社会的因素。他写道："在冷战后的世界中，各族人

民之间的最重要的区别并不是意识形态的、政治的或经济的，它们是文化上的。”[19]就像早在上个世纪的斯宾格勒和汤因比一样，他把一系列的文明认作是世界舞台上起决定作用的单元，并且预见着这些文明之间不断冲突，尤其是在西方、伊斯兰世界和中国之间。但是他以本质主义者的术语把这些文化看作是有机的单元，其中时间上的转化与内部的分化都不起主要作用。他摒弃了对国际和平与共和的一切希望而论证说：“西方的继续生存有赖于美国重新肯定自己的西方认同性以及西方人把他们的文明当作是独一无二的但并非是普世的，并且团结起来更新它并 155
保卫它反对来自非西方社会的各种挑战。”[20]这一点对于他也就意味着，被今天许多社会史学家所认可的多元文化主义代表着一种癌症正在威胁着要毁灭西方。

无论福山的还是亨廷顿的模式，都在晚近的历史学中受到了认真地看待，不仅是因为它们的政治含义，并且也因为他们是在全球历史的思辨层次上进行操作的，而与那些在自己的经验工作中避免采用这类模式的历史学家们的工作格格不入。然而，过去十五年之中的发展已经表明，无论是转向微观历史还是老式的民族史或地区史，都不足以处理正在全球规模上进行着的变革。重要的乃是要重新考察现代化的特性。随着20世纪70年代历史学思想中的文化转变，现代化这一概念本身已经不时兴了。现代化被认为是应以“现代的”观点、制度和行为逐步地取代“传统的”。其动力乃是思想的、科学的、技术的，而最重要的则是经济的。它植根于西方文化，但它的范围却是普世的。它设定了“资本主义的形成、工业化、自由民主结构的兴起、民族国家的建立、多元主义社会的形成以及建立在成就、科学的进步、某种人格结构、某些信仰体系以及心灵状态”[21]之间的互相关联性。现代化这一观念遭到了两种理由的反驳。首先是由于它那宏观历史的特性。它对于历史强加上一种主宰式的叙述,然而历史,正如它的批评者所论证的,并不是一个一贯的、定向的历程。其次,因为它把历史的发展看作是规范性的而又可愿望的,不仅是对西方而且也普遍地对全世界都是可愿望的。它忽略了进步与现代化的消极方面、20世纪的浩劫、世界大战、种族绝灭、法西斯的专政。对于它的许多批评者而言,它以其殖民的、后殖民的各种形式,和西方帝国主义紧密相联系着的,包括对非西方之政治的、经济的和文化的统治。近年来某些印度知识分子提出了对现代化与西方现代性(及其所设
156 想的根源乃是出自启蒙运动)的批判,也采取了类似于西方后现代主义思想家所提出的形式。[22]

然而无可争辩的是,在我们的眼前就在进行着种种现代化的历程,特别是科学技术方面的,当然也还有经济方面的,而且这些领域的现代化尽管大部分源出于西方,却改变了全球的各个社会,因而现代化就要在全世界的范围上加以看待。但是旧式的现代化模型运用到非西方的各个社会时,显然是不敷用的。而且,正如我们在本书前几章中所看到的,用它们来分析西方的发展也是并不适当的。正如我们前面在本书中看到的,德国的历史学家们在20世纪的六七十年代就力图解释何以19世纪和20世纪上半叶的德国的历史行程竟然偏离了他们认为是现代化的正常进程,像是由英国和美国所代表的那样。在英、美那里,工

业化乃是伴随着民主化的。[23]但是晚近的研究已经表明，不仅是欧洲的现代化有着不同的道路，德国的国家社会主义、意大利的法西斯主义和苏联的共产主义也代表着现代化的各种形式[24]，而备受称道的英国模式却并不反映现代英国、法国或美国历史的各种复杂性与矛盾[25]。

这一模式之应用于非西方世界，已经证明了是更为不适当的。现代化有相当多的成分作为公司资本主义全球化的一部分，在技术的和经济的领域内并且在一定的范围内（视不同的社会而有所不同）也在消费者的模式上和大众文化上，都可以看到有类似的发展，因而就有某些一致化的成分，然而它们都不是完整的。各种不同的社会都曾采纳了西方的现代性的某些方面，但并没有全盘采纳它们，而是把它们嵌入了自己本土的文化之中。在最近的《地方化欧洲》的一系列论文中，有一位著名的印度社会科学家迪佩什·查克拉巴蒂（Dipesh Chakrabarty）一方面力图表明以走向现代性的各个阶段来说明历史发展的这种西方观点的狭隘性，那把各种殖民地文化都说成是往古的或前近代的形态，注定了是要让位给现代化的进程的。另一方面，他承认西方的科学形态与社会的科学合理性已经一般地正式在被殖民的世界所采纳了，特别是在南亚。因而他写道："在今天，所谓欧洲 157
的思想传统乃是在绝大多数（如果不是所有的）（印度）大学中的社会科学各系里所唯一活跃着的传统。"因而很少有（假如有的话）印度的社会科学家会把自己的理论置之于更为古老的印度思想家的基础之上。欧洲殖民统治在印度的一个结果便是"一度在梵文或波斯文或阿拉伯文中绵延不绝的那种思想传统，现在是‘真正死去了’”[26]。但是在政治和文化的层次上,殖民者所引进的模式却并非没有受到挑战。一方面,反殖民和后殖民的运动深深地受到启蒙运动有关人权与民主的观念的影响。另一方面,它们又和更古老的社会组织与政治的观念共存于印度的民主制之中,而其中的古代印度宗教观念可能被看作是迷信的。但后者却一点都不是前现代的,而是构成为现代性的一种重要的形式。因而也就不只存在着一种现代性,而是有着各种各样不同的现代性;历史学家们和社会学家们已经开始谈论“多样的现代性”了[27]。按照查克拉巴蒂的说法,没有其宗教的根源,就不可能理解印度的现代性。但是又正如他在另外的地方所指出的,现代性——我们可以设想它预订了有一种世俗的观点——也遭到了美国的以及拉丁美洲的五旬节教派复活的挑战,并且还有过激形式的正统犹太教、伊斯兰教和印度教,它们不仅仅是有赖于本土的传统,而且还在于它们反现代主义的本身就运用了现代的手段来动员群众追随他们。

对现代性的研究就必然导致全球性的比较研究。自从1990年以来就看到历史研究日愈扩张而超出了民族的和西方的主题。然而在这一点上,对于全球性的历史研究以及对于所需要的方法论的可需性,虽有着许多议论,但却很少有实际工作。专业的历史学家比起历史社会学家来,一直是很不利的。特别是在欧洲,历史学家们迄今一直是专注于他们的民族史;而在美国,自从第二次世界大战以后有着更多的历史学家成为了非西方领域的专家,但一般地只是精通一个特定的区域。历史学家们所受到的训练则是要依靠倾向于把他们系之于民族史的或地方史的

档案和原始材料。相形之下,很多的社会学家和经济学家乃至政治学家则以规范性的宏观术语在看待他们的科学,力求加以 158
普遍化。今天的历史学家们也越来越转向跨文化的比较研究了。比起十年以前,今天在东亚、南亚、伊斯兰和撒哈拉以南乃至大洋洲的历史方面,已经拥有了更多的专家。对这些地区的研究,已经更加接近于社会科学的方法论。但他们有很多情况还不是比较性的和跨文化的。现在有一份《世界史杂志》是1990年创立的,还有一份《全球史杂志》正在筹建之中。较早的有关全球史的研究,诸如伊曼纽尔·沃勒斯坦(Immanuel Wallerstein)的《现代世界体系》(1978—1989),焦点是集中在欧洲资本主义对非西方世界的渗透,而很少关心文化方面,虽说这样地遵循现代化的理论乃是出于一种批判的马克思主义的观点。

今天对全球历史的需要是最明显不过的。[28]然而仍然有大量观念上的和方法论上的问题需要加以解决。对于各种社会与文化的复杂性的考虑,比较研究——当比较是在跨文化的全球性层面进行运作时,尤其如此——就需要明确界定什么是要进行比较的以及要用什么方法。在这种意义上,韦伯的"理想类型"的概念并没有过时。但是我们今天却觉察到市场力量所驱动的全球化并没有形成文化的、社会的、政治的或经济的层次上的一致化,而是形成了植根于本土传统之上的分离化。警觉到跨文化的与跨社会的比较的复杂性,并且认识到全球化并不就是高度发达的资本主义国家模式可以转移到国外去的单向过程,于是致力于比较研究的历史学家们和社会科学家们在最近几年就开始谈论起"缠结的历史"(entangled histories)[29]。而且显而易见的是，全球研究不可能由个别的历史学家孤立地进行，而是需要各个领域的研究者们的以及综合历史研究与各种社会科学和文化科学与人文科学在各种跨学科的方法论上的协调合作。在这一点上，目前（2004年）我们在很大程度上还只是处于这种协调合作规划的开端。

迄今为止我们在本书中主要地已经谈过了西方的历史学。这部分地标志着它的初版。然而对于这一研究还要有某些证词。历史工作（因此也就是社会科学工作）的流程，大抵上迄今一
159 直是单向的，即从西方国家向外辐射的。在19世纪末已经开始有极其大量的西方著作译成为日文、中文和朝鲜文，也在较小的范围内译成为阿拉伯文和（伊朗）波斯（Fārsī）文，但却很少有向着相反方向的流动。印度是个例外，但大部分乃是在自从《底层研究》创刊以来的晚近30年之中。其原因之一则是自从19世纪中叶以来，英文已经广泛地成为印度学术界的语言，而中等和高等教育又都是以英国的为范本；并且不仅是很多印度的知识分子都在英国受过训练，而且近年来有很多印度的学者都在美国和英国的大学里享有着有声望的地位。特别是在后现代主义对于西方现代性的批判中，印度作家们参与了西方的对话。而处于印度对西方现代性批判的核心的，当然是殖民主义的创伤。《底层研究》批判了已经确立的印度反殖民历史学所遵循的那种叙述式的政治历史学却是不能应用之于印度的过去的；而且它把焦点置之于主导政治与社会的精英们的身上，也忽略了各个底层的阶级。于是他们就同时转向“自下而上的历史”，正如他们自己的西方同道那样。然而他们也像他们的西方同道

一样，在他们对现代西方文化中启蒙运动的根源的评估上出现
了分裂。从而阿希斯·南迪（Ashis Nandy）就把全部近代科学
思维的传统都认为是从事于确立对非西方世界的殖民与随之而
来的后殖民的霸权的一场大不幸。他谴责了“历史观念与近代
民族国家之间所确立的种种联系、世俗的世界观、培根式的科
学理性观、19世纪的进步理论以及近几十年与多种形式的暴力、
剥削相勾结的……发展”。这种世界观就取代了其他有恃于“神
话、传说和史诗来界定其自身”的那类文化的世界观。南迪不
是在呼唤着另一种历史，而是在呼唤着否定历史[30]。另一方面，
苏米特·萨卡尔（Sumit Sarkar）这位杰出的印度社会史家也曾
一度与《底层研究》一道警告他的同胞们要反对毫无批判地接
受爱德华·萨义德（Edward Said）把焦点放在“殖民话语上，通
过它，启蒙运动的理性主义就被认为是奠定了文化的主宰”。这
一后现代的分析，按萨卡尔的话说“就冒有恰好是忽略了使得近 160
代西方得以横行霸道而如此之过分地压迫别人的危险：亦即它
与帝国主义的经济与政治权力之非常具体的各种形式的联盟”。
在他看来，南迪对一种和谐的、前近代的过去加以浪漫的理想
化，就忽视了传统的印度社会中的不平等和压迫。反之，他论
证说：“有选择地适应于西方自由权利的话语往往会是有用的，
正有如它大体上也曾确实是运用之于种姓的不平等、性别中心
和阶级压迫的那些问题上一样。”当承认后现代与后殖民的
解构暴露了现代话语中内在的权力关系时，他还警告说要反
对朝着语言学与文学的转向对于传统上的逻辑高出于修辞学
的那种首要地位的颠覆作用。[31]

最后是有关晚近的史学史的话。大多数的著作都在遵循着传统的路线，很少受到海登·怀特1973年所写的《元史学》的影响。20世纪90年代出现了很多以西方语言所写的史学著作史的书[32]，然而它们大多数（也包括本书在内）都只是讲欧洲和北美的作家，还没有关于历史学思想的跨文化的比较研究。也有一系列的论文集都是探讨个别的文化的历史的[33]，它们都是对广泛的比较方法的重要垫脚石，但是还缺乏综合的认知。我们所提到的各种问题使得写全球史面临着历史学中跨文化的比较研究的困难。这样的一种历史仍然属于未来的规划。[34]

注　　释

绪　　论

161

1. 伊格尔斯：《欧洲史学新方向》（康州，米德尔顿，1975，1984）。（Georg G. Iggers，*New Directions in European Historiography* [Middletown，Conn.，1975，1984].）

2. 见兰克《拉丁与日耳曼民族史》第1版《序言》，载伊格尔斯与毛奇编《历史学的理论与实践》（印第安纳波利斯，1973），第137页。（Leopold von Ranke，"Preface to the First Edition of *Histories of the Latin and Germanic Nations*"，in Leopold von Ranke，*Theory and Practice of History*，ed. Georg G. Iggers and Konrad von Moltke [Indianapolis，1973]，p.137.）

3. 见海登·怀特《元史学：19世纪欧洲的历史想象》（巴尔的摩，1973）；《话语的转义：文化批评文集》（巴尔的摩，1982）；《形式的内容：叙事话语与历史再现》（巴尔的摩，1987）。（Hayden White，*Metahistory: The Historical Imagination in Nineteenth-Century Europe* [Baltimore，1973]；*The Tropics of Discourse*: *Essays in Cultural Criticism* [Baltimore，1982]；*The Content of the Form: Narrative Discourse and Historical Representation* [Baltimore，1987].）

4. 见兰克《论历史科学的特性》，载《历史学的理论与实践》，第33—46页；《论列强》，同上书，第100页。（Leopold von Ranke，"On the Character of Historical Science"，in *The Theory and Practice of History*，pp.33—46；

and “The Great Powers”, ibid., p.100.)

5. 见凯洛尔《学院与共同体：法国历史专业的基础》(麻省，剑桥，1975)。(William Keylor, *Academy and Community: The Foundation of the French Historical Profession* [Cambridge, Mass., 1975].)

6. 见海厄姆《历史学：美国的专业学术》(巴尔的摩，1983)；诺维克《那高贵的梦想："客观性问题"与美国历史专业》(剑桥，1988)。(John Higham, *History: Professional Scholarship in America* [Baltimore, 1983]; Peter Novick, *That Noble Dream: The "Objectivity Question" and the American Historical Profession* [Cambridge, 1988].)

7. 例如"历史科学组"，载《1904年圣路易斯世界博览会：艺术与科学大会》，卷2(波士顿，1906)。(the section "Historical Science", in *Congress of the Arts and Sciences: Universal Exposition, St. Louis, 1904*, vol.2 [Boston, 1906].)

8. 见李昂《亨利·皮雷纳的生平与思想研究》(根特，1974)。(Bryce Lyon, *Henri Pirenne: A Biographical and Intellectual Study* [Ghent, 1974].)

9. 见布克哈特《对历史的反思》(印第安纳波利斯，1979)与《书信集》十卷本(巴塞尔，1949—1986)。(Burckhardt's *Reflections on History* [Indianapolis, 1979] and *Briefe*, 10 vols. [Basel, 1949—1986].)

10. 例如尼采的《论历史学对人生的用处和不利》，载自他的《不合时宜的沉思》(剑桥，1983)。另见梅吉尔《极端的预言家：尼采、海德格尔、福柯、德里达》(伯克利，1985)。(Friedrich Nietzsche, "On the Uses and Disadvantages of History for Life", in his *Untimely Meditations* [Cambridge, 1983]; Allan Megill, *Prophets of Extremity: Nietzsche, Heidegger, Foucault, Derrida* [Berkeley, 1985].)

11. 吴尔夫：《欧洲与没有历史的民族》(伯克利，1982)。(Erik Wolf, *Europe and the People Without History* [Berkeley, 1982].)

12. 海厄姆：《一致同意之外：作为道德批判者的历史学家》，载《美国历史评论》第67期（1961—1962），第609—625页。（John Higham，“Beyond Consensus：The Historian as Moral Critic”，*American Historical Review* 67［1961—1962］，pp.609—625.）

13.哈林顿：《另一个美国：美国的贫困》（巴尔的摩，1962）。（Michael Harrington. *The Other America: Poverty in the United States*［Baltimore，1962］.）

14.见布尔斯廷《美国政治的天才》（芝加哥，1953）。（Daniel Boorstin， 162
The Genius of American Politics［Chicago，1953］.）

15.贝尔：《意识形态的终结：论五十年代政治思想的枯竭》（纽约，1960）。（Daniel Bell，*The End of Ideology: On the Exhaustion of Political Ideas in the Fifties*［New York，1960］.）

16.见梅吉尔《“宏大叙事”与历史学的规范》，载安克斯密特和凯尔纳编《新历史哲学》（芝加哥，1995），第151—173页。（Allan Megill，“‘Grand Narratives’ and the Discipline of History”，in Frank Ankersmit and Hans Kellner，eds.，*A New Philosophy of History*［Chicago，1995］，pp.151—173.）

17.斯宾格勒：《西方的没落》，两卷本（纽约，1926）。（Oswald Spengler，*The Decline of the West*，2 vols.［New York，1926］.）

18.布洛赫：《封建社会》，两卷本（巴黎，1939—1940），英文版《封建社会》（芝加哥，1964）；布罗代尔《地中海与菲利普二世时代的地中海世界》（巴黎，1949），增订第2版，两卷本（巴黎，1996），英文版，两卷本（纽约，1972—1974）。（Marc Bloch，*La Société féodale*，2 vols.［Paris，1939—1940］，English：*Feudal Society*［Chicago，1964］；Fernand Braudel，*La Méditerranée et le monde méditerranéen à l'époque de Phillippe II*［Paris，1949］，2nd enlarged ed.，2 vols.［Paris，1966］，English：*The Mediterranean and the Mediterranean World in the Age of Philip II*，2 vols.［New York，1972—1974］.）

19.例如《意大利文艺复兴时期的文化》（纽约，1945）。（*The Civlization of*

the Renaissance in Italy [New York，1945] .)

20. 见布罗代尔《地中海与地中海世界》。(Braudel，*The Mediterranean and the Mediterranean.*)

21. 见勒高夫《中世纪的时间、工作与文化》(芝加哥，1980)。(Jacques Le Goff，*Time*，*Work and Culture in the Middle Ages* [Chicago，1980] .)

22. 汤普森:《时间、工作纪律与工业资本主义》，载《过去与现在》第38期 (1967)，第56—97页。(Edward P. Thompson，“Time，Work-Discipline and Industrial Capitalism”，*Past and Present* 38 [1967]，pp.56—97.)

23. 列维-斯特劳斯:《野性的思维》(芝加哥，1968)。(Claude Lévi-Strauss，*Savage Mind* [Chicago，1968] .)

24. 见福格尔和艾尔顿《两条通向过去的道路? 两种历史观》(纽黑文，1983)。(Robert Fogel and Geoffrey Elton，*Two Ways to the Past? Two Views of History* [New Haven，1983] .)

25. 见梅吉尔《极端的预言家》。(Megill，*Prophets of Extremity.*)

26. 见第十章。

27. 见贝尔曼《从新批评到解构: 接受结构主义与后结构主义 》(厄尔巴那，1988)。(Art Berman，*From the New Criticism to Deconstruction: The Reception of Structuralism and Post-Structuralism* [Urbana，1988] .)

28. 索绪尔:《普通语言学教程》(伦敦，1983)。(Fernand de Saussure，*Course in General Linguistics* [London，1983] .)

29. 见巴尔特《历史学的话语》，邦恩英译，载《比较批评年鉴》第3卷 (1981)，第3—28页。(Roland Barthes，“The Discourse of History”，trans. Stephen Bann，in *Comparative Criticism*: *A Yearbook*，vol.3 [1981]，pp.3—28.)

30. 见注释3。

31. 德里达:《论文字学》(巴尔的摩，1976)，第158页。(Jacques Derrida，

Of Grammatology [Baltimore，1976]，p.158.）

32. 吉尔兹：《文化的解释》（纽约，1973）。（Clifford Geertz，*The Interpretation of Cultures* [New York，1973] .）

33. 见高思曼《历史学与文学：再创作还是意义指示》，载伽那利与柯济齐编《历史写作：文学形式与历史理解》（麦迪逊，1978），第32—33页。（Lionel Gossman，"History and Literature：Reproduction or Signification"，in Robert H. Canary and Henry Kozicki，eds.，*The Writing of History: Literary Form and Historical Understanding* [Madison，1978]，pp.32—33.）

34. 海登·怀特：《作为文学制品的历史文本》，载《话语的转义》，第82页。（Hayden White，"The Historical Text as Literary Artifact"，in *The Tropics of Discourse*，p.82.）

35. 凯尔纳：《解释的政治》，载米彻尔编《解释的政治》（芝加哥，1982），163
第301页。（Hans Kellner，"The Politics of Interpretation"，in W. J. T. Mitchell，ed.，*The Politics of Interpretation* [Chicago，1982]，p.301.）

36. 贝克霍弗：《诗学对（正规）历史学实践的挑战》，载《今日诗学》第9期（1988），第435—452页。（Robert Berkhofer，"The Challenge of Poetics to（Normal）Historical Practice"，*Poetics Today* 9 [1988]，pp.435—452.）贝克霍弗在文中对历史实在论绝不是持全盘批判的态度。

37. 见扎米托的评论《我们正在理论化吗？新历史主义、新历史哲学与"实践的历史学家"》，载《近代史杂志》第65期（1993），第783—814页；文斯特拉《斯蒂芬·格林布拉特的新历史主义：论文化诗学与对莎士比亚的解释》，载《历史与理论》第34期（1995），第174—198页。又见韦色尔编《新历史主义》（纽约，1989）。（John H. Zammito，"Are We Being Theoretical Yet? The New Historicism，The New Philosophy of History，and 'Practicing Historians'"，*The Journal of Modern History* 65 [1993]，pp.783—814；Jan R. Veenstra，"The New Historicism of Stephen Greenblatt：On Poetics of Culture and the Interpretation of Shakespeare"，*History and Theory* 34 [1995]，pp.174—198；H. Aram

Veeser, ed., *The New Historicism* [New York, 1989].)

38. 见格林布拉特《文艺复兴的自我塑造：从莫尔到莎士比亚》(芝加哥，1980)；《莎士比亚的谈判：伊丽莎白时代英国社会能量的周转》(牛津，1988)；编《英国文艺复兴各种形式的力量》(俄州，诺曼，1982)，(Stephen Greenblatt, *Renaissance Self-Fashioning: From More to Shakespeare* [Chicago, 1980]; *Shakespearean Negotiations: The Circulation of Social Energy in Elizabethan England* [Oxford, 1988]; ed., *The Power of Forms in the English Renaissance* [Norman, Okla., 1982].)

39. 见格林布拉特《惊人的占有：新世界的奇观》(芝加哥，1991)。(Stephen Greenblatt, *Marvellous Possessions: The Wonder of the New World* [Chicago, 1991].)

40. 格林布拉特：《走向文化诗学》，载他的《学习诅咒：近代早期文化论文集》(纽约，1990)。(Stephen Greenblatt, "Towards a Poetics of Culture", in his *Learning to Curse: Essays in Early Modern Culture* [New York, 1990].)

41. 安克斯密特：《历史学与后现代主义》，载《历史与理论》第28卷(1989)，第137—153页，重印于安克斯密特《历史与转义》(伯克利，1994)；又见安克斯密特《历史主义：一种综合的尝试》，载《历史与理论》第34卷(1995)，第143—161页；伊格尔斯的《评论》，载同期，第162—167页；安克斯密特的答复，载同期，第168—173页。(F. A. Ankersmit, "History and Postmodernism", *History and Theory* 28[1989], pp.137—153, reprinted in Ankersmit, *History and Tropology* [Berkeley, 1994]; Ankersmit, "Historicism: An Attempt at Synthesis", *History and Theory* 34 [1995], pp.143—161; Georg G. Iggers's "Comments", in ibid., pp.162—167; and Ankersmit's reply, in ibid., pp. 168—173.)

42. 见凯尔纳1995年8月27日至9月3日蒙特利尔"国际历史科学大会"的"虚构性、叙述性、客观性"分组会上尚未出版的发言；又见凯尔纳《语言和历史描写：曲解故事》（麦迪逊，1989）及与安克斯密特合编《新历史哲学》（芝加哥，1995）。（Kellner，*Language and Historical Representation: Getting the Story Crooked* [Madison，1989]; coeditor with F.R. Ankersmit，*A New Philosophy of History* [Chicago，1995].）

43.见第18届国际历史科学大会《文集》（蒙特利尔，1995），第159—182页。（the *Actes/Proceedings* of the 18th International Congress of Historical Sciences [Montreal，1995]，pp.159—182.）

44.夏蒂埃，同上书，第174页。（Roger Chartier, ibid., 174.）

45.同上。

46.扎米托：《我们正在理论化吗？》，第804页。（Zammito，"Are We Being Theoretical Yet？"，p.804.）

47.见霍克海默和阿多诺《启蒙辩证法》（纽约，1975）。（Max Horkheimer and Theodor W. Adorno，*Dialectic of Enlightenment* [New York，1975].）

48.见梅吉尔：《极端的预言家》。（Megill，*Prophets of Extremity.*）

49.见司考特《性别与历史的政治学》（纽约，1988）。（Joan Scott，*Gender* 164
and the Politics of History [New York，1988].）

50.见弗里德兰德编《探索表达的限度：纳粹主义与"最后解决方案"》（麻省，剑桥，1992）。（Saul Friedlaender, ed., *Probing the Limits of Representation: Nazism and the Final Solution* [Cambridge，Mass.，1992].）

51.怀特：《历史学的布局与真相问题》，同上书，第37—53页。（Hayden White，"Historical Emplotment and the Problem of Truth"，in ibid.，pp. 37—53.）

52.吉尔兹：《深描：走向一种解释性的文化理论》，载他的《文化的解释：论文选》（纽约，1973），第5页；又见他对文化的定义，载《作为一种文化体系的宗教》，同上书，第89页："我所主张的文化概念既没有任何多重的参照系，而且就我所能看到的，也没有任何非常模棱之处：它指一种历史上传递下来、体现于各种符号之中的意义的模型，它是一种以符号形式表达出来的各种传袭概念的体系，人们就用它们来交流、延续和发展他们有关人生的知识和对人生的态度。”（Clifford Geertz，“Thick Description：Toward an Interpretive Theory of Culture”，in his *The Interpretation of Cultures: Selected Essays*［New York，1973］，p.5；Geertz，“Religion as a Cultural System”，in ibid.，p. 89.）

53. 关于“历史工作坊”运动，见下文，第89—94页*。

54. 勒费弗尔：《法国大革命》，两卷本（纽约，1970）；又见他的《法国大革命的到来》（普林斯顿，1989）。（Georges Lefebvre，*The French Revolution*，2 vols.［New York，1970］；also his *The Coming of the French Revolution*［Princeton，1989］.）

55. 索布尔：《法国大革命（1787—1799）》（伦敦，1989）；又见他的《巴黎无套裤汉与法国大革命》（威斯波特，1979）。（Albert Soboul，*The French Revolution*，*1787—1799*［London，1989］；also his *The Parisian Sans Culottes and the French Revolution*［Westport，1979］.）

56. 柯班：《法国大革命的社会诠释》（剑桥，1968）。（Alfred Cobban，*The Social Interpretation of the French Revolution*［Cambridge，1968］.）

57. 孚雷：《解说法国大革命》（剑桥，1981）；另见孚雷与奥祖夫编《政治文化的转型》，三卷本（牛津，1989）。（François Furet，*Interpreting the French Revolution*［Cambridge，1981］；also Furet and Mona Ozouf，eds.，*The Transformation of Political Culture*，3 vols.［Oxford，1989］.）

58. 亨特：《法国大革命的政治、文化与阶级》（伯克利，1986）。（Lynn Hunt，*Politics*，*Culture*，*and Class in the French Revolution*［Berkeley，1986］.）

59. 休厄尔：《法国的劳作与革命：从旧制度至1848年劳工的语言》（剑桥，1980）。（William Sewell，*Work and Revolution in France*，*The Language of Labor from the Old Regime to 1848*［Cambridge，1980］.）

---

* 指原书页码，见本书边码。

60. 沙玛：《公民们》（纽约，1990）。（Simon Schama，*Citizens*［New York，1990］.）

61. 见福山《历史的终结？》，载《国家利益》第9期（1989夏季号），第3—18页；另见他的《历史的终结与最后的人》（纽约，1992）。（E. G. Fukuyama，"The End of History?"，*The National Interest* 9［Summer 1989］，pp.3—18；see also his *The End of History and the Last Man*［New York，1992］.）

62. 库恩：《科学革命的结构》，第2版（芝加哥，1970）。（Thomas Kuhn，*The Structure of Scientific Revolutions*，2nd ed.［Chicago，1970］.）

第一章　作为历史学研究典型的古典历史主义

1. *Bildung*一词不太好翻译，必须把它放在德国思想文化的框架之内加以
观察。通常的译法无论是"文化"还是"教育"都是不够的。林格试 165
图定义为："通过与经典文本的解释性的交互作用而获得自我实现的那种学习上的洞见。""本质上是解释性的*Bildung*的典型，激发了德国语言学和历史学研究中占统治地位的解释学传统以及德国的精神科学（*Geisteswissenschaften*）的概念。*Bildung*的目标就包含着个人的与评价的洞见（*Weltanschauung*，世界观）更有甚于对自然界或对社会历程的操作性的干涉。"林格《知识的领域：比较观点之下的法国学院文化（1890—1920）》（剑桥，1992），第2页。（Ringer，*Fields of Knowledge: French Academic Culture in Comparative Perspective*，*1890—1920*［Cambridge，1992］，p.2.）

2. 林格：《德国士大夫的衰落：德国学术团体（1890—1933）》（麻省，剑桥，1969）。（Fritz Ringer，*The Decline of the German Mandarins: The German Academic Community*，*1890—1933*［Cambridge，Mass.，1969］.）

3. 《罗马与日耳曼民族史（1494—1514）》（莱比锡，1824），英文本《拉丁与条顿民族史》（伦敦，1887）。（*Geschichten der romanischen und germanischen Völker von 1494 bis 1514*［Leipzig，1824］，English：*History of*

the Latin and Teutonic Nations [London，1887] .）

4.《近代史家批判》，同年单独出版。（*Zur Kritik neuerer Geschichtschreiber*, published separately that same year.）

5.参看《拉丁与日耳曼民族史》第1版《序言》，载兰克《历史学的理论与实践》，伊格尔斯与毛奇编（印第安纳波利斯，1973），第137页。（“Preface to the First Edition of Histories of the Latin and Germanic Nations”，in Leopold von Ranke，*The Theory and Practice of History*，ed. Georg G. Iggers and Konrad von Moltke [Indianapolis，1973]，p.137.）

6.《论历史科学的特性》，载兰克《历史学的理论与实践》，第38页。（“On the Character of Historical Science，” in ibid.，p.38.）

7.兰克：《历史学的理论与实践》，第41页。

8.《论列强》，载兰克《历史学的理论与实践》，第100页。

9.《政治对话录》，载兰克《历史学的理论与实践》，第119页。

10.见兰克《论历史学与政治学的关系与区别》，载《全集》卷24，第280—293页。（Ranke，“Über die Verwandtschaft und den Unterschied der Historie und der Politik”，*Sämtliche Werke*，vol.24，pp.280—293。）

11.阿克顿勋爵：《德国历史学派》，载《英国历史评论》I（1886），第7—42页。（Lord Acton，“German Schools of History”，*English Historical Review* I [1886]，pp.7—42.）

12.亚当斯在《历史学研究中的新方法》中使用了这一提法，载约翰·霍普金斯大学《历史学与政治科学研究》II（1884），第65页；又见亚当斯《利奥波德·冯·兰克》，载美国历史学会《集刊》III（1888），第104—105页。（Herbert B. Adams，“New Methods of Study in History”，in Johns Hopkins University，*Studies in History and Political Science* II [1884]，65；Adams，“Leopold von Ranke”，American Historical Association *Papers*, III [1888]，pp.104—105.）

13.关于德国历史学家的征集，见W.韦伯《历史女神的牧师：对德国历史学家的来源与事业和对历史科学史的历史—社会科学研究（1800—

1970)》(美茵河上法兰克福，1984)；可比较西蒙《法国与德国的国家与社会(1871—1914)：柏林、慕尼黑、巴黎三大学历史教授的状况与工作》，两卷本(伯尔尼，1988)。(Wolfgang Weber, *Priester der Klio: Historisch-sozialwissenschaftliche Studien zur Herkunft und Karriere deutscher Historiker und zur Geschichte der Geschichtswissenschaft, 1800—1970* [Frankfurt am Main, 1984]; Christian Simon, *Staat und Gesellschaft in Frankreich und Deutschland, 1871—1914: Situation und Werk von Geschichts-professoren an den Universitäten Berlin, München, Paris*, 2 vols. [Bern, 1988].)

14. 见凯洛尔《学院与共同体：法国历史专业的建立》(麻省，剑桥， 166
1975)。(William Keylor, *Academy and Community: The Foundation of the French Historical Profession* [Cambridge, Mass., 1975].)

15. 见伊格尔斯《历史主义一词的历史与意义》，载《思想史杂志》第56期(1995)，第129—151页。(Georg G. Iggers, "Historicism: The History and the Meaning of the Term", *Journal of the History of Ideas* 56 [1995], pp.129—151.) 我有意避免"历史主义"(historicism)一词，因为它有着太多往往是互相矛盾的意义。我宁愿用"历史主义"(historism)一词，它更接近于指我们在本书中所谈的19世纪和20世纪上半叶德国历史学家们的世界观和学术实践。但是自从20世纪20年代和30年代克罗齐著作的译本为人熟悉以来，"历史主义"(historism)一词事实上已经从英语中消失了。克罗齐谈到与较老的、更与德国的用法密切相符的*istorismo*相对的*storicismo*一词。(*istorismo*一词相应于英文的historism，*storicismo*相应于英文的historicism。——译注)

16. 奥尔特加·加塞特：《历史作为一个体系与其他历史哲学论文集》(纽约，1941)，第217页。(Ortega y Gasset, *History as a System and Other Essays Toward a Philosophy of History* [New York, 1941], p.217.)

17. 迈纳克：《历史主义的兴起》，载《全集》III(慕尼黑，1965)，第4页，英文本《历史主义：一种新历史观的兴起》(纽约，1972)。(Friedrich

Meinecke, *Die Entstehung des Historismus*, *Werke* Ⅲ [München, 1965], p.4. English: *Historism: The Rise of a New Historical Outlook* [New York, 1972] .)

18. 亚当斯:《利奥波德·冯·兰克》, 第104—105页。又见伊格尔斯《美国和德国历史思想中的兰克形象》, 载《历史与理论》第2期(1962), 第17—40页; 亦见诺维克《那高贵的梦想》。(Herbert Adams, "Leopold von Ranke", pp.104—105. See also Georg G. Iggers. "The Image of Ranke in American and German Historical Thought", *History and Theory* 2 [1962], pp.17—40; also Novick, *That Noble Dream*.)

19. 兰克:《论历史上的进步》, 载《历史学的理论与实践》, 第53页。(Leopold von Ranke, "On Progress in History", in *The Theory and Practice of History*, p.53.)

20. 兰克:《论历史科学的特性》, 载《历史学的理论与实践》, 第46页。(Leopold von Ranke, "On the Character of Historical Science", in ibid., p.46.)

21. 特罗尔什:《历史主义的危机》, 载《新评论》第33期(1922), Ⅰ, 第572—590页;《历史主义及其问题》,《全集》(阿仑, 1961), 第4卷。(Ernst Troeltsch, "Die Krisis des Historismus", *Die Neue Rundschau* 33, 1922, Ⅰ, pp.572—590; *Der Historismus und seine Probleme*, *Gesammelte Schriften* [Aalen, 1961], vol.4.)

22. 见豪西《历史主义的危机》(杜宾根, 1932), 与曼海姆《历史主义》, 载K.吴尔夫编《知识社会学: 选编》(纽维德, 1970)。(Karl Heussi, *Die Krisis des Historismus* [Tübingen, 1932], and Karl Mannheim, "Historismus", in Kurt H.Wolf, ed., *Wissenssoziologie: Auswahl aus dem Werk* [Neuwied, 1970] .)

第二章 古典历史主义的危机

1. 兰普雷希特:《德国史》, 12卷本(柏林, 1891—1909)。有关兰普雷希特争论与兰普雷希特的为人、学者与政治形象最佳的批判审查是契克林的《卡尔·兰普雷希特：一个德国人的学术生涯（1856—1915）》（新泽西州，大西洋高地，1993）。（Karl Lamprecht，*Deutsche Geschichte*，12 vols. [Berlin，1891—1909]. Roger Chickering，*Karl Lamprecht*：*A German Academic Life* [*1856—1915*] [Atlantic Highlands，N.J.，1993].）

2. 见兰普雷希特《历史科学中的老方向和新方向》（柏林，1896）。（Karl 167
Lamprecht，*Alte und neue Richtungen in der Geschichts wissenschaft* [Berlin，1896].）

3. 引自苏珊·D.舒尔茨《历史学作为反个人主义的道德力量：兰普雷希特和德国人文科学中的方法论争论》，芝加哥大学博士论文（1984），第282页。（Susan D. Schultz，"History as a Moral Force Against Individualism: Karl Lamprecht and the Methodological Controversies in the German Human Sciences"，Ph. D. dissertation，University of Chicago，1984，p.282.）

4. 《论政治语境》，见契克林《卡尔·兰普雷希特》（Chickering，*Karl Lamprecht.*）

5. 舍费尔：《历史学固有的工作范围》，载《论文、报告与演说集》，第1卷（耶拿，1913），第264—290页。（Dietrich Schäfer，"Das eigentliche Arbeitsgebiet der Geschichte"，in *Aufsätze*，*Vorträge und Reden*，vol. Ⅰ [Jena，1913]，pp.264—290.）

6. 戈特海因：《文化史问题》（莱比锡，1889）。（Eberhard Gothein，*Die Aufgabe der Kulturgeschichte* [Leipzig，1889].）

7. 关于所谓的兰普雷希特唯物主义，见拉赫法尔《从经济立场看德国史》，载《普鲁士年鉴》83（1895），第48—96页；又见冯·贝劳《新史学方法》，载《历史杂志》81（1896），第265页；关于他是不是一个马克思主义者的问题，见同书，第265—266页。（Felix Rachfahl，"Deutsche Geschichte vom wirtschaftlichen Standpunkt"，*Preußische Jahrbücher* 83 [1895]，pp.48—96；Georg von Below，"Die neue historische Methode"，

Historische Zeitschrift 81［1896］, p.265; ibid., pp.265—266.）

8.关于兰普雷希特争论的前夕对社会史的兴趣，见奥斯特莱希：《专题史与德国社会史研究的开端》，载《历史杂志》208（1969），第320—363页。（Gerhard Oestreich, "Die Fachhistorie und die Anfänge der sozialgeschichtlichen Forschung in Deutschland", *Historische Zeitschrift*, 208［1969］, pp.320—363.）

9.涂尔干：《社会科学教程·绪论》，载《国际教育评论》15（1888），第23—48页；又见他的《社会学方法的准则》（纽约，1938）。（Émile Durkheim, "Cours de science sociale, leçon d'ouverture", *Revue internationale de l'enseignement* 15［1888］, pp.23—48; Durkheim, *The Rules of Sociological Method*［New York, 1938］.）

10.西米昂：《历史方法与社会科学》，载《历史综合评论》6（1903），第1—22页。（François Simiand, "Méthode historique et sciences sociales", *Revue de Synthèse Historique* 6［1903］, pp.1—22.）

11.见霍夫施塔特《进步派史学家：特纳、比尔德、帕林顿》（纽约，1968）；以及布赖萨赫《美国进步派史学：现代化的一个实验》（芝加哥，1993）。（Richard Hofstadter, *The Progressive Historians: Turner, Beard, Parrington*［New York, 1968］; and Ernst Breisach, *American Progressive History: An Experiment in Modernization*［Chicago, 1993］.）

12.见"历史科学组"，"1904年圣路易斯世界博览会：艺术与科学大会"，会上威尔逊、特纳、斯洛安、罗宾逊、伯里和兰普雷希特都提交了论文，载大会文集第2卷（波士顿，1906）。韦伯、特罗尔什和哈尔那克都出席了圣路易斯的大会，并在其他分组提交了论文。（See the section "Historical Science", at which Woodrow Wilson, Frederick Jackson Turner, William Mulligan Sloane, James Harvey Robinson, J.B.Bury, and Karl Lamprecht presented papers, in *Congress of Arts and Sciences: Universal Exposition, St. Louis*, 1904, vol. 2［Boston, 1906］. Max

Weber, Ernst Troeltsch, and Adolf Harnack were present in St. Louis and presented papers at other sections.）

第三章　德国的经济社会史与历史社会学的滥觞

1. 兰普雷希特：《中世纪德国经济生活：根据摩泽尔区域最新史料对平
原区物质文化发展的研究》，三卷本（莱比锡，1885—1886）。（Karl 168
Lamprecht, *Deutsches Wirtschaftsleben im Mittelalter: Untersuchungen über die Entwicklung der materiellen Kultur des platten Landes auf Grund der Quellen Zunächst des Mosellandes*, 3 vols. [Leipzig, 1885—1886].）

2. 关于狄尔泰，见最近的一部著作，雅各布·欧文斯拜《狄尔泰与历史叙述》（绮色佳，1994）。（Jacob Owensby, *Dilthey and the Narrative of History* [Ithaca, 1994].）

3. 辛寀：《论个人主义的与集体主义的历史观》，载《历史杂志》78（1897），第60—67页。（Otto Hintze, "Über individualistische und kollektivistische Geschichtsauffassung", *Historische Zeitschrift* 78 [1897], pp.60—67.）

4. 韦伯：《罗雪尔与克尼斯与历史国民经济的逻辑问题》，载《学术论文全集》（杜宾根，1968），第1—145页。（Max Weber, "Roscher und Knies und die logischen Probleme der historischen Nationalökonomie", in *Gesammelte Aufsätze zur Wissenschaftslehre* [Tübingen, 1968], pp. 1—145.）

5. 辛寀：《封建主义的本质与传播》，载《国家与宪法》（哥廷根，1962），第84—119页；《作为历史个体的现代资本主义》，载《社会学与历史学》（哥廷根，1964），第374—426页。（Otto Hintze, "Wesen und Verbreitung des Feudalismus", in *Staat und Verfassung* (Göttingen, 1962), pp.84—119; "Der moderne Kapitalismus als historisches Individuum", in *Soziologie und Geschichte* [Göttingen, 1964], pp.374—426.）他对兰普雷希特争论所提出的一篇论资本主义的论文和一篇论历史研究中个人主义的与集体主义的路线的论文被收入他的英文本选集《辛寀历史论文集》（牛津，1975）。（*The Historical Essays of Otto Hintze* [Oxford, 1975].）

6.韦伯:《社会科学的与社会政治认识中的“客观性”》,载《科学论文全集》,第155页。英译文《社会科学与社会政策中的“客观性”》,载《马克斯·韦伯论社会科学方法论》,爱德华·希尔斯与亨利·A.芬治编译(伊州,格伦柯,1949),第58页。(Max Weber,“Die ‘Objektivität’ sozialwissenschaftlicher und sozialpolitischer Erkenntnis”, in *Gesammelte Aufsätze zur Wissenschaftslehre*, p.155. Translated as “‘Objectivity’ in Social Science and Social Policy”, in *Max Weber on the Methodology of the Social Sciences*, trans, and ed. Edward Shils and Henry A. Finch [Glencoe, Ill., 1949], p.58.)

第四章 社会史学的美国传统

1.见弗格森《公民社会史论》(爱丁堡,1767)。(Adam Ferguson, *Essay on the History of Civil Society* [Edinburgh, 1767].)

2.特纳:《边疆在美国历史上的意义》,见特纳《美国历史上的边疆》重印本(纽约,1920),第1—38页。(Frederick Jackson Turner,“The Significance of the Frontier in American History”, reprinted in Turner, *The Frontier in American History* [New York, 1920], pp.1—38.)

3.李昂:《亨利·皮雷纳的生平与思想研究》(根特,1974)。(Bryce Lyon, *Henri Pirenne. A Biographical and Intellectual Study* [Ghent, 1974].)

4.海厄姆:《一致同意之外:作为道德批判者的历史学家》,载《美国历史评论》67(1961—1962),第609—625页。(John Higham,“Beyond Consensus: The Historian as Moral Critic”, *American Historical Review* 67 [1961—1962], pp.609—625.)

5.贝尔:《意识形态的终结:论五十年代政治思想的枯竭》(纽约,1960)。(Daniel Bell, *The End of Ideology: On the Exhaustion of Political Ideas in the Fifties* [New York, 1960].)

6.勒华拉杜里:《历史学家的领域》(芝加哥,1979),第15页。(Emmanuel le Roy Ladurie, *The Territory of the Historian* [Chicago, 1979], p.15.)

7.巴拉克劳夫:《历史学的主潮》(纽约,1979),第89页。(Geoffrey

Barraclough，*Main Trends in History*［New York，1979］，p.89.）

8.福格尔与诺思：《铁路与美国经济的增长》（巴尔的摩，1964）。（Robert 169
Fogel and Douglass North，*Railroads and American Economic Growth*［Baltimore，1964］.）

9.罗斯托：《经济成长的阶段：非共产党宣言》（剑桥，1960）。（Walt Rostow，*Stages of Economic Growth: A Non-Communist Manifesto*［Cambridge，1960］.）

10.马克思：《资本论》，第一卷，“序言”（纽约，1977）。（Karl Marx，“Preface” to *Capital* vol.1［New York，1977］.）

11.格申克朗：《经济落后的历史透视》（麻省，剑桥，1962）。（Alexander Gerschenkron，*Economic Backwardness in Historical Perspective*［Cambridge，Mass.，1962］.）

12.福格尔与恩格曼：《时间在十字路口》，两卷本（纽约，1974）。（Robert Fogel and Stanley Engerman，*Time on the Cross*，2 vols.［New York，1974］.）

13.见古特曼《奴隶制与数字游戏：〈时间在十字路口〉批判》（厄尔巴那，1975）。（Herbert Gutman，*Slavery and the Numbers Game: A Critique of Time on the Cross*［Urbana，1975］.）

14.见福格尔与艾尔顿《哪条道路通向过去？两种历史观》（纽约，1983）。（Robert Fogel and Geoffrey Elton，*Which Road to the Past? Two Views of History*［New York，1983］.）

第五章　法国：年鉴派

1.关于年鉴派的历史，见伯克《法国史学革命：年鉴学派（1920—1989）》（斯坦福，1990）；又见斯多扬诺维奇《法国史学方法：年鉴派范型》（绮色佳，1976）。（Peter Burke，*The French Historical Revolution: The Annales School*，*1929—1989*［Stanford，1990］；Troian Stoianovich，*French Historical Method: The Annales Paradigm*［Ithaca，1976］.）

2.关于布洛赫，见芬克的传记《马克·布洛赫》(剑桥，1989)；最近的有劳尔夫《一位20世纪的历史学家马克·布洛赫》(美茵河上法兰克福，1995)。(Carol Fink，*Marc Bloch* [Cambridge，1989]；Ulrich Raulff，*Ein Historiker im 20 Jahrhundert: Marc Bloch* [Frankfurt am Main，1995].)

3.见拉斐尔《历史学家在职业习惯、事件发生与社会意义类型之间的紧张场合上的争论：世纪之交兰普雷希特论战与法国方法论论战的比较透视》，载《历史杂志》251(1990)，第352页。(Lutz Raphael，"Historikerkontroversen im Spannungsfeld Zwischen Berufshabitus，Fächerkonkurrenz und sozialen Deutungsmustern，Lamprecht-Streit und französischer Methodenstreit der Jahrhundertwende in vergleichender Perspektive"，*Historische Zeitschrift* 251 [1990]，p. 352.)

4.西米昂：《历史学方法与社会科学》，载《历史综合评论》6(1903)，第1—22页。(François Simiand，"Méthode historique et sciences sociales"，*Revue de Synthèse Historique* 6 [1903]，pp.1—22.)

5.布洛赫：《国王神迹》(巴黎，1924)，英文本《皇家的点触》(伦敦，1973)。(Marc Bloch，*Les Rois thaumaturges* [Paris，1924]，English：*The Royal Touch* [London，1973].)

6.费弗尔：《马丁·路德的命运》(伦敦，1930)。(Lucien Febvre，*Martin Luther: A Destiny* [London，1930].)

7.费弗尔在1933年10月2日致荷兰历史学家约翰·赫伊津哈的信中解释道，《年鉴》取代了《季刊》，因为《季刊》变成了几乎是清一色的德国刊物，对社会史与《年鉴》有着非常不同的理解。见赫伊津哈《书信集》，第2卷(乌得勒支，1990)，第484页。(Jan Huizinga，*Briefwisseling*，vol.2 [Utrecht，1990]，p.484.)

8.最近英文中论德罗伊森的书是绍司阿德的《德罗伊森与普鲁士历史学派》(肯州，列克星顿，1995)。(Robert Southard，*Droysen and the Prussian*
170 *School of History* [Lexington，Kentucky，1995].)然而此书主要是关

注德罗伊森思想的政治方面。讨论他的历史理论的，最好的是约恩·吕森的《观念史：J. G.德罗伊森史学理论的诞生与基础》（巴德波恩，1969）。（Jörn Rüsen，*Begriffene Geschichte*：*Genesis und Begründung der Geschichtsstheorie J. G. Droysens*［Paderborn，1969］.）

9. 布洛赫：《历史学家的技艺》（纽约，1953）；法文书名为《为历史学辩护：历史学家的行业》（巴黎，1949），死后出版。（Marc Bloch，*The Historian's Craft*［New York，1953］；The French title is *Apologie pour l'histoire*：*Le métier de l'historien*［Paris，1949］.）

10.《致我们的读者》，载《经济与社会史年鉴》Ⅰ（1929），第1—2页。（"A nos lecteurs," *Annales d'histoire économique et sociale* I［1929］，pp. 1—2.）

11. 费弗尔在法兰西学院和布洛赫在索邦继亨利·奥塞尔（Henri Hauser）任社会经济史教授。

12. 死后出版，题为《封建社会》，两卷本（巴黎，1939—1940），1946；英译本1949年出版于伦敦。（*La Société Féodale*，2 vols.［Paris，1939—1940.］）

13. 布洛赫：《封建社会》（伦敦，1961）。（Marc Bloch，*Feudal Society*［London，1961］.）

14. 费弗尔：《16世纪不信仰宗教的问题：拉伯雷的宗教》（麻省，剑桥，1983）。（Lucien Febvre，*The Problem of Unbelief in the Sixteenth Century*：*The Religion of Rabelais*［Cambridge，Mass.，1983］.）

15. 布罗代尔：《地中海与菲利普二世时代的地中海世界》，两卷本（纽约，1972—1974）。（Fernand Braudel，*The Mediterranean and The Mediterranean World in the Age of Philip II*，2 vols.［New York，1972—1974］.）

16. 勒华拉杜里：《朗格多克的农民》（厄尔巴那，1974）。（Emmanuel Le Roy Ladurie，*Peasants of Languedoc*［Urbana，1974］.）

17. 勒华拉杜里：《蒙塔尤》（纽约，1978）。（Emmanuel Le Roy Ladurie，*Montaillou*［New York，1978］.）

18. 布罗代尔：《物质文明、经济、资本主义》，三卷本（巴黎，1979—

1987)；英文本：《文明与资本主义》，三卷本（纽约，1992）。(Fernand Braudel, *Civilisation matérielle*, *économie*, *capitalisme*, 3 vols. [Paris, 1979—1987]; English: *Civilization and Capitalism*, 3 vols. [New York, 1992].)

19. 布罗代尔：《法兰西的特性》，两卷本（纽约，1988—1990）。(Fernand Braudel, *The Identity of France*, 2 vols. [New York, 1988—1990].)

20. 见科塞勒克《过去的未来：关于历史时间的语义学》(麻州，剑桥，1985)。(Reinhard Koselleck, *Futures Past: On the Semantics of Historical Time* [Cambridge, Mass., 1985].)

21. 重印于勒高夫《中世纪的时间、工作与文化》(芝加哥，1980)。(Jacques Le Goff, *Time*, *Work*, *and Culture in the Middle Ages* [Chicago, 1980].)

22. 例如古贝尔《1660年至1730年的布维及布维人》(巴黎，1960)；巴雷尔：《一种信仰：16世纪末至1789年下普罗旺斯的农村》(巴黎，1961)；勒华拉杜里《朗格多克的农民》。(Pierre Goubert, *Beauvaiset le Beauvaisis de 1660 a 1730* [Paris 1960]; René Baehrel, *Une Croissance: La Basse-Provence rurale fin XVIe siécle–1789* [Paris, 1961]; Emmanuel Le Roy Ladurie, *Peasants of Languedoc.*)

23. 布罗代尔：《日常生活的结构》(伦敦，1981)；《文明与资本主义》第1卷原文。(Fernand Braudel, *Structures of Everyday Life* [London, 1981]; a version of the first volume of *Civilization and Capitalism.*)

24. 布洛赫：《法国农村史》(伯克利，1966)。(Marc Bloch, *French Rural History* [Berkeley, 1966].)

25. 《水磨的出现与胜利》，载布洛赫《中世纪欧洲的土地与劳作论文选》(伯克利，1967)，第136—168页。("The Advent and the Triumph of the Watermill," in Marc Bloch, *Land and Work in Medieval Europe: Selected Papers* [Berkeley, 1967], pp.136—168.)

171 26. 拉布鲁斯：《法国经济社会史》，四卷本（巴黎，1970—1980）。(Ernest

Labrousse, *Histoire économique et sociale de la France*, 4 vols. [Paris, 1970—1980] .)

27. 见勒华拉杜里《历史学家的领域》(芝加哥, 1979); 又见孚雷《计量史学》, 载吉尔伯特《今日的历史研究》(纽约, 1972); 肖努《计量史学: 系列史》(巴黎, 1978)。(Emmanuel Le Roy Ladurie, *The Territory of the Historian* [Chicago, 1979]; François Furet, "Quantitative History", in Felix Gilbert, *Historical Studies Today* [New York, 1972]; Pierre Chaunu, *Histoire quantitive*, *histoire serielle* [Paris, 1978] .)

28. 勒华拉杜里:《历史学家的领域》, 第285页。(Ladurie, *The Territory of the Historian*, p.285.)

29. 勒华拉杜里:《气候史》(巴黎, 1967), 英文版:《欢庆的时期, 饥馑的时期》(纽约, 1971)。(Emmanuel Le Roy Ladurie, *Histoire du climat*[Paris, 1967], English: *Times of Feast*, *Times of Famine* [New York, 1971] .)

30. 阿利埃斯:《儿童的世纪》(纽约, 1965)。(Philippe Ariès, *Centuries of Childhood* [New York, 1965] .)

31. 阿利埃斯:《我们死亡的时辰》(伦敦, 1981)。(Philippe Ariès, *The Hour of Our Death* [London, 1981] .)

32. 芒德鲁:《17世纪法国的司法官和魔法师》(巴黎, 1968);《富格尔家族, 1500—1618年士瓦本的金融业主: 16世纪末叶以前社会—经济活动研究》(巴黎, 1968)。(Robert Mandrou, *Magistrats et sorciers en France du XVIIe siècle* [Paris, 1968]; *Les Fuggers*, *Propriétaire fonciers en Souabes 1500—1618*: *Etude de comportements socio-économique a la fin du XVI siècle* [Paris, 1968] .)

33. 勒高夫:《中世纪的时间、劳作与文化》(芝加哥, 1980);《炼狱的诞生》(伦敦, 1984)。(Jacques Le Goff, *Time*, *Work*, *and Culture in the Middle Ages* [Chicago, 1980]; *The Birth of Purgatory* [London, 1984] .)

34. 例如, 杜比《骑士、贵妇和教士: 近代婚姻在中世纪法国的形成》(芝加哥, 1993);《三个等级: 想象的封建社会》(芝加哥, 1982); 关于布汶之战及其在法国历史记忆中的地位，见《布汶的传说》（剑桥，1990）。（Georges Duby，*The Knight*，*the Lady*，*and the Priest: The Making of Modern Marriage in Medieval France* [Chicago，1993]；*The Three Orders: Feudal Society Imagined* [Chicago，1982]；*The Legend of Bouvines* [Cambridge，1990].）

35. 见肖努等人《死于巴黎》（巴黎，1978）；又见他的《计量史学：系列史》。（Pierre Chaunu et al.，*La Mort à Paris* [Paris，1978]；*Histoire quantitative*，*histoire sérielle.*）

36. 伏维尔：《巴罗克的虔诚与非基督教化》（巴黎，1973）；又见《意识形态与心态》（剑桥，1990）。（Michel Vovelle，*Piété baroque et déchristianisation* [Paris，1973]；*Ideologies and Mentalities* [Cambridge，1990].）

37. 见拉斐尔《作为对历史学家一项挑战的现在：〈经济社会史年鉴〉中的当代世界》，载《史学史杂志》21卷（1992），第25—44页。（Lutz Raphael，"The Present as a Challenge to the Historian：The Contemporary World in the *Annales d'histoire economique et sociale*"，*Storia della Storiografia* 21 [1992]，pp.25—44.）

38. 道玛德：《巴黎的资产阶级（1815—1848）》（巴黎，1963）。（Adeline Daumard，*La Bourgeoisie parisienne de 1815—1848* [Paris，1963].）

39. 布维埃：《里昂的信贷（1863—1882）》（巴黎，1963）。（Jean Bouvier，*Crédit Lyonnsais de 1863 à 1882* [Paris，1963].）

40. 穆拉齐：《征服者的资产阶级》（巴黎，1957），英文本：《中产阶级的胜利》（花园城，1968）。（Charles Morazé，*Les Bourgeois conquérants* [Paris，1957]，English：*The Triumph of the Middle Classes* [Garden City，1968].）

41. 谢瓦利埃：《19世纪上半叶巴黎的劳工阶级与危险的阶级》（巴黎，1958）。（Louis Chevalier，*Classes labourieuses et classes dangereuse à Paris pendant la première moitié du XIXe siècle* [Paris，1958].）

42. 阿居隆：《乡村中的共和国》（巴黎，1970）。关于政治的象征主义，又见他的《玛丽安娜在战斗》(巴黎，1979)；英文本：《玛丽安娜投身战斗：法国的共和形象与象征主义(1789—1880)》(剑桥，1981)。(Maurice Agulhon，*La Répubilque au village* [Paris，1970]；*Marianne au Combat* [Paris，1979]，English：*Marianne into Battle: Republican Imagery and Symbolism in France*，*1789—1880* [Cambridge，1981].)

43. 奥祖夫：《革命节日(1789—1799)》(巴黎，1976)，英文本：《节日与法国大革命》(麻省，剑桥，1988)。(Mona Ozouf，*La Fête révolutionnaire*，*1789—1799* [Paris，1976]，English：*Festivals and the French Revolution* [Cambridge，Mass.，1988].)

44. 费罗：《大战》(巴黎，1969)。(Marc Ferro，*La Grande guerre* [Paris， 172
1969].)

45. 费罗：《俄国革命》(巴黎，1967)。(Marc Ferro，*La Révolution russe* [Paris，1967].)

46. 例如，孚雷《解说法国大革命》(剑桥，1981)。(François Furet，*Interpreting the French Revolution* [Cambridge，1981].)

47. 诺拉编：《记忆之场》，三卷本(巴黎)。(Pierre Nora，ed.，*Les Lieux des mémoires*，3 vols. [Paris].)

48. 古列维奇：《中世纪文化范畴》(伦敦，1985)。(Aaron Gurevich，*Categories of Medieval Culture* [London，1985].)

49. 见伊格尔斯：《欧洲史学新方向》，第2版(康州，米德尔顿，1984)，第138—142页。(Georg G. Iggers，*New Directions in European Historiography*，2d ed. [Middletown，Conn.，1984]，pp.138—142.)

第六章　批判理论与社会史：联邦德国的“历史社会科学”

1. 见下文，第97页*。

---

* 指原书页码，见本书边码。

2. 见福伦巴赫《德国两条道路的意识形态：帝国与纳粹主义之间的历史编纂学中的德国史》（慕尼黑，1980）。（Berndt Faulenbach，*Ideologie des deutschen Weges: Die deutsche Geschichte in der Historiographie zwischen Kaiserreich und Nationalsozialismus*［München，1980］.）

3. 费舍尔：《第一次大战中德国的战争目的》（纽约，1967）。（Fritz Fischer，*Germany's War Aims in the First War*［New York，1967］.）

4. 有关研究所的历史，见海贝尔《法兰克和他的国立新德国史研究所》（斯图加特，1966）。（Helmut Heiber，*Walter Frank und sein Reichsinstitut Für Geschichte des Neuen Deutschlands*［Stuttgart，1966］.）

5. 克尔：《国内政治的首要地位》，韦勒编（柏林，1965）。（Eckart Kehr，*Der Primat der Innenpolitik*，ed. Hans-Ulrich Wehler［Berlin，1965］.）

6. 克尔：《军舰建造与党派政治（1894—1901）》（柏林，1930，1966）。（Eckart Kehr，*Schlachtflottenbau und Parteipolitik*，*1894—1901*［Berlin，1930，1966］.）

7. 见韦勒《德国社会史》，卷1，“序言”（慕尼黑，1987— ），第6—31页。预计4卷，现已出3卷。（Wehler's “Einleitung” to vol. Ⅰ，*Deutsche Gesellschaftsgeschichte*［München，1987— ］，pp.6—31.）

8. 韦勒：《德意志帝国》（哥廷根，1973），第17页；英文本《德意志帝国（1871—1918）》（列明顿Spa，1985）。（Hans-Ulrich Wehler，*Das Deuische Kaiserreich*［Göttingen，1973］，p.17；English：*The German Empire*，*1871—1918*［Leamington Spa，1985］.）

9. 见艾利与布莱克波恩《德国历史的特点：19世纪德国资产阶级文化》（牛津，1984）；另见尼培代《德国史（1800—1866）》（慕尼黑，1983）与《德国史（1866—1918）》，两卷本（慕尼黑，1993）。（Geoff Eley and David Blackbourn，*The Peculiarities of German History: Bourgeois Culture in 19th-Century Germany*［Oxford，1984］；Thomas Nipperdey，*Deutsche Geschichte*，*1800—1866*［München，1983］and *Deutsche Geschichte*，*1866—1918*，2 vols.［München，1993］.）

10. 见韦勒《历史社会学与历史著作》(哥廷根，1980)。(Hans-Ulrich Wehler, *Historische Sozialwissenschaft und Geschichtsschreibung* [Göttingen, 1980].)

11. 见伊格尔斯《德国的历史观：从赫尔德至今的历史思想的民族传统》，第2版(康州，米德尔顿，1983)。(Georg G. Iggers, *The German Conception of History: The National Tradition of Historical Thought from Herder to the Present*, 2nd ed. [Middletown, Conn., 1983].)

12. 见伊格尔斯《政治的社会史：1945年以来西德历史著作的批判透视》 173
(列明顿Spa，1985)，特别是《绪论》，第1—48页。(Georg G. Iggers, *The Social History of Politics: Critical Perspectives in West German Historical Writing Since 1945* [Leamington Spa, 1985], particularly Introduction, pp.1—48.)

13. 该杂志的副标题《历史社会学杂志》(《历史社会科学杂志》)。(*Zeitschrift für Historische Sozialwissenschaft* [*Journal for Historical Social Science*].)

14. 尼培代：《德国史(1800—1866)》(慕尼黑，1983)和《德国史(1866—1918)》，两卷本(慕尼黑，1990—1992)。(Thomas Nipperdey, *Deutsche Geschichte, 1800—1866* [München, 1983] and *Deutsche Geschichte, 1866—1918*, 2 vols. [München, 1990—1992].)

15. 《以西门子为例的企业管理与雇员制度(1847—1914)：德国工业化中资本主义与官僚体制的关系》(斯图加特，1969)。(*Unternehmensverwaltung und Angestelltenschaft am Beispiel Siemens, 1847—1914: Zum Verhältnis von Kapitalismus and Bürokratie in der deutschen Industrialisierung* [Stuttgart, 1969].)

16. 科卡：《美国的白领工人：国际观点下的社会政治史》(伦敦，1980)。(Jürgen Kocka, *White Collar Workers in America: A Social-Political History in International Perspective* [London, 1980].)

17. 最近有《既非立场也非阶级：1800年的下层》(波恩，1900)，多卷本《18世纪末以来工人与工人运动史》第1卷。(*Weder Stand noch Klasse: Unterschichten um 1800* [Bonn, 1990], first of a multivolume *Geschichte der Arbeiter und der Arbeiterbewegung seit dem Ende des 18. Jahrhunderts.*)

18. 朗格维舍、邵恩荷恩编:《德国的工人:工业化时期工人生活方式研究》(巴德波恩, 1981)。(Dieter Langewiesche and Klaus Schoenhorn, eds., *Arbeiter in Deutschland: Studien zur Lebensweise der Arbeiterschaft im Zeitalter der Industrialisierung* [Paderborn, 1981].)

19. 布吕格梅耶:《鲁尔矿区居民与鲁尔矿区建设之前的生活(1889—1919)》(慕尼黑, 1983)。关于环境方面,见他的《鲁尔上空的蓝天:鲁尔区环境史(1840—1990)》(埃森, 1992)。(Franz-Josef Brüggemeier, *Leben vor Ort. Ruhrbergleute und Ruhrbergbau, 1889—1919* [München, 1983]; *Blauer Himmel über der Ruhr: Geschichte der Umwelt im Ruhrgebier, 1840—1990* [Essen, 1992].)

20. 见例如滕费尔德与费尔德曼编《采煤业的工人、矿主与政治:工业关系的国际比较》(纽约, 1990)。(Klaus Tenfelde and Gerald D. Feldmann eds., *Workers, Owners, and Politics in Coal Mining: An International Comparison of Industrial Relations* [New York, 1990].)

21. 裴罗特:《工人罢工:法国(1871—1890)》(纽约, 1987)。(Michelle Perrot, *Workers on Strike: France, 1871—1890* [New York, 1987].)

22. 见下文,第129页*。

23. 尼塔梅尔:《鲁尔区的生活史与社会文化(1930—1960)》,两卷本(柏林, 1983);尼塔梅尔、冯·柏拉图和魏尔灵《人民自身的经验:德意志民主共和国工业区生活的考古学,30份传记报告》(柏林, 1990)进行了平行的调查。(Lutz Niethammer, *Lebensgeschichte und Sozialkultur im Ruhrgebiet 1930 bis 1960*, 2 vols. [Berlin, 1983]; Niethammer,

---

* 指原书页码,见本书边码。

Alexander von Plato, and Dorothee Wierling, *Die volkseigene Erfahrung: Eine Archäologie des Lebens in der Industrieprovinz DDR. 30 biographische Eröffnungen* [Berlin, 1990].)

24.《德国工人运动史》，社会主义统一党中央委员会马克思列宁主义研究所出版，八卷本（柏林，1966）。(*Geschichte der deutschen Arbeiterbewegung in acht Bänden*, published by the Institute for Marxism-Leninism at Central Committee of the Socialist Unity Party, 8 vols. [Berlin, 1966].)

25.库津斯基:《德国人民日常生活史（1600—1945）》（柏林，1981—1982）。关于20世纪80年代德意志民主共和国社会史的讨论，见伊格尔斯编:《转型中的马克思主义历史编纂学：20世纪80年代东德社会史》（纽约，1991），特别是《绪论》。本书包括有选自20世纪80年代 174
东德著作的文字，包括库津斯基《日常生活史》绪论的节录。(Jürgen Kuczynski, *Geschichte des Alltags des Deutschen Volkes, 1600—1945* [Berlin, 1981—1982]. Georg G. Iggers, ed., *Marxist Historiography in Transformation: East German Social History in the 1980s* [New York, 1991], particularly the introduction.)

26.兹瓦尔:《无产者作为阶级的形成：工业革命时期莱比锡无产者的结构研究》（柏林，1978）。(Hartmut Zwahr, *Zur Konstituierung des Proletariats als Klasse: Strukturuntersuchungen über das Leipziger Proletariat während der industriellen Revolution* [Berlin, 1978].)

27.见伊格尔斯《转型中的马克思主义历史编纂学》。(Georg G. Iggers, *Marxist Historiography in Transformation.*)

28.见司考特《妇女史》，载彼得·伯克《历史著作的新视角》（宾州，州立学院，1991），第42—66页。(Joan W. Scott, "Women's History", in Peter Burke, *New Perspectives on Historical Writing* [State College, Penna., 1991], pp.42—66.)

29.魏尔灵:《大家的女佣：世纪之交城市女佣的工作日和生活史》（柏林，1987）。(Dorothee Wierling, *Mädchen für alles: Arbeitstag und*

Lebensgeschichte städtischer Dienstmädchern um die Jahrhundertwende [Berlin，1987] .）

第七章 马克思主义的历史科学：从历史唯物主义到批判的人类学

1. 塔克尔编：《马克思恩格斯读本》，第2版（纽约，1978），第3—6页。（Robert C. Tucker，ed.，*The Marx-Engels Reader*，2d ed. [New York，1978]，pp.3—6.）
2. 同上书，第66—125页。
3. 马克思：《资本论：政治经济学批判》（纽约，1967），第1卷，第81页。（Karl Marx，*Capital*，*A Critique of Political Economy* [New York，1967]，vol.1，p.81.）
4. 引自《政治经济学批判·序言》，载塔克尔书，第5页。
5. 见伊格尔斯《转型中的马克思主义历史编纂学：20世纪80年代东德社会史》（纽约，1991），尤其是《绪论》，第1—37页；又见多尔帕仑对德意志民主共和国历史研究之非常允当而综合的审视《马克思主义视角中的德国史：东德的研究途径》（底特律，1985）。（Georg G. Iggers，*Marxist Historiography in Transformation*：*East German Social History in the 1980s* [New York，1991]，especially "Introduction", pp.1—37; Andreas Dorpalen，*German History in Marxist Perspective: The East German Approach* [Detroit，1985] .）
6. 见伊格尔斯：《欧洲史学新方向》，第2版（米德尔顿，1984），第138—142页。（Georg G. Iggers，*New Directions in European Historiography*，2d ed. [Middletown，1984]，pp.138—142.）
7. 库拉：《封建制度的经济理论》（伦敦，1976）。（Witold Kula，*Economic Theory of the Feudal System* [London，1976] .）
8. 库拉：《Miary和Ludzie》（华沙，1970）。（Witold Kula，*Miary i Ludzie* [Warsaw，1970] .）

9.见巴赫金《拉伯雷和他的世界》(麻省，剑桥，1968)。(Mikhail M. Bakhtin，*Rabelais and His World* [Cambridge，Mass，1968].)

10.古列维奇:《中世纪文化范畴》(波士顿，1985)。(Aaron Gurevich，*The Categories of Medieval Culture* [Boston，1985].)

11.见伊格尔斯《转型中的马克思主义历史编纂学》。(Iggers，*Marxist Historiography in Transformation.*)

12.德意志社会主义统一工人党中央委员会马克思列宁主义研究所:《德国工人运动史》(柏林，1966)，第1卷，第7页。(Institut für Marxismus-Leninismus beim Zentralkomitee der SED，*Geschichte der deutschen Arbeiterbewegung* [Berlin，1966]，vol. 1，p.7.)

13.库津斯基:《德国人民日常生活史(1600—1945)》，五卷本(柏林， 175
1981—1982)，见库津斯基《序言》摘译，载伊格尔斯《转型中的马克思主义历史编纂学》，第38—42页。(Jürgen Kuczynski，*Geschichte des Alltags des deutschen Volkes*，*1600—1945*，5 vols. [Berlin，1981—1982]. Kuczynski's "Preface"，in Iggers，*Marxist Historiography in Transformation*，pp. 38—42.)

14.见凯伊《英国马克思主义历史学家》(剑桥，1984)。另见霍布斯鲍姆《共产党历史学家小组》，载康福斯编《造反者和他们的事业》(伦敦,1978)，第21—48页。(Harvey J. Kaye, *The British Marxist Historians* [Cambridge，1984]. Eric Hobsbawm，"The Historians' Group of the Communist Party"，in M. Cornforth，ed.，*Rebels and their Causes* [London，1978]，pp.21—48.)

15.见凯伊《英国马克思主义历史学家》，第42—50页。这场辩论的一个重要部分是在美国的马克思主义杂志《科学与社会》上进行的。(Kaye，*The British Marxist Historians*，pp.42—50.)

16.见凯伊《英国马克思主义历史学家》，第16页。(Kaye，*The British Marxist Historians*，p.16.)

17.《路易·波拿巴的雾月十八日》，载塔克尔编:《马克思恩格斯读本》，第1版（纽约，1972），第515页。（“The Eighteenth Brumaire of Louis Bonaparte”, in Robert C. Tucker, ed. *The Marx-Engels Reader*, 1st ed.［New York, 1972］, p.515.）

18. 见塔克尔编《马克思恩格斯读本》，第479页。

19. 勒费弗尔：《1789年的大恐怖：革命时期法国农村的惊惶》（纽约，1972）。（Georges Lefebvre, *The Great Fear of 1789: Rural Panic in Revolutionary France*［New York, 1972］.）

20. 关于希尔顿，见凯伊《英国马克思主义历史学家》。另见希尔顿《由封建主义向资本主义的过渡》（伦敦，1976）。（Kaye, *The British Marxist Historians*. Also Hilton, *The Transition from Feudalism to Capitalism*［London, 1976］.）

21. 例如希尔《世界被颠倒过来了：英国革命时期的激进思想》（哈蒙德沃思，1975）。（Christopher Hill, *The World Turned Upside Down: Radical Ideas During the English Revolution*［Harmondsworth, 1975］.）

22. 杜波依斯：《黑人对美国的重建：论黑人在1860—1920年美国企图重建民主制中所起的作用》（纽约，1935）。（W. E. B. Du Bois, *Black Reconstruction in America: An Essay on the Role which Black Folks Played in the Attempt to Reconstruct Democracy in America 1860—1920*［New York, 1935］.）

23. 鲁德：《法国大革命中的群众》（纽约，1959）。（George Rudé, *The Crowd in the French Revolution*［New York, 1959］.）

24. 在柯布著作的大量目录中，见《警察与人民：法国民众的抗议（1789—1820）》（纽约，1975），《死在巴黎：塞纳河贝斯奇奥尔区的记录，1795.10—1801.9》（牛津，1978）。（Richard Cobb, *The Police and the People: French Popular Protest, 1789—1820*［New York, 1975］; *Death in Paris: The Records of the Baisse-Geole de la Seine, October 1795 to September 1801*［Oxford, 1978］.）

25. 鲁德：《18世纪英国群众的道德经济》，载《过去与现在》第50卷（1971），第76—136页。（George Rudé, “The Moral Economy of the English

Crowd in the Eighteenth-Century", *Past and Present*, 50 [1971], pp.76—136.)

26. 霍布斯鲍姆:《原始的反叛者: 19—20世纪社会运动的远古形态研究》(纽约, 1963)。(Eric Hobsbawm, *Primitive Rebels: Studies in Archaic Forms of Social Movement in the Nineteenth and Twentieth Centuries* [New York, 1963] .)

27. 鲁德:《斯温船长》(纽约, 1968)。(George Rudé, *Captain Swing* [New York, 1968] .)

28. 霍布斯鲍姆:《革命的年代(1789—1848)》(克里夫兰, 1962),《资本的年代(1848—1875)》(伦敦, 1975),《帝国的年代(1875—1914)》(纽约, 1987),《极端的年代(1914—1991)》(纽约, 1994)。(Eric Hobsbawm. *The Age of Revolution*, *1789—1848* [Cleveland, 1962]; *The Age of Capital*, *1848—1875* [London, 1975]; *The Age of Empire*, *1875—1914* [New York, 1987]; *The Age of Extremes: A History of the World*, *1914—1991* [New York, 1994] .)

29. 汤普森:《英国工人阶级的形成》(纽约, 1966),"序言"第9页。(E.P. Thompson, *The Making of the English Working Class* [New York, 1966] , Preface, p.9.)

30. 见汤普森《理论的贫困及其他论文》(伦敦, 1978)。(Thompson, *The* 176
Poverty of Theory and Other Essays [London, 1978] .)

31. 汤普森:《理论的贫困及其他论文》, 第380、383页。

32.《英国工人阶级的形成》,"序言", 第9页。(*Making of the English Working Class*, Preface, p.9.)

33. 同上。

34. 同上书, 第10页。

35. 同上书, 第12—13页。

36. 又见汤普森收入《共有的习惯》(伦敦, 1991)一书中有关平民文化的重建的论文。(Thompson, *Customs in Common* [London, 1991] .)

37. 司考特:《〈英国工人阶级的形成〉中的妇女》，载司考特:《性别与历史上的政治》(纽约，1988)，第68—90页。(Joan Wallach Scott，"Women in *The Making of the English Working Class*"，in Scott，*Gender and the Politics of History* [New York，1988]，pp.68—90.)

38. 阿尔都塞:《保卫马克思》(纽约，1969)，第97页。(Louis Althusser，*For Marx* [New York，1969]，p.97.)

39. 琼斯:《阶级的语言》(剑桥，1983)，第101—102页。(Gareth Stedman Jones，*Language of Class* [Cambridge，1983]，pp.101—102.)

40. 《攻击》，载《历史工作坊》，第4期(1977年秋季)，第1—4页。("The Attack"，*History Workshop* 4 [Autumn 1977]，pp.1—4.)

41. 《攻击》，载《历史工作坊》，第4期，第4页。

42. 《历史工作坊杂志》，载《历史工作坊》，第1期(1976春季)，第1页。("History Workshop Journal"，*History Workshop* 1 [Spring 1976]，p.1.)

43. 《历史工作坊杂志》，载《历史工作坊》，第1期，第4—6页。

44. 《历史工作坊杂志》，载《历史工作坊》，第1期，第9—25页。

45. 《世界工厂：维多利亚中期英国的蒸汽动力与手工技术》，载《历史工作坊》(1977春季)，第6—72页。("Workshop of the World：Steam Power and Hand Technology in Mid-Victorian Britain"，*History Workshop* [Spring 1977]，pp.6—72.)

46. 《历史工作坊》20(1985秋季)，第1—4页。(*History Workshop* 20[Autumn 1985]，pp.1—4.)

47. 《语言与历史》，载《历史工作坊》10(1980秋季)，第1—5页。("Language and History"，*History Workshop* 10[Autumn 1980]，pp.1—5.)

48. 《语言与历史》，载《历史工作坊》10，第175—183页。

49. 《工作及其表现：研究计划》，同上书，第164—174页。("Work and Its Representations：A Research Proposal"，ibid，pp.164—174.)

50. 《十年之后》，载《历史工作坊》20(1985秋季)，第1—4页。("Ten Years After"，*History Workshop* 20 [Autumn 1985]，pp.1—4.)

51.《变化与连续性》，载《历史工作坊》（1995春季），第iii—iv页。（“Change and Continuity”，*History Workshop* [Spring 1995]，pp. iii—iv.）

第八章　劳伦斯·斯通与“叙述史学的复兴”

1.斯通：《叙述史学的复兴：对一种新的旧史学的反思》，载《过去与现在》第85卷（1979年11月），第3—24页。（Lawrence Stone，“The Revival of Narrative：Reflections on a New Old History”，*Past and Present* 85 [November 1979]，pp.3—24.）

2.同上书，第19页。

3.同上书，第9页。

4.加尔布雷思：《富裕社会》（波士顿，1960）。（John Kenneth Galbraith，*The Affluent Society* [Boston，1960].）

5.贝尔：《意识形态的终结：论50年代政治思想的枯竭》（伊州，格仑柯，1960）。（Daniel Bell，*The End of Ideology: On the Exhaustion of Political Ideas in the Fifties* [Glencoe，Ill.，1960].）

6.哈林顿：《另一个美国：美国的贫困》（纽约，1962）。（Michael Harrington， 177
The Other America: Poverty in the United States [New York，1962].）

7.法文题名《布汶的星期天，1214年7月27日》（*Le dimanche de Bouvines*：*27 juillet 1214*）既强调了1214年7月27日那一天的事件，又强调了它们对历史意识的投影。

8.勒高夫：《圣路易》（巴黎，1996）。（Jacques Le Goff，*St. Louis* [Paris，1996].）

9.见贝尔曼《从新批评到解构》（厄尔巴那，1988）。（Art Berman，*From the New Criticism to Deconstruction* [Urbana，1988].）

第九章　从宏观史学到微观史学：日常生活史

1.福山：《历史的终结?》，载《国家利益》第9卷（1989夏季），第3—18页。（Francis Fukuyama，“The End of History?”，*The National Interest*， vol. 9 [Summer 1989], pp.3—18.)

2. 科卡:《统一的危机:论当前的历史》(哥廷根,1995)。(Jürgen Kocka, *Vereinigungskrise: Zur Geschichte der Gegenwart* [Göttingen, 1995] .)

3. 见缪尔与鲁杰罗编《微观史与遗失了的欧洲民族》(巴尔的摩,1991)。(Edward Muir and Guido Ruggiero, eds., *Microhistory and the Lost Peoples of Europe* [Baltimore, 1991] .)

4. 布罗代尔:《日常生活的结构》(伦敦,1981),他的三卷本《物质文明与资本主义》的第1卷。(Fernand Braudel, *The Structures of Everyday Life* [London, 1981] .)

5. 瑞尔:《作为德国社会政治基础的人民的自然史》(斯图加特,1856)。(Wilhelm Riehl, *Die Naturgeschichte des Volkes als Grundlage einer deutschen Social-Politik* [Stuttgart, 1856] .)

6. 汤普森:《英国工人阶级的形成》(纽约,1966),第12页。(E. P. Thompson, *The Making of the English Working Class* [New York, 1966], p.12.)

7. 例如,杜比:《骑士、贵妇和教士:近代婚姻在中世纪法国的形成》(芝加哥,1993),《三个等级:想象的封建社会》(芝加哥,1980)。(George Duby, *The Knight, the Lady, and the Priest: The Making of Modern Marriage in Medieval France* [Chicago, 1993]; *The Three Orders: Feudal Society Imagined* [Chicago, 1980] .)

8. 例如,勒高夫《中世纪的知识分子》(麻省,剑桥,1993)。(Jacques Le Goff, *Intellectuals in the Middle Ages* [Cambridge, Mass., 1993] .)

9. 杜比:《布汶的传说》(麻省,剑桥,1990)。(George Duby, *The Legend of Bouvines* [Cambridge, Mass., 1990] .)

10. 勒高夫:《圣路易》(巴黎,1996)。(Jacques Le Goff, *St. Louis* [Paris, 1996] .)

11. 托马斯:《宗教与巫术的衰落:16、17世纪欧洲民间信仰研究》(伦敦,1971)。(Keith Thomas, *Religion and the Decline of Magic: Studies in*

Popular Beliefs in 16th and 17th Century Europe [London，1971].)

12. 伯克：《近代早期欧洲民间文化》（伦敦，1978）。(Peter Burke，*Popular Culture in Early Modern Europe* [London，1978].)

13. 戴维斯：《法国近代早期的社会与文化》（纽约，1975）。(Natalie Z. Davis，*Society and Culture in Early Modern France* [New York，1975].)

14. 金兹伯格：《奶酪与蛆虫：一个16世纪磨坊主的宇宙》（纽约，1978）。(Carlo Ginzburg，*The Cheese and the Worms*：*The Cosmos of a Sixteenth-Century Miller* [New York，1978].)

15. 见科卡《社会史：概念、发展、问题》，第2版（哥廷根，1986），第 178
162—174页。(Jürgen Kocka，*Sozialgeschichte*，*Begriff*，*Entwicklung*，*Probleme*，2d ed. [Göttingen，1986]，pp. 162—174.)

16. 梅狄克：《划艇中的传教士》，载《社会与历史比较研究》第29卷（1987），　第76—98页。(Hans Medick，"Missionaries in the Row Boat"，*Comparative Studies in Society and History* 29 [1987]，pp.76—98.)

17. 吉尔兹：《深描：走向一种解释性的文化理论》，载吉尔兹《文化的解释》（纽约，1973），第1章，第3—30页。(Clifford Geertz，"Thick Description：Toward an Interpretive Theory of Culture"，ch. 1，in Geertz，*The Interpretations of Cultures* [New York，1973]，pp.3—30.)

18. 梅狄克：《遥远的历史？文化人类学视野中的社会史》，载康拉德·雅劳士等编《2000年前的历史科学：史学史展望》。格奥尔格·伊格尔斯65岁诞辰纪念文集（哈根,1991），第360—369页。(Hans Medick，"Entlegene Geschichte? Sozialgeschichte im Blickfeld der Kulturanthropologie"，in Konrad Jarausch et al.，eds.，*Geschichtswissenschaft vor 2000*：*Persspektiven der Historiographiegeschichte*. Festschrift für Georg G. Iggers zum 65. Geburtstag [Hagen，1991]，pp.360—369.)

19. 门德尔斯：《原型工业化：工业化过程的最初阶段》，载《经济史杂志》第32卷（1972），第241—261页。(Franklin Mendels，"Proto-

Industrialization: The First Phase of the Industrialization Process", *Journal of Economic History* 32 [1972], pp. 241—261.)

20. 关于对文学的讨论，见理查德·鲁道夫编：《欧洲农民的家庭与社会：历史研究》（利物浦，1995）。（Richard L. Rudolph, ed., *The European Peasant Family and Society: Historical Studies* [Liverpool, 1995] .)

21. 克雷狄特、梅狄克、史仑鲍姆编：《工业化以前的工业化》（剑桥，1981）。（Peter Kriedte, Hans Medick, Jürgen Schlumbohm, eds., *Industrialization Before Industrialization* [Cambridge, 1981] .)

22. 梅狄克：《向资本主义过渡中的平民文化》，载拉尔夫·撒姆尔与斯泰德曼·琼斯编：《文化、意识形态与政治——献给霍布斯鲍姆的论文集》，"历史工作坊丛书"（伦敦，1982），第84—112页。（Hans Medick, "Plebeian Culture in the Transition to Capitalism", in Ralph Samuel and Gareth Stedman Jones, eds., *Culture, Ideology, and Politics: Essays for Eric Hobsbawm*, History Workshop Series [London, 1982], pp. 84—112.)

23. 梅狄克：《1650—1900年莱兴根的纺织业与退休生活：作为通史的地方史》（哥廷根，1996）。（Hans Medick, *Weben und Überleben in Laichingen 1650—1900: Lokalgeschichte als Allgemeine Geschichte* [Göttingen, 1996] .)

24. 萨比安：《1700—1870年纳卡尔豪森地方的财产、生产与家庭》，第1卷（剑桥，1990）。（David Sabean, *Property, Production and Family in Neckarhausen 1700—1870*, vol. 1 [Cambridge, 1990] .)

25. 史仑鲍姆：《原型工业时代奥斯那布吕肯教区贝姆的农民与无产者的生活经历、家庭与希望（1650—1860）》（哥廷根，1994）。（Jügen Schlumbohm, *Lebensläufe. Familien, Höfe. Die Bauern und Eigentumslosen des Osnabrückischen Kirchspiels Belm in proto-industrieller Zeit, 1650—1860* [Göttingen, 1994] .)

26. 有关意大利的微观历史学家，见乔瓦尼·莱维《论微观历史学》，载彼得·伯克编:《历史著作的新视角》(宾州，大学公园，1991)，第93—113页；以及爱德华·缪尔与吉多·鲁杰罗:《微观史与遗失了的欧洲人民:〈历史季刊〉选编》(巴尔的摩，1991)。(Giovanni Levi, "On Microhistory", in Peter Burke, ed., *New Perspectives on Historical Writing* [University Park, Penna., 1991], pp. 93—113; Edward Muir and Guido Ruggiero, *Microhistory and the Lost People of Europe: Selections from Quaderni Storici* [Baltimore, 1991].)

27. 莱维:《承袭的权力：一个驱魔师的故事》(芝加哥，1988)。(Giovanni Levi, *Inheriting Power: The Story of an Exorcist* [Chicago, 1988].)

28. 戴维斯:《档案中的虚构：16世纪法国的宽恕故事和说故事的人》(斯坦福，1987)。(Natalie Davis, *Fiction in the Archives: Pardon Tales and their Tellers in Sixteenth-Century France* [Stanford, 1987].)

29. 《微观史：我所知道的你的二三事》，载《历史人类学：文化、社会、
日常》，第1期(1993)，第169—192页。("Mikro-Historie: Zwei oder 179
drei Dinge, die ich von ihr weiβ", *Historische Anthropologie. Kultur, Gesellschaft. Alltag* 1 [1993], pp. 169—192.)

30. 缪尔:《绪论：观察微细事件》，载缪尔与鲁杰罗编:《微观史与遗失了的欧洲民族》，第xxi页。(Edward Muir, "Introduction: Observing Trifles", in Muir and Ruggiero, eds., *Microhistory and the Lost Peoples of Europe*, p. xxi.)

31. 缪尔与鲁杰罗编:《微观史与遗失了的欧洲民族》，第13页。

32. 金兹伯格:《奶酪与蛆虫》。(Ginzburg, *The Cheese and the Worms.*)

33. 莱维:《承袭的权力：一个驱魔师的故事》(芝加哥，1988)。(Giovanni Levi, *Inheriting Power: The Story of an Exorcist* [Chicago, 1988].)

34. 缪尔:《绪论》，第xvi页。(Muir, "Introduction", xvi.)

35. 莱维:《论微观历史学》，第106页。(Levi, "On Microhistory," p. 106.)

36. 同上。

37. 同上。

38.缪尔:《绪论》,第xiii页。(Muir,“Introduction”, p. xiii.)

39.同上。

40.同上书,第103页。

41.同上书,第105页。

42.莱维:《承袭的权力》,平装本背封。(Levi, *Inheriting Power*, back cover of paperback edition.)

43.萨比安:《1700—1870年内卡豪森地方的财产、生产与家庭》,第1卷(剑桥,1990)。(David Sabean, *Property, Production, and Family In Neckarhausen 1700—1870*, vol. 1 [Cambridge, 1990].)

44.吴尔夫:《欧洲与没有历史的民族》(伯克利,1982)。(Eric Wolf, *Europe and the Peoples Without a History* [Berkeley, 1982].)

45.西敏司:《甜与权力:糖在近代历史上的地位》(纽约,1985)。(Sydney Mintz, *Sweetness and Power: Sugar in Modern History* [New York, 1985].)

46.埃利亚斯:《文明的进程》(纽约,1978)。(Norbert Elias, *The Civilizing Process* [New York, 1978].)

47.见吕德克编《日常生活史:重建历史经验与生活方式》(普林斯顿,1995)。(Alf Lüdtke, ed., *The History of Everyday Life: Reconstructing Historical Experiences and Ways of Life* [Princeton, 1995].)

48.吕德克:《“与过去达成协议”:回忆忘却西德纳粹主义的方式的各种幻觉》,载《近代史杂志》65(1993),第542—572页。(Alf Lüdtke, “‘Coming to Terms with the Past’: Illusions of Remembering Ways of Forgetting Nazism in West Germany”, *Journal of Modern History* 65 [1993], pp. 542—572.)

49.尼塔梅尔编:《鲁尔区的生活史与社会文化(1930—1960)》,两卷本(柏林,1983)。(Lutz Niethammer, ed., *Lebensgeschichte und Sozialkultur im Ruhrgebiet 1930 bis 1960*, 2 vols. [Berlin, 1983].)

50.尼塔梅尔、冯·柏拉图、魏尔灵编:《人民自身的经验:德意志民主共和国工业区生活的考古学》(柏林，1990)。(Lutz Niethammer, Alexander von Plato, and Dorothee Wierling, eds., *Die volkseigene Erfahrung: Eine Archäologie des Lebens in der Industrieprovinz der DDR* [Berlin, 1990].)

51.布朗宁:《德国的记忆、司法审讯和历史重建：根据战后证词写罪犯史》，载弗里德兰德编《探索表现的限度：纳粹主义与“最后解决方案”》(麻省，剑桥，1992)，第35页。(Christopher R. Browning, “German Memory, Judicial Interrogation, and Historical Reconstruction: Writing Perpetrator History From Postwar Testimony”, in Saul Friedlander, ed., *Probing the Limits of Representation: Nazism and the “Final Solution”* [Cambridge, Mass., 1992], p.35.)

52.布朗宁:《平常的人：101后备营与波兰的最后解决》(纽约，1992)。(Christopher R. Browning, *Ordinary Men: Reserve Police Battalion 101 and the Final Solution in Poland* [New York, 1992].)

53.希尔贝格:《欧洲犹太人的绝灭》(芝加哥，1961)。(Raoul Hilberg, 180
The Destruction of the European Jews [Chicago, 1961].)

54.阿伦特:《艾希曼在耶路撒冷：关于平庸的恶的报告》(纽约，1963)。(Hannah Arendt, *Eichmann in Jerusalem: A Report on the Banality of Evil* [New York, 1963].)

55.布朗宁:《德国的回忆》，载弗里德兰德编:《探索表现的限度》，第350页。(Browning, “German Memory”, in Friedlander, ed., *Probing the Limits of Representation*, p.350.)

56.怀特:《历史的布局与真相问题》，载弗里德兰德编:《探索表现的限度》，第37—53页。(Hayden White, “Historical Emplotment and the Problem of Truth”, in Friedlander, ed., *Probing the Limits of Representation*, pp.37—53.)

57.布朗宁:《德国的回忆》，同上书，第31页。(Browning, “German Memory,” ibid., p.31.)

第十章 “语言学转向”：历史学之作为一种学术的终结？

1.斯通：《叙述史学的复兴》，载《过去与现在》第85卷（1979），第19页。（Lawrence Stone，“The Revival of Narrative”，*Past and Present* 85 [November 1979]，P.19.）

2.巴尔特：《历史学的话语》，载《比较批评年鉴》第3卷（1981），第3—28页。（Roland Barthes，“The Discourse of History”，*Comparative Criticism: A Yearbook*，vol. 3 [1981]，pp. 3—82.）

3.怀特：《作为文学制品的历史文本》，载《话语的转义》（巴尔的摩，1978），第82页。（Hayden White，“Historical Texts as Literary Artifact”，in *Tropes of Discourse* [Baltimore，1978]，P.82.）

4.戴维斯：《马丁·盖尔的归来》（麻省，剑桥，1983）。（Natalie Davis，*The Return of Martin Guerre* [Cambridge，Mass.，1983].）

5.巴纳斯：《历史的秩序：论海登·怀特》，载《信使》第46卷（1992），第6期，第313页。（Patrick Bahners，“Die Ordnung der Geschichte：Über Hayden White”. *Merkur* 46，[1992] Heft 6，p. 313.）

6.巴什拉：《新科学精神》（波士顿，1984）。（Gaston Bachelard，*The New Scientific Spirit* [Boston，1984].）

7.费叶阿本德：《反对方法》（伦敦，1988）。（Paul Feyeraband，*Against Method* [London，1988].）

8.库恩：《科学革命的结构》，第2版（芝加哥，1970）。（Thomas Kuhn，*The Structure of Scientific Revolutions*，2d ed. [Chicago，1970].）

9.索绪尔：《普通语言学教程》（伦敦，1983）。（Ferdinand de Saussure，*Course in General Linguistics* [London，1983].）

10.见贝尔曼《从新批评到解构》（厄尔巴那，1988）。（Art Berman，*From the New Criticism to Deconstruction* [Urbana，1988].）

11.巴尔特：《历史学的话语》。（Barthes，“Discourse of History”.）

12. 拉卡普拉：《修辞与历史学》，载《历史与批评》（绮色佳，1985），第15—44页。（Dominick La Capra，"Rhetoric and History"，in *History and Criticism* [Ithaca，1985]，pp. 15—44.）

13. 同上书，第42页。

14. 见《论历史科学的特性》，载兰克《历史学的理论与实践》，第33—34页。（"On the Character of Historical Science"，in Leopold von Ranke，*Theory and Practice of History*，pp. 33—34.）

15. 见陶夫斯《语言学转向之后的思想史：意义的独立自主与经验的不可归结性》，载《美国历史评论》第92卷（1987），第879—907页；马丁·杰伊《思想史应该语言学转向吗？对哈贝马斯—伽达默尔争论的 181
反思》，载拉卡普拉与卡普兰编《现代欧洲思想史：再评价与新视角》（绮色佳，1982），第86—110页；罗蒂编：《语言学转向：最近的哲学方法论文集》（芝加哥，1967）。（J. E. Toews，"Intellectual History After the Linguistic Turn：The Autonomy of Meaning and the Irreducibility of Experience"，*American Historical Review* 92 [1987]，pp.879—907；Martin Jay，"Should Intellectual History Take a Linguistic Turn? Reflections on the Habermas-Gadamer Debate"，in Dominick La Capra and Steven Kaplan，eds.，*Modern European Intellectual History. Reappraisals and New Perspectives* [Ithaca，1982]，pp.86—110；Richard Rorty，ed.，*The Linguistic Turn: Recent Essays in Philosophic Method* [Chicago，1967].）

16. 吉尔兹：《深描：走向一种解释性的文化理论》，载他的《文化的解释》（纽约，1983），第5页。（Clifford Geertz，"Thick Description：Toward an Interpretive Theory of Culture"，in his *The Interpretation of Cultures* [New York，1983]，p.5.）

17. 见《社会科学与社会政策中的"客观性"》，载希尔斯和芬治编：《马克斯·韦伯论社会科学方法论》（伊州，格仑柯，1949）。（"'Objectivity' in Social Science and Social Policy"，in Edward A.Shils and Henry A. Finch，eds.，*Max Weber on the Methodology of the Socical Sciences*

[Glencoe, Ill., 1949].)

18. 吉尔兹:《深描》，第5页。(*Geertz*, "Thick Description", p.5.)

19. 吉尔兹:《深层的游戏：巴厘岛斗鸡记》，载《文化的解释》，第412—453页。(Clifford Geertz, "Deep Play: Notes on the Balinese Cockfight", in *Interpretation of Cultures*, pp. 412—453.)

20.《库克船长：一位垂死的上帝》，载萨林斯《历史之岛》(芝加哥，1987)，第104—135页。("Captain James Cook; or the Dying God", in Sahlins, *Islands of History* [Chicago, 1987], pp.104—135.)

21. 达恩顿:《屠猫狂欢：法国文化史钩沉》(纽约，1984)。(Robert Darnton, *The Great Cat Massacre and Other Episodes in French Cultural History* [New York, 1984].)

22. 夏蒂埃:《文本、符号与法国性》，载《近代史杂志》第57卷(1985)，第684页。(Roger Chartier, "Texts, Symbols, and Frenchness", *Journal of Modern History* 57 [1985], p.684.)

23. 勒华拉杜里:《罗芒狂欢节》(纽约，1979)。(Emmanuel Le Roy Ladurie, *Carnival in Romans* [New York, 1979].)

24. 吉尔兹:《深描》，第5页；又见他对文化的界定《作为一种文化体系的宗教》，同上书，第89页。(Geertz, "Thick Description", p.5; "Religion as a Cultural System", ibid., p.89.)

25. 波考克:《马基雅维里的时刻：佛罗伦萨的政治思想与大西洋的共和传统》(普林斯顿，1975),《政治、语言与时间：政治思想与历史论文集》(芝加哥，1989)。(J. G. A. Pocock, *The Machiavellian Moment: Florentine Political Thought and the Atlantic Republican Tradition* [Princeton, 1975], and *Politics, Language, and Time: Essays on Political Thought and History* [Chicago, 1989].)

26. 斯金纳:《近代政治思想的基础：文艺复兴》，两卷本(剑桥，1989)。(Quentin Skinner, *The Foundations of Modern Political Thought: The Renaissance*, 2 vols. [Cambridge, 1989].)

27.哈贝马斯:《交往行动的理论》(波士顿, 1984)。(Jürgen Habermas, *The Theory of Communicative Action* [Boston, 1984].)

28.科塞勒克:《过去的未来:论历史时间的语义学》(麻省, 剑桥, 1985)。(Reinhard Koselleck, *Futures Past: On the Semantics of Historical Time* [Cambridge, Mass., 1985].)

29.《历史的基本概念》(斯图加特, 1972—)。本百科全书除第8卷索引外均已完成。(*Geschichtliche Grundbegriffe* [Stuttgart, 1972—].)

30.罗宾:《1789年的法国社会:昂祖瓦·西缪尔》(巴黎, 1970),《历史学与语言学》(巴黎, 1973)。(Régine Robin, *La Société française en 1789: Semur-en-Anxois* [Paris, 1970], and *Histoire et linguistique* [Paris, 1973].)

31.亨特:《法国大革命的政治、文化与阶级》(伯克利, 1984), 第xi页。(Lynn Hunt, *Politics, Culture, and Class in the French Revolution* [Berkeley, 1984], p.xi.)

32.孚雷:《革命的教义问答书》, 载《年鉴:经济、社会、文明》第26卷(1971), 第255—289页。(François Furet, "Le Catéchisme révolutionnaire", *Annales. Economies. Sociétés. Civilisations.* 26 [1971], pp.255—289.)

33.柯班:《法国大革命的社会解释》(剑桥, 1965)。(Alfred Cobban, *The* 182
Social Interpretation of the French Revolution [Cambridge, 1965].)

34.泰勒:《大革命前夜巴黎证券交易所(1781—1789)》, 载《美国历史评论》第67卷(1961—1962), 第951—977页。(George Taylor, "The Paris Bourse on the Eve of the Revolution, 1781—1789", *American Historical Review* 67 [1961—1962], pp.951—977.)

35.索布尔:《法国大革命(1787—1799)》(纽约, 1974),《巴黎无套裤汉》(牛津, 1964)。(Albert Soboul, *The French Revolution 1787—1799* [New York, 1974], and *The Parisian Sans Culottes* [Oxford, 1964].)

36.勒费弗尔:《法国大革命》, 两卷本(伦敦, 1962—1964),《法国大革命的到来》(普林斯顿, 1947)。(Georges Lefebvre, *The French*

Revolution, 2 vols. [London, 1962—1964], and *The Coming of the French Revolution* [Princeton, 1947] .)

37. 见孚雷与奥祖夫编《政治文化的转型（1789—1843）》，三卷本（牛津，1989）。（F. Furet and Mona Ozouf, eds., *The Transformation of Political Culture 1789—1843*, 3 vols. [Oxford, 1989] .)

38. 阿居隆：《乡村中的共和国》（巴黎，1970），《玛丽安娜投身战斗：法国的共和形象（1789—1880）》（剑桥，1981）。（Maurice Agulhon, *La République au village* [Paris, 1970], and *Marianne into Battle: Republican Imagery in France 1789—1880* [Cambridge, 1981] .)

39. 奥祖夫：《革命节日（1789—1799）》（巴黎，1976）。（Mona Ozouf, *La Fête révolutionnaire 1789—1799* [Paris, 1976] .)

40. 休厄尔：《法国的劳作与革命：从旧制度到1848年劳工的语言》（剑桥，1980）。（William Sewell, *Work and Revolution in France: The Language of Labor from the Old Regime to 1848* [Cambridge, 1980] .)

41. 同上书，第10—11页。

42. 斯泰德曼·琼斯：《阶级的语言：英国工人阶级史研究（1832—1982）》（剑桥，1983），第101页。又见斯特拉特编《语言与阶级认同的建构》（哥德堡，1990）。（Gareth Stedman Jones, *Languages of Class: Studies in English Working Class History 1832—1982* [Cambridge, 1983], p.101. See also B. Stråth, ed., *Language and the Construction of Class Identities* [Gothenburg, 1990] .)

43. 柴尔德斯：《德国政治的社会语言：魏玛共和时期政治话语的社会学》，载《美国历史评论》95（1990），第331—358页。（Thomas Childers, "The Social Language of Politics in Germany: The Sociology of Political Discourse in the Weimar Republic", *American Historical Review* 95 [1990], pp.331—358.)

44. 同上书，第337页。

45. 见司考特《性别与历史的政治》，"绪论"（纽约，1988），第1—11页。

（Joan Scott's "Introduction" to *Gender and the Politics of History* [New York，1988]，pp.1—11.）

46.司考特：《论语言、性别与工人阶级史》，同上书，第53—67页。（Joan Scott，"On Language，Gender，and Working Class History"，ibid. pp.53—67.）

47.休厄尔：《评若安·瓦拉克·司考特著〈性别与历史的政治〉》，载《历史与理论》29（1990），第79页。（William Sewell, review essay of Joan Wallack Scott，*Gender and the Politics of History*，*History and Theory* 29 [1990]，p.79.）

48.司考特致伊格尔斯的信，1994年10月14日。（Letter from Joan W. Scott to Georg G. Iggers，October 14，1994.）

49.例如，司考特《法国女性主义者与"(男)人"权：〈奥兰普·德古热宣言〉》，载《历史工作坊》28（1989秋季），第1—22页。（Joan Scott，"French Feminists and the Rights of 'Man'：Olympe de Gouges' Declarations"，*History Workshop* 28 [Autumn 1989]，pp.1—22.）

50.亨特编：《新文化史》（伯克利，1989）。（Lynn Hunt，ed.，*New Cultural History* [Berkeley，1989].）

51.斯泰德曼·琼斯：《阶级的语言》，第95页。（Stedman Jones，*Languages of Class*，p.95.）

52.引自贝尔曼《从新批评到解构》，第183页。（Berman，*From the New Criticism*，p.183.）

53.史密斯-罗森堡：《身体政治》，载韦德编《女性主义/理论/政治》（纽约，1989），第101页。（Carroll Smith-Rosenberg，"The Body Politic"，in E. Weed，ed.，*Feminism/Theory/Politics* [New York，1989]，p.101.）

第十一章　20世纪90年代的视角 183

1.斯通：《历史与后现代主义》，载《过去与现在》第131卷（1991年8月），第217—218页。（Lawrence Stone，"History and Post-Modernism"，

Past and Present 131［August 1991］, pp.217—218.）

2. 同上书，第217页。

3. 乔伊斯：《历史学与后现代主义》，载《过去与现在》第133卷（1991年11月），第208页。（Patrick Joyce，"History and Post-Modernism"，*Past and Present* 133［November 1991］，p.208.）

4. 斯通：《历史学与后现代主义Ⅲ》，载《过去与现在》第135卷（1992年5月），第191页。（Lawrence Stone，"History and Post-Modernism Ⅲ"，*Past and Present* 135［May 1992］，p.191.）

5. 沙玛：《死去的确凿性：无根据的猜想》（纽约，1991）。（Simon Schama，*Dead Certainties: Unwarranted Speculations*［New York，1991］.）

6. 史景迁：《胡若望的疑问》（纽约，1988）。（Jonathan Spence，*The Question of Hu*［New York，1988］.）

7.《历史学，社会科学》，载《年鉴》第49卷（1994），第3—4页。我要感谢长期编辑《年鉴》的马克·费罗先生，他于1995年4月与我有过一次长时间的晤谈，那些讨论导致了标题的改变。（"Histoire，Sciences Sociales"，*Annales* 49［1994］，pp.3—4.）

8. 见《历史学与社会科学：一场批判性的转移？》，载《年鉴》第43卷（1988），第291—293页。（"Histoire et sciences sociales. Un tournant critique?"，*Annales* 43［1988］，pp.291—293.）

9. 雷维尔：《历史学与社会科学：一场不稳定的对抗》，载让·布吉埃与多米尼克·朱丽亚编《重构的过去：历史学的场所和工地》（巴黎，1995），第80页。（Jacques Revel，"Histoire et sciences sociales：Une confrontation instable"，in Jean Boutier and Dominique Julia，eds.，*Passés recomposes: Champs et chantiers de l'Histoire*［Paris，1995］，p.80.）

10. 见莱维《论微观历史学》中引格伦狄"例外的正常"观念，载彼得·伯克编《历史著作的新视角》（宾州，州立大学，1991），第109页；另见缪尔和鲁杰罗《微观史与遗失了的欧洲民族》（巴尔的摩，1991），"绪论"，第xiv页。（Edoardo Grendi's notion of "the exceptional normal"，

cited in Giovanni Levi, "On Microhistory", in Peter Burke, ed., *New Perspectives in Historical Writing* [State University, Penna., 1991], p.109, and Edward Muir and Guido Ruggiero, *Microhistory and the Lost Peoples of Europe* [Baltimore, 1991], "Introduction", p.xiv.)

11.《有疑问的时刻》，载《世界报》，1993年3月18日，第vi—vii页。("Le Temps des doutes", *Le Monde*, March 18, 1993, pp.vi—vii.)

12.例如，豪西《历史学的失落》(哥廷根，1959)。(Alfred Heuss, *Der Verlust der Geschichte* [Göttingen, 1959] .)

13.代表当前争论的是国家历史教学中心的出版物（洛杉矶，1995）：K—4级美国史全国标准；5—12级美国史全国标准；世界史全国标准。(Indicative of current debates are the publications of the National Center for History in the Schools [Los Angeles, 1995]: *National Standards for United States History for Grades K-4*; *National Standards for United States History for Grades 5—12*; and *National standards for World History.*)

结 束 语

1.见尼塔梅尔《后历史：历史终结了吗？》(伦敦，1992)。(Lutz Niethammer, *Posthistoire: Has History Ended?* [London, 1992] .)

2.福山:《历史的终结与最后的人》(纽约，1992)。(Francis Fukuyama, *The End of History and the Last Man* [New York, 1992] .)

3.克尔凯郭尔:《当前的时代》(纽约，1962)。(Søren Kierkegaard, *The Present Age* [New York, 1962] .)

4.德罗伊森:《历史原理大纲》(波士顿，1893)。(J. G. Droysen, *Outline* 184
of the Principles of History [Boston, 1893] .)

5.斯宾格勒:《西方的没落》，两卷本（纽约，1926—1928）。(Oswald Spengler, *The Decline of the West*, 2 vols. [New York, 1926—1928] .)

6.汤因比:《历史研究》，十卷本（纽约，1947—1957）。(Arnold Toynbee, *A Study of History*, 10 vols. [New York, 1947—1957] .)

7. 见吴尔夫《欧洲与没有历史的民族》(伯克利，1982)。(Eric Wolf, *Europe and the People Without History* [Berkeley, 1982].)
8. 见诺维克《那高贵的梦想》(剑桥，1988)。(Peter Novick, *That Noble Dream* [Cambridge, 1988].)
9. 戴维斯:《马丁·盖尔的归来》(麻省，剑桥，1983)。(Natalie Davis, *The Return of Martin Guerre* [Cambridge, Mass. 1983].)
10. 见凯尔纳提交1995年蒙特利尔"第18届国际历史科学大会"的论文，又见他的《语言和历史描写：曲解故事》(麦迪逊，1989)。(Hans Kellner, *Language and Historical Representation: Getting the Story Crooked* [Madison, 1989].)
11. 安克斯密特:《历史主义：一项综合的尝试》，载《历史与理论》第34卷[1995]，第155页。(F. A. Ankersmit, "Historicism: An Attempt at Synthesis", *History and Theory* 34 [1995], p.155.)
12. 诺维克:《那高贵的梦想》。(Novick, *That Noble Dream*.)
13. 霍克海默、阿多诺:《启蒙的辩证法》(纽约，1972)。(Max Horkheimer and Theodor W. Adorno, *The Dialectic of Enlightenment* [New York, 1972].)
14. 孔多塞:《人类精神进步史表纲要》(纽约，1955)。(Jean-Antoine-Nicolas de Caritat, marquis de Condorcet, *Sketch for a Historical Picture of the Progress of the Human Mind* [New York, 1955].)
15. 参见李特尔《德国问题：过去与现在德国政治生活的基本问题》(俄州，哥伦布市，1965)，塔尔蒙《极权民主制的起源》(纽约，1960)；另见阿伦特《极权主义的起源》(纽约，1951)，哈耶克《通向奴役的道路》(芝加哥，1994)。(Gerhard Ritter, *The German Problem: Basic Questions of German Political Life, Past and Present* [Columbus, Ohio, 1965]; J.L.Talmon, *The Origins of Totalitarian Democracy* [New York, 1960]; also Hannah Arendt, *The Origins of Totalitarianism* [New York, 1951], and Friedrich Hayek, *Road to Serfdom* [Chicago, 1994].)

后记　21世纪初的回顾

1.有关晚近趋势的扼要评价，参见《社会史杂志》(*Journal of Social History*)37(2003)，特别是斯特恩斯(Peter N. Stearns)《社会史的现状与未来》("Social Hitory Present and Future")，第9—20页；科卡(Jürgen Kocka)《所失、所得与机遇》("Losses, Gains and Opportunities")，第21—28页；克尔布勒(Hartmut Kaelble)《社会史在欧洲：问题的提出》("Social History in Europe: Introducting the Issues")，第29—37页；法斯(Paula S. Fass)《文化史还是社会史》("Cultural History / Social History")，第39—46页；帕塔萨拉蒂(Prasannan Parthasarathi)《印度社会史现状》("The State of Indian Social History")，第47—56页；查理(Christophe Charle)《当代法国社会史》("Contemporary French Social History")，第57—68页。关于劳工史，参见林登(Marcel van der Linden)的著作，第69—76页，以及其他论文。又见贝格尔(Stefan Berger)、菲尔德纳(Heiko Feldner)和帕斯莫尔(Kevin Passmore)编《书写历史：理论与实践》(*Writing History: Theory and Practice*，伦敦，2003)。

2.布赖萨赫(Ernst Breisach)：《论历史学的未来：后现代的挑战及其善后》(*On the Future of History: The Postmodernist Challenge and Its Aftermath*，
芝加哥，2003)。又见埃文斯(Richard J. Evans)《捍卫历史》新版，附 185
对批评者的答复(*In Defence of History*，伦敦，2001)。

3.詹金斯(Keith Jenkins)编：《后现代主义历史读本》(*The Postmodern History Reader*，伦敦，1997)，第6页。又见扎戈林(Perez Zagorin)对詹金斯此书的回应《历史学，参照与叙述：对当前后现代主义的反思》("History, the Referent, and Narrative: Reflections on Postmodernism Now")，载《历史与理论》第38卷(1999)，第1—24页，与詹金斯《一篇后现代对查戈林的答复》("A Postmodern Reply to Perez Zagorin")，《历史与理论》，第39卷(2000)，第181—200页。

4. 安柯尔（Robert Anchor）:《历史学家与后现代主义者之间的争论》（“The Quarrel Between Historians and Postmodernists”），载《历史与理论》第38卷（1999），第111—121页；洛伦兹（Chris Lorenz）:《构造过去：历史理论序论》（*Konstruktion der Vergangenheit: Eine Einführung in die Geschichtstheorie*，科隆，1997）。

5. 见傅比昂（J. D. Faubion）《人类学与历史》（“Anthropology and History”），载《国际社会科学与行为科学百科全书》（*International Encyclopedia of the Social and Behavioral Sciences*），以下简称*IESBS*（阿姆斯特丹，2001），第519—523页；又见雷迪（William M. Reddy）《人类学与文化史》（“Anthropology and the History of Culture”），载克莱默（Lloyd Kramer）和玛萨（Sarah Maza）编《西方历史思想手册》（*A Campanion to Western Historical Thought*，伦敦，2002），第277—296页。

6. 见李希特（Melvin Richter）《政治社会概念史》（*The History of Political and Social Concepts*，纽约，1995）。

7. 关于司考特晚期观点的总结见《历史之后？》（“After History?”），载司考特与基特斯（Debra Keates）编《思想的派别：二十五年来解释性的社会科学》（*Schools of Thought: Twenty-Five Years of Interpretive Social Science*，普林斯顿，2001），第85—301页。

8. 希恩（James Sheehan）:《政治史（政治的历史）》（“Political History (History of Politics)”），载*IESBS*，第11667—11673页。

9. 见王晴佳（Q. Edward Wang）《通过历史创造中国：五四运动的历史学研究》（*Inventing China Through History: The May Fourth Approach to Historiography*，阿尔巴尼，2001）。

10. 见查特吉（O. Chatterjee）《底层的历史》（“Subaltern History”），载*IESBS*，第11237—11241页；拉尔（Vinay Lal）《底层研究学派与印度史的升级》（“Subaltern School and the Ascendancy of Indian History”），载王晴佳（Q. Edward Wang）与伊格尔斯（Georg G. Iggers）《历史学的转折点：一种跨文化的观点》（*Turning Points in Historiography: A Cross*

Cultural Perspective，罗彻斯特，2002），第237—270页；杜赞奇（Prasenjit Duara）《后殖民史学》（"Postcolonial History"），载克莱默（Lloyd Kramer）与玛萨（Sarah Maza）编《西方历史思想手册》（牛津，2002），第417—431页。

11. 坎宁（K. Canning）:《性别史》（"Gender History"），载*IESBS*，第6822—6829页；赫威特（N. Hewitt）:《历史中的性别与女性主义研究》（"Gender History and Feminist Studies in History"），载*IESBS*，第5929—5933页。

12. 坎宁:《性别史》，第6006—6011页。

13. 阿斯曼（A. Assmann）:《历史与记忆》（"History and Memory"），载*IESBS*，第6822—6829页。

14. 布朗宁（Christopher Browning）:《平常的人：101后备营与波兰的最后解决》（*Ordinary Men: Reserve Battalion 101 and the Final Solution in Poland*，纽约，1992）。

15. 诺拉（Pierre Nora）编:《记忆之场》（*Les Lieux de Mémoire*，巴黎，1984—1992），英文版《记忆的领域：重思法国的过去》（*Realms of
Memory: Rethinking the French Past*，纽约，1996—1998）。关于德国 186
的姊妹篇，见弗朗索瓦（Etienne François）和舒尔茨（Hagen Schulze）《德国回忆类编》，三卷（*Deutsche Erinnerungsorte*，慕尼黑，2001）。

16. 弗拉克（Monika Flacke）编:《各民族的神话》（*Mythen der Nationen, Ein europäisches Panorama*，柏林，1998），第2卷于2004年问世。

17. 福山:《历史的终结与最后的人》（*The End of History and the Last Man*，纽约，1992），第xiv—xv、xii、xx页。

18. 诺尔特（P. Nolte）:《历史的现代化与现代性》（"Modernization and Modernity in History"），载*IESBS*，第9954—9961页。

19. 亨廷顿:《文明的冲突与世界秩序的重建》（*The Clash of Civilizations and the Remaking of World Order*，纽约，1996），第21页。

20. 同上书，第20—21页。

21. 科卡:《多重的现代性与协议的普遍性》（"Multiple Modernities and Negotiated

Universals"），载萨赫森迈尔（Dominic Sachsenmaier）、雷德尔（Jens Riedel）和艾森施塔特（Shmuel N. Eisenstadt）《多元现代性的反思：欧洲、中国和其他的阐释》（*Reflections on Multiple Modernities: European, Chinese and Other Interpretations*，莱顿，2002），第120页。

22. 例如，南迪（Ashis Nandy）《历史之被遗忘的两面性》（"History's Forgotten Doubles"），载《历史与理论》专刊第34卷（1995），第44—46页。关于对历史的后殖民主义思想，见杜赞奇（Prajensit Duara）《后殖民史学》，载克莱默与玛萨《西方历史思想手册》，第417—431页。

23. 例如，韦勒（Hans-Ulrich Wehler）《德意志帝国（1871—1918）》（*The German Empire 1871—1918*，列明顿，1985）。

24. 例如，赫尔夫（Jeffrey Herf）《反动的现代主义：魏玛与第三帝国时期的技术、文化与政治》（*Reactionary Modernism: Technology, Culture and Politics in Weimar and in the Third Reich*，剑桥，1987）。

25. 例如，保尔坎培（Arnd Bauerkämper）《历史著作是一种规划：〈辉格党的历史观〉与20世纪70年代以来对〈德国的另一条道路〉这一变革的批判》（"Geschichtsschreibung als Projektion: Die Revision der 'Whig Interpretation of History' und die Kritik am Paradigma vom 'deutschen Sonderweg' seit den 1970er Jahren"），载贝格尔（Stefan Berger）、兰贝尔（Peter Lambert）和舒曼（Peter Shumann）编《德英文化交流的历史家岁月：历史、神话与回忆（1750—2000）》（*Historikertage: Geschichte, Mythos und Gedächtnis im deutsch-britischen Kulturellen Austausch 1750—2000*，哥廷根，2003），第383—438页。向古典的现代化观念挑战的较早著作有：迈尔（Arno Mayer）《旧制度的持续》（*Persistence of the old Regime*，纽约，1981）；格申克朗（Alexander Gerschenkron）《历史视角下的经济落后性》（*Economic Backwardness in Historical Perspective*，麻省，剑桥，1962）；摩尔（Barrington Moore）《独裁制与民主制的社会起源：近代世界形成中的领主与农民》（*Social Origins of Dictatorship and Democracy: Lord and Peasant in the Making*

of the Modern World，波士顿，1969）。

26. 查克拉巴蒂：《地方化欧洲：后殖民时期的思想与历史的差异》（Provincializing Europe: Postcolonial Thought and Historical Difference，普林斯顿，2000）。

27. 见萨赫森迈尔（Sachsenmaier）等《多元现代性的反思》。

28. 马兹利什（Bruce Mazlish）和布特仁（Ralph Buultjens）：《构想环球史》 187
（*Conceptualizing Global History*，布尔德，1993）；又见*IESBS*所载有关全球的各个方面与全球史的各种论文。

29. 见科卡《比较与比较之外》（“Comparison and Beyond”），载《历史与理论》第42卷（2003），第39—44页。洛伦茨（Chris Lorenz）《比较历史学：问题与前景》（“Comparative Historiography: Problems and Perspectives”），《历史与理论》，第38卷（1999），第25—39页。

30. 南迪：《历史之被遗忘了的两面性》，第44页。

31. 萨卡尔（Sumit Sarkar）：《后现代主义与历史著作》（“Post-modernism and the Writing of History”），载《历史研究》（新德里）15,2,n.s.（1999），第293—322页。

32. 格罗斯（Mirjana Gross）：《从古代到后现代：当代史学著作及其起源》（*Von der Antike zur Postmoderne: Die zeitgenössische Geschichtsschreibung und ihre Wurzeln*，维也纳，1998）；本特利（Michael Bentley）：《近代历史学》（*Modern Historiography*，伦敦，1999）；格林（Anna Green）与特鲁普（Kathleen Troup）：《历史之家：二十世纪历史学与理论批判读本》（*The Houses of History: A Critical Reader in Twentieth-Century History and Theory*，纽约，1999）；韦勒（Hans-Ulrich Wehler）：《二十世纪末的历史思想》（*Historisches Denken am Ende des 20: Jahrhunderts*，慕尼黑，2001）；克莱默（Lloyd Kramer）与玛萨（Sarah Maza）：《西方历史思想手册》（牛津，2002）；艾巴赫（Joachim Eibach）与洛特（Gunther Lottes）编：《历史学指南》（*Kompass der Geschichtswissenschaft*，哥廷根，2002）；凯利（Donald Kelley）：《历史的命运》（*Fortunes of History*，

纽黑文，2003）。一部真正的全球史辞典是伍尔夫（Daniel Woolf）编《全球历史著作大辞典》两卷（*A Global Encyclopedia of Historical Writing*，纽约，1998）。

33. 吕森（Jörn Rüsen）和米塔格（Achim Mittag）编：《文化的多重性》（Die Vielfaltder Kulturen，1998）；吕森编：《西方历史思维：跨文化的辩论》（*Western Historical Thinking: An Intercultural Debate*，纽约，2002）；福克斯（Eckhardt Fuchs）和司徒赫泰（Benedikt Stuchtey）编：《跨文化的疆界：全球透视下的历史学》（*Across Cultural Boundaries: Historiography in Global Perspective*，伦敦，2002）；王晴佳（Q. Edward Wang）与伊格尔斯编：《历史学的转折点：一种跨文化的观点》（罗彻斯特，2002）；司徒赫泰（Benedikt Stuchtey）与福克斯（Eckhardt Fuchs）：《撰写世界史（1800—2000）》（*Writing World History 1800—2000*，牛津，2003）。

34. 应该提到晚近两部试图从跨文化入手的历史学规划，即伍尔夫（Daniel Woolf）最近编纂的《全球历史著作大辞典》（纽约，1998）刚刚完成手稿，将刊载于即将出版的新版《思想史辞典》（*Dictionary of the History of Ideas*）。与巴特菲尔德（Herbert Butterfield）为前一版的《思想史辞典》（*Dictionary of the History of Ideas*，纽约，1973）撰写的历史学辞条不同，巴文除了有一短节论中国的古典学术以及有一段论赫勒敦（Ibn Khaldoun）而外，它完全是专谈西方传统的，伍尔夫则以大
188 得多的广泛章节论述了自从远古以来各个文化的历史著作。伍尔夫最近正与一批合作者在规划一部多卷本的全球历史学的历史。他小心翼翼地在避免欧洲中心论并力图以其自身的术语来表现每一种文化。我本人和王晴佳一道目前正从事写一部自从1750年以来的寰球比较史学史，在范围上要比伍尔夫的规划更为局限一些，但更加关注欧洲渗透到大部分非西方世界的时代中，西方的与非西方的史学思想的交互影响，从而介绍了一种公开的比较观点。

推荐阅读书目

有关20世纪的史学思想和史学著作还没有一部综合性的概 189
览，像是乔治·古奇（George P. Gooch）的《19世纪的历史与历史学家》（*History and Historians in the Nineteenth Century*，伦敦，1913）那样。本书试图部分地填补这个空白。我很警觉到它的局限性，无论是在它的选材方面，还是在它未能处理欧洲和北美以外的历史研究方面。曾有过几种重要的尝试，是考察某个给定时期的历史研究的。乔弗莱·巴拉克劳夫在《一个变动世界中的历史学》（*History in a Changing World*，牛津，1955）处理的是他认为是殖民时代结束时史学思想和著作中一种带有根本性的重新取向。20世纪70年代和80年代，有很多书籍和杂志专号都曾试图评估历史编纂学的大气候，包括费利克斯·吉尔伯特（Felix Gilbert）和斯蒂芬·R. 格劳巴尔德（Stephen R. Graubard）编《今日的历史研究》（*Historical Studies Today*，纽约，1972），查理·德尔泽尔（Charles Delzell）编《历史学的未来》（*The Future of History*，纳什维尔，1972），乔弗莱·巴拉克劳夫《历史学的主潮》（*Main Trends in History*，纽约，1979），提奥多尔·K. 拉伯（Theodore K. Rabb）和罗伯特·罗斯贝格（Robert Rothberg）《新史学：20世纪80年代及以后》（*The New History:*

The 1980's and Beyond,普林斯顿,1982),格奥尔格·伊格尔斯编《20世纪80年代末的社会史:批判的国际视角》("Social History at the End of the 1980's: A Critical International Perspective"),载《史学史》(*Storia della Storiografia*)第17、18期(1990)和彼得·伯克编《历史著作的新视角》(*New Perspectives on Historical Writing*,宾州,州立学院,1991)。检阅超出西方世界以外的史学方法论与历史著作的主要趋势的,有格奥尔格·伊格尔斯和哈罗德·I. 帕克(Harold I. Parker)编《历史研究国际手册:当代的研究与理论》(*International Handbook of Historical Studies. Contemporary Research and Theory*,康州,西港,1979)。弗里茨·斯特恩(Fritz Stern)编《历史的多样性:从伏尔泰到当代》(*The Varieties of History from Voltaire to the Present*,纽约,1973)也是一部好读物。

至于20世纪后期各个国家的发展,可参看迈克尔·卡门(Michael Kamen)《我们面前的过去:美国当代历史著作》(*The Past Before Us: Contemporary Historical Writing in the United States*,绮色佳,1980)。论述法国历史学思想与实践的重新取向的,见雅克·勒高夫和皮埃尔·诺拉(Pierre Nora)《构建过去:历史学方法论文集》(*Constructing the Past: Essays in Historical
190 Methodology*,麻省,剑桥,1984)。对自从19世纪80年代美国历史学专业的开端下迄20世纪80年代的美国历史著作传统的、最好的尽管是颇有争议的考察,我以为是彼得·诺维克的《那高贵的梦想:"客观性问题"与美国历史学专业》(*That Noble Dream: The "Objectivity Question" and the American Historical

Profession,麻省,剑桥,1988);有关20世纪上半叶的则有恩斯特·布赖萨赫(Ernst Breisach)的《美国进步主义史学:现代化的一场实验》(*American Progressive History: An Experiment in Modernization*,芝加哥,1993)。关于20世纪最初三分之一的时期,德国社会科学的社会的与思想的背景,可参见弗里茨·林格的《德国士大夫的没落:1890—1933年德国的学术社团》(*The Decline of the German Mandarins: The German Academic Community 1890—1933*,麻省,剑桥,1969);关于1945年以后的西德,可参看格奥尔格·伊格尔斯编《政治的社会史:1945年以来西德历史著作中的批判视角》(*The Social History of Politics: Critical Perspectives in West German Historical Writing Since 1945*, 纽约,1986);关于东德,可参看格奥尔格·伊格尔斯的《转型中的马克思主义史学:20世纪80年代的东德社会史》(*Marxist Historiography in Transformation: East German Social History in the 1980s*,纽约,1991)。至于法国,有关年鉴派可参看彼得·伯克的《法国的史学革命:年鉴派(1929—1989)》(*The French Historical Revolution: The Annales School, 1929—89*,伦敦,1990);又可参看普莱斯·李昂(Bryce Lyon)和玛丽·李昂(Mary Lyon)的《年鉴派史学的诞生:吕西安·费弗尔和马克·布洛赫致亨利·皮雷纳的信》(*The Birth of Annales Hiotory: The Letters of Lucien Febvre and Marc Bloch to Henri Pirenne*, 布鲁塞尔,1991)。关于晚近的法国评估,可参看弗朗索瓦·贝达里达(François Bédarida)的《法国历史学与历史学家的工作(1945—1995)》(*L'Histoire et le métier d'historien en France,*

1945—1995）和让·布吉耶（Jean Boutier）和多米尼克·朱丽亚（Dominique Julia）的《重建过去：历史学的场所和工地》（*Passés recomposés: Champs et chantiers de l'histoire*，巴黎，1995）。

关于后现代主义与语言学理论对历史编纂学传统形式的挑战，现在有广泛的文献。《历史与理论》、《美国历史评论》、《近代史杂志》和《过去与现在》都是自20世纪80年代中期以来有关这类讨论的重要论坛。加布雷尔·M. 史皮格尔（Gabrielle M. Spiegel）的《中世纪文本中的历史学、历史主义和社会逻辑》（"History, Historicism, and the Social Logic of the Text in the Middle Ages"），载《反镜》（*Speculum*）1990年第65期第59—86页，对这些讨论中的各种问题有着深入的考察。又可参看约翰·E. 陶夫斯（John E. Toews）的《语言学转向之后的思想史：意义的自立性与经验的不可归结性》（"Intellectual History After the Linguistic Turn: The Autonomy of Meaning and the Irreducibility of Experience"），载《美国历史评论》第92期（1987）。关于当前从极为不同的立场进行争辩的最新讨论，可参看乔伊斯·阿普尔比（Joyce Appleby）、林·亨特、玛格丽特·雅各布（Margaret Jacob）的《历史的真相》（*Telling the Turth about History*，纽约，
191 1994），弗兰克·安克斯密特和汉斯·凯尔纳的《新历史哲学》（*The New Philosophy of History*，芝加哥，1995），罗伯特·小贝克霍弗《超越宏大叙事：作为文本与话语的历史学》（*Beyond the Great Story: History as Text and Discourse*，麻省，剑桥，1995），极富争议的格特鲁德·希梅尔法布的《新旧历史学》（*The New History and the Old*，麻省，剑桥，1987）和凯特·文殊特尔（Keith

Windschuttle）的《谋杀历史学：一门学术是怎样被文艺批评家和社会理论家所杀害的》（*The Killing of History: How a Discipline Is Being Murdered by Literary Critics and Social Theorists*，悉尼，1994）。关于近年来的讨论对历史教学的冲击，可参看《K—4级美国史国家标准》（*National Standards for United States History for Grades K-4*）、《5—12级美国史国家标准》（*National Standards for United States History for Grades 5-12*）和《世界史国家标准》（*National Standards for World History*），洛杉矶加州大学国家历史教学中心1955年出版。

索　引

（索引页码为原书页码，即本书边码）

C

D

E

F

G

H

I

J

K

L

V

W

Y

Z

附录　美国与德国历史思想中的兰克形象[①]

伊格尔斯

在德国和美国的历史思想中，兰克的作用之大是我们无论怎样强调都不会过分的。从1824年出版他的《拉丁和日耳曼民族史》（其中包括一篇著名的附录:《对于近代史作家的批评》）到现在，兰克对德国史学一直是大有影响的。同样，自从19世纪末专业历史学兴起以来，兰克显然对美国历史思想也产生了影响。不仅许多19世纪的历史大家，如魏兹（Waitz）、吉塞布雷希特（Giesebrecht）、达尔曼（Dahlmann）、班克罗

① 本文只限于讨论德国和美国关于评价兰克的文献，因为这两国对兰克的解释正相反。这些文献反映出兰克的历史思想的两个非常不同的方面：资料的鉴定和哲学的假设。对于把讨论班的方法（seminary method）介绍到法国和其他地方的历史学家来说，兰克的重大贡献是在方法论方面；但是，把兰克的方法论和他的哲学思想截然分开，却没有一个地方像美国这样的走极端。（关于法国历史学家注意到了兰克思想的这两个方面的情况，见摩诺［G.Monod］:《论16世纪以来法国历史研究的进步》［Du progrès des études historiques en France depuis le XVIe siècle］一文，载法国《历史评论》［*Revue historique*］第1卷，1876年，第28—29页；该文是《历史评论》的发刊词。）（译者按：本文原载《历史与理论》1962年第1期［海牙］。中译文系译者与友人黄巨兴先生合译。）

夫特（Bancroft），都是兰克的弟子；而且其他许多人，如美国把历史专业化的赫伯特·亚当斯（H. B. Adams）、布恩（E. G. Bourne）、柏哲斯（J. W. Burgess）和奥斯古德（H. L. Osgood）以及德国学者像迈纳克（Meineke）和特罗尔什（Troeltsch），也都受过兰克的教育。的确，差不多每一种有关历史研究的性质和方法的德国历史思想或美国历史思想的重大讨论，都集中在或至少牵涉到是接受还是拒绝兰克的历史方法论和历史哲学的问题。因此，兰克的形象在19世纪末德国的实证主义者和唯心主义者的论战中就成为了一个中心问题，兰克变成了20世纪历史主义（historicism）的重要的思想鼻祖。到了纳粹以后的时期，迈纳克号召通过重新检查兰克的办法来重新检查一下德国历史著作的传统。自从第二次世界大战以来，在这种重新检查的过程中，德国历史学家出版了自从这位伟大的历史学家死后的最大量的有关兰克的书籍和文章。同样在美国，历史学家也认为必须确定兰克的位置。19世纪末的“科学派”（scientific school）企图把它对于兰克方法的概念作为历史学工作的基础。“新史学”（New History）和相对主义者的反抗，开始于鲁滨逊（Robinson）和贝克尔（Becker）大肆宣传反对wie es eigentlich gewesen（“如实直书”）这条金科玉律。所以，研究德国和美国历史思想对兰克的解释，其意义就不仅只是理解兰克的思想而已。基本上说来，德国和美国历史思想的历史不仅能够，而且应该由历史理论家针对着是接受还是拒绝兰克这个问题而制订出来。

此外，兰克本人的思想在某种意义上对史学的发展还比不上历史学家心目中兰克的形象那么重要。兰克作为一个伟大的历史学家,比起他作为一个是被人接受还是被人拒绝的标准的化身来说,影响要小些。这里所说的标准,包含历史方法论的基本理论和对历史研究范围的基本态度。但是,令人困惑的是,在美国占优势的兰克形象和在德国流行的兰克形象根本不同。大约在兰克去世的时候,在美国发展出了他的一幅图像,而在德国又发展出了他的另一幅图像——后者大体上差不多是所有的历史学家、兰克的弟子和评论家都接受的形象,也是几十年来相当稳定而没有变动的形象。美国历史学家因为不能够理解兰克的历史思想的哲学意义,就把兰克对文献的分析批判(这是他们所理解的,也是适合于他们赋予历史以科学的尊严所需要的)和兰克的唯心主义哲学(这是他们所不熟悉的)分裂开来了。然后他们把这种批判的方法和讨论班的组织移植到19世纪末美国的思想园地。这样一来,兰克就被几乎所有的美国历史学家(包括"科学派"历史学家、"新史学家"以及相对主义者)尊为"科学派"历史学之父,被认作是只注意于确认事实、特别是在政治和制度领域中的事实的一位非哲学的历史学家。但是在德国,兰普雷希特(Karl Lamprecht)却在实证主义的旗帜之下大肆攻击兰克,说他是德国唯心主义传统的继承人;这是一种基本正确的解释,这个解释得到了兰克的卫护者(如迈纳克)的完全同意。因为德国历史学家和他们的美国同行不同,是了解兰克思想的唯心主义的根源的:对于德国历史学家来说,兰克变成了非哲学的经验主义的对立面。他们深深知道兰克通过对于独特的和个别的东西的静观(Anschauung)

极力要直觉地掌握历史中的“普遍的”观念、“趋势”，即“客观的”观念。因此之故，说来像是讽刺，兰克起了两种完全相反的作用：在美国，他只是部分地被人理解，却被当作是一种本质上是实证主义路线的思想始祖；在德国，他却被当作是新唯心主义历史学家的一种灵感的源泉，新唯心主义历史学家是反对西欧历史学家所提倡的理性主义和实证主义的历史研究的。只是在过去十五年间，美国历史学家——其中包括一些德国流亡的学者——才开始认真地重新检查在美国历史思想中已经成为了传统的兰克形象的问题。并且得到了和德国历史学家更加相同的对于兰克的见解。

一

非常有趣的是，美国一位著名历史学家班克罗夫特是兰克讨论班上的一个学生，但是他并没有把兰克塑造成美国的形象。反而是新一代的专业历史学家把这位代表研究广泛主题的叙述性历史学传统的班克罗夫特看成是一个非科学派的历史作家。

对新“科学派”的历史学家来说，班克罗夫特当然是非兰克派的，即使兰克本人曾经称赞他的这个学生是“民主派的最伟大的历史学家”①。这些新“科学派”的历史学家在一个信赖

① 参见克劳斯（Michael Kraus）《美国史学史》（*A History of American History*, New York, 1937），第238页；德·乌尔夫·豪（M.A.De Wolfe Howe）《班克罗夫特的生平和通信》（*The Life and Letters of George Bancroft*, New York, 1908），第Ⅱ卷，第183页。

科学和科学方法的时代，迫切地要赋予这种新的专业以学术的尊严。有些历史学家——比如怀特、费斯克、亚当斯兄弟，他们都受过孔德、巴克尔或者达尔文、斯宾塞的影响——把科学的历史看成是对于历史的过程应用一般规律，好像应用自然科学上的普遍规律一样。但是大多数历史学家认为历史著述的科学性就在于它客观地建立史实的方法，所以把兰克奉为"历史科学之父"①。这样一来，历史科学的定义就真的和兰克的方法完全是一回事了。这种概念看起来是美国所特有的，而不是从

① 这句话见赫伯特·亚当斯（Herbert B. Adams）《历史研究的新方法》，载《约翰·霍普金斯大学历史和政治科学研究》（*Johns Hopkins University Studies in History and Political Science*）第2卷（1884年），第65页；以及《在约翰·霍布金斯大学和以前在史密斯学院实行的历史研究的特殊方法》，收入怀特（A. D. White）、阿伦（W. F. Allen）等《历史教学法》（*Methods of Teaching History*, Boston, 1885）一书，第143页。关于19世纪末兰克对美国历史学家的影响的论述，见克劳斯的著作第5页和第238页；霍尔特（W. Stull Holt）《美国科学历史的思想》，载《思想史杂志》（*Journal of the History of Ideas*）第1卷（1940年），第352—362页；朗达尔（John Herman Randall, Jr.）、海恩斯（George Haines, Ⅳ）《美国历史学家实践中的指导性的假设》，载社会科学研究会会刊第54期《历史研究的理论和实践：史学委员会的报告》（Social Science Research Council Bulletin 54, *Theory and Practice in Historical Study: A Report of the Committee on Historiography*, New York, 1946）一书，第30—34页；以及斯特劳德（Gushing Strout）《美国历史思想》，载《弗吉尼亚评论季刊》（*Virginia Quarterly Review*）第28卷（1952年），第242—257页，和《美国历史学中实用主义的反叛：贝克尔和比尔德》（*The Pragmatic Revolt in American History: Carl Becker and Charles Beard*, New Haven, 1958）。但是，遵循斯宾塞的方针的人并不一定排斥用兰克的方法来揭示进化的各种模式。所以，把兰克奉为"历史科学之父"这句话，不仅见于赫伯特·亚当斯的著作，而且在上面正文里提到的所有的历史学家也大都是这样认为的。

英国历史学家那里继承下来的[①]。美国历史学家宣称兰克是他

① 论述兰克的唯一的一篇英国人写的论文，列入普莱斯（William Price）撰的《对兰克书目的一种贡献》（载美国历史协会《年报》[*Annual Report* of the American Historical Association] 1896年第1卷，第1265—1274页）中，这就是阿克顿勋爵（Lord Acton）的《德国历史学派》，它最初发表在《英国历史评论》（*English Historical Review*）创刊号（1886年）第7—42页，后来收在《历史论文和研究》（*Historical Essays and Studies*, London，1908）一书第344—392页中。但是在1886年的时候，美国的兰克形象已经形成了。同时，当时大多数美国人以为兰克是科学的，但他们所谓科学的意义非常狭隘，而阿克顿对兰克的看法并不像美国人那样狭隘。虽然阿克顿认为"使用证据的新技术"是兰克的功劳，但是他补充说，"他（兰克）估计他的读者没有专业的知识，所以写的东西从来不是为了专家的"（《历史论文和研究》，第352页）。阿克顿还为兰克辩护，反对别人指责他的超然："尽管兰克一贯是稳健的和有节制的……但他总是使自己不要超然，不要对那些认为没有一个问题是人们不凭良心两边都可以表决的人，采取无能的不偏不倚态度。"（第355页）然而批评比较厉害的是阿克顿对19世纪50—60年代的兰克所作的评论（这些评论没有发表），见巴特菲尔德（Herbert Butterfield）《人类论自己的过去》（*Man on His Past*，Cambridge，England，1955），第219—224页。美国历史学家当然是知道麦考莱（Lord Macaulay）的《论兰克》（1840年）这篇文章的，该文收在出版年月不详的《麦考莱爵士杂文集》（*The Miscellaneous Works of Lord Macaulay*，New York，n.d.）第4卷，第365—417页。然而麦考莱在这篇文章中说，《教皇史》（*History of the Popes*）是一部"既适合细微的研究又适合重大的考虑的思想著作"。尼文斯（Allan Nevins）在《历史的大道》（*The Gateway of History*，Boston，1938）第350页中提到，卡莱尔（Thomas Carlyle）在他论述"枯燥无味的教授"（Professor Dryasdust）的时候，他心里指的是兰克。卡莱尔在他的《普鲁士腓特烈二世的历史》（*History of Friedrich II of Prussia*）中一再提到兰克（例如，见出版年月不详的《全集》[*Complete Works*，Boston，n.d.] 第8卷，第26页、299页、299页注、307页注、362页注、420页、429页、476页；第9卷，第380页注）；但是一点也看不出来，他的心里的兰克是"比所有其他已知的枯燥无味的学究高明得多的一个普鲁士的枯燥无味的学究"。他所谓的"枯燥无味的学究"似乎是指某一种类的腐儒，而不是指任何特别的一个历史学家（参看第5卷，第310页；第10卷，第45页；第17卷，第3—13页）。如果说卡莱尔称为"普鲁士的枯燥无味的学究"是指某个历史学家，那就是指沃格特（Johannes Voigt）——九卷本《普鲁士史》（*Preussische Geschichte*. Königsberg，1827—1839）的作者。古奇（G.P. Gooch）在《19世纪的历史和历史学家》（*History and Historians in the Nineteenth Century*）中对兰克的描绘（特别是第97页总结性的描述），和美国"科学派"历史学家的情形非常接近，但是这个描绘直到1913年才和世人见面。（译者按：1913年为古奇书第一次印刷的日期。）

们的导师，这在思想上也是诚恳的。或者，有一个困难是从科学（Wissenschaft）一词的极其不同的概念之中产生的，德国不像美国，从来没有把科学一词和自然科学联系得那样密切，它只是意味着用系统的方法来进行任何一种研究。这些美国历史学家有几个在德国留过学，做过兰克的学生；至少，奥斯古德听过兰克的讲课。但是他们对兰克的理解是有选择的。他们抓住了兰克对资料分析批判的重视，所以把讨论班的方法介绍到美国大学里来。但是，没有什么证据表明，他们曾广泛地读过兰克的著作，也没有一点证据表明，他们曾看过兰克的为数不多的理论文章，比如说《政治谈话》（*Politisches Gespräch*），或者是收在《全集》（*Sammtliche Werke*）第53—54卷中多斐（A. Dove）发表的信件和断片。自从这位德国大师在1871年退休以后，他们也没有去和他谈过话。而兰克的形象正是在美国历史学家的这个小团体——在1884年只有二十个历史教授的职位[①]——之内具体化了起来的。在《约翰·霍普金斯研究》集刊中发表的几篇关于历史方法和讨论班的文章、在美国历史协会的出版物以及在赫伯特·亚当斯和布恩写的两篇论兰克的重要论文[②]中，兰克的形

① 参看詹姆逊（J. F. Jameson）《美国历史协会》，载《美国历史评论》（*American Historical Review*），第15卷（1909—1910年），第2页。

② 在《约翰·霍普金斯研究》集刊（*Johns Hopkins Studies*）中，发表了赫伯特·亚当斯的几篇论文：《历史研究的新方法》（载第2卷［1884年］，第26—136页）、《讨论班图书馆和大学公开演讲》（载第5卷［1887年］，第437—469页）、《历史是过去的政治吗？》（载第13卷［1895年］，第189—203页），都部分地论述了兰克。美国历史协会《会报》（*Papers* of the American Historical Association）所载的几篇文章有重大意义：该协会在其第二次年会聘请兰克为它唯一的荣誉会员的提议中说："因为美

象得到了系统的叙述。“科学派”历史学家只是或多或少地在正确领会了兰克的分析批判方法的某几个方面的基础上,创立了一种史学的理论,这其实只是他们自己的理论而不是兰克的理论。

美国历史学家在当时对兰克的方法和他的历史观所作的种种解释是特别一致的。密西根大学的查理·亚当斯,约翰·霍布金斯大学的赫伯特·亚当斯,耶鲁大学的布恩[①]和哈佛大学的艾默顿(Ephraim Emerton)[②],在关于历史教授法的各种论文中,都认为兰克对讨论班(Seminarium)(即他的训练未来的历史学家的方法——也就是尼布尔[Niebuhr]和古典语言学家所用的考订文词的谨严方法)的改造,不仅对于德国史学而且也对于美国

国历史协会深深知道历史科学应该万分感激它最年长的、最著名的、现在还健在的代表人物……”这些文章分别见《会报》第1卷(1886年),第483页;第2卷(1887年),第13页;赫伯特·亚当斯:《论兰克》,第3卷(1888年),第101—120页;查尔斯·亚当斯(Charles Kendall Adams):《最近欧美大学和高等院校的历史工作》,第4卷(1889年),第39—65页;达布尼(R. H. Dabney):《历史是一种科学吗?》,第5卷(1890年),第263—272页。

① 《兰克》是在美国历史协会发表的一篇演说,载美国历史协会《年报》(*Annual Reports* of the American Historical Association)(1896年),第1卷,第65—82页;《兰克和讨论班历史教授法的创始》,载《教育评论》(*Educational Review*),第12卷(1896年),第359—367页。这两篇文章后来收在布恩的《历史批评论文集》(*Essays in Historical Criticism*, New York, 1901)中。布恩虽然主要是研究兰克的分析批判的方法和历史研究的应用,但他确实承认“兰克在他掌握的材料中辨别典型,具有罕见的才能”(《论文集》,第256页)。

② 《实用高等历史教授法》,载1885年出版的《历史教学法》(*Methods of Teaching History*, Boston, 1885),第36—37页;《美国教学中的历史讨论班》,载1883年出版的《历史教学法》(*Methods of Teaching History*, Boston, 1883),第192页。参看奥斯古德评兰克的《论真正的生活史》(*Zur eigenen Lebensgeschichte*),载《政治科学季刊》(*Political Science Quarterly*),第6卷(1891年),第560—562页。

历史的科学著述具有决定性的意义。因为他们全都认为兰克的客观性——他们把它和历史科学方法看作是一回事——是通过对原文的分析批判而集中到史实的建立上面的,所以他们相信对历史进行的一种兰克式的研究（即科学的研究）就在于寻找事实,而很少或者不必注意概括,同时要严格地撇开一切哲学。因此,赫伯特·亚当斯写道:

> 尼布尔（Niebuhr）虽然是一个令人敬佩的史料考据家,但他却以形形色色并没有为现存的证据所证明的关于道德的见解和哲学的见解来阐明他的罗马史。……兰克与此相反,他一心一意地紧紧抱住历史事实,不加说教,不用教训,不讲故事,而只是叙述简单的历史真理。他的唯一的心愿是如实地叙述事实——"wie es eigentlich gewesen"（如实直书）。真理和客观是兰克最高的目的。根据他的意见,历史不是为了遣兴,也不是为了教导,而是为了知识。……他不相信表明人类历史中的神意是历史学家的本分。①

艾默顿发现兰克是"真正的历史方法学说"的创立者,所以评论道:

> 如果一个人要在一个以精神为其主要特征的历史学派和一个以得到最大数量的文献事实为根据的历史学派之间

① 《论兰克》,第104—105页。

加以抉择的话，那么我们就不能老是踌躇了。……科学训练已经代替了华美词章的地位，今天全世界都受益匪浅。①

在1908年，乔治·亚当斯（George B. Adams）在美国历史协会会议上发表的主席演说中，反对社会科学家的日益剧烈的攻击，企图团结传统上的科学派历史学家来响应"我们第一个领导人的号召：历史学家的第一个责任是实现'如实直书'的叙述"②。他说：

如果人们提出这样的问题：人类的行为是受规律支配的吗？我们发现这些规律就能够建立像化学成为一种科学那样的一门历史科学吗？这是一回事。但是要问：严格的科学调查研究的方法应用于人类过去的行为，能够使我们更加确实地知道所发生的事情吗？则全然是另一回事了。兰克学派从来没有想超出这个最后的问题的范围，而兰克学派对这个问题一直是作了明明白白的（我相信也是无可争辩的）肯定的答复。真正的结果是，一种调查研究的科学和一种训练历史学家的方法已经完完全全地统治了历史学界，——这种说法是并不过分的。无论怎样，所有受过专业训练的历史学家五十多年以来千真万确地是按照这些思想接受训练的，他们全都感觉使自己从他们的学派的这样

① 《实用高等历史教授法》，第42页。

② 《历史和历史哲学》，载《美国历史评论》第14卷（1908—1909年），第236页。

> 一条基本原则之下解放出来是极为不易的：历史学家的第一个责任就是尽可能地肯定并精确地记录下来所发生的事实。不大可能发现，经过这种训练的历史学家会比早些时候的其他前辈更加专心致志于研究科学的问题或者历史哲学的问题。所以，事实是直到现在，专门的历史学家还不曾研究这些问题。他们把这些问题留给诗人、哲学家和神学家去解决了[①]。

的确，有些作家如约翰·林肯（John Larkin Lincoln）[②]（布朗大学的拉丁语学家，兰克的弟子，学术界老前辈）、斯塔肯堡（J. H. W. Stuckenberg）[③]（柏林美国教会的牧师和社会学家）、马汉（Alfred T. Mahan）[④]都认识到：兰克在相当大的程度上是超出了为事实而搜寻事实的，但是一些主要的研究部门的人们却相信兰克整体上的非哲学性。所以，布恩在一篇评论那尔班田（Nalbandian）的研究的文章中（尽管那尔班田分析兰克的哲学思想的研究是一篇材料很不错而论述又精彩的文章），却依然表示“惋惜说，作者并不曾同样留心地既考察他的方法（作为一个调查者），又考

① 《历史和历史哲学》，载《美国历史评论》第14卷，第223页。

② 《历史学家兰克——为罗得岛历史学会而作，1889年4月16日》，收在《约翰·林肯（1817—1891）纪念文集》（*In Memoriam John Larkin Lincoln, 1817—1891*, Boston, 1894）中。

③ 《兰克和他的方法》，载《安多弗评论》（*Andover Review*）第7卷（1887年），第117—137页。

④ 《历史研究中的从属关系》，载美国历史协会《年报》（1902年）第1卷，第49—63页。

察他的意义和影响（作为一个教师）"[①]。

对所谓"新史学"——它是把作为一种社会存在的人的全部活动拿来考虑的，并且是"以现在的社会利益具体地在表现过去"[②]的——的需要，还在鲁滨逊于1912年出版他的著名论文集《新史学》（*The New History*）以前二十年的时候，就已经成为一种很大的潜势力了。早在1891年，特纳（Frederick Turner）业已写道："历史是一切传给我们的遗产"，不仅仅是文献而已[③]，所以，"新史学"这个术语本身在19世纪90年代就已问世了。

"新史学家"在号召历史学应该超出事实而走向归纳和概括的时候，是在向兰克的方法论，更正确地说，是在向"科学派"所保持的兰克的形象挑战的。他们承认"科学派"自命为兰克学派的这种说法，并且大部分还接受了老一辈把兰克看作是一个经验主义的、非哲学的作家这一形象。这样一来，他们就特别反对兰克被人认为未能超出事实而进行概括的缺点。哈特（A. B. Hart）在他的主席演说中，对美国历史协会全体会员宣布：兰克曾天真地假定说，历史学家只能够"单纯地告诉你事情是怎样的"[④]。鲁滨逊论述了兰克骄傲的自夸，即他所提出的要说出真相来——"如实直书"，并指出他并未能认识到分析批判的方

① 见《美国历史评论》第8卷（1902—1903年），第182页。

② 贝克尔：《社会问题和思想对历史研究和著述的影响的几个方面》，载《美国社会学杂志》（*American Journal of Sociology*）第18卷（1912—1913年），第641页。

③ 《历史的意义》，收在《特纳早期著述》（*The Early Writings of Frederick Jackson Turner*，Madison，1938）一书，第54页。至于特纳讨论兰克的地方，见上书，第51页。

④ 《历史中的幻想》，载《美国历史评论》第15卷（1909—1910年），第245页。

法只是替科学的历史学在作朴素的准备罢了[①]。至于在班兹（H. E. Barnes）看来，兰克的贡献主要是，“他总结了内部考据的各种原则和在讨论过去时坚持完全客观”[②]。兰克要求“我们应该正确地知道过去发生的事情”[③]。绍特韦尔（J. T. Shotwell）说：“兰克所发挥的理论，其含义只不过是要把过去栩栩如生地重新表现出来而已。”他所关心的是“具体的、明确的事情，搜求各种细节，警惕着自己掌握材料的主观性而保持客观性”[④]。对提加特（F. J. Teggart）来说，兰克代表的是科学发展的一个早期阶段，那时的科学所从事的乃是积累事实，而不是归纳。“总而言之，兰克思想的偏好和他所处的时期，都早于达尔文生物学的时代。”[⑤]

“新史学家”对老一些的兰克形象所作的一个修改，大概是对兰克概念的改变，认为他纯粹是一个静态的历史学家，其主要兴趣仅只在于细节的叙述而不在于对发展的研究。这一点

---

① 《新史学》(*The New History*, New York, 1912)，第47页。参见怀特（Morton G. White）《美国社会思想：对形式主义的反抗》(*Social Thought in America:The Revolt against Formalism*, New York, 1949)，第221—224页。

② 《历史学的发生和发展》(“History: Its Rise and Development”)，载《美国百科全书》(*The Encyclopedia Americana*, New York, 1932)第14卷，第245页，参见《历史著作的历史》(*A History of Historical Writing*, Norman, 1937)，第245—247、266页。

③ 《社会科学的历史和前景》(*The History and Prospects of the Social Sciences*, New York, 1925)，第30页。关于“兰克对于过去事实之无目的的搜求”，见《新史学与社会科学》(*The New History and the Social Studies*, New York, 1925)，第31页。

④ 《历史的解释》，载《美国历史评论》第18卷（1912—1913年），第703页。

⑤ 《历史学的情况或梗概》，载《美国历史评论》第15卷（1909—1910年），第709页。

却反映了这些学者对兰克的著作读得非常之少。经常提出来的新的战斗口号（大概是从兰普雷希特那里借来的），现在已不是"wie es eigentlich gewesen"（如实直书），而是"wie es eigentlich geworden"（按事情是怎样演变的）。[①]

令人惊异的是，美国历史学家的兰克形象受到兰普雷希特的影响非常之小，而兰普雷希特在德国花了二十年的时间领导着一场修正史学史的运动，它采取的途径和美国"新史学"所采取的一样。兰普雷希特于1906年在美国讲学[②]。只有一个不很著名的历史学家厄尔·道（Earle Wilbur Dow），似乎对兰普雷希特的著作仔细读了一番，结果写了一篇文章，对兰克的形象作了一番重要的修正，可惜这篇文章没有引起多大注意。厄尔·道在一篇评论兰普雷希特的《德国史》（*Deutsche Geschichte*）的文章中，虽然承认考证学的价值，但是他强调这种学术只是"一种工具、一种达到目的的手段，这对（历史学）以及对其他几种社会科学来说，都是如此"[③]。厄尔·道认为，历史学是一种归纳的科学。但是，在他看来，兰克并不真正属于老派的专门学术之列。说得更恰当一点，兰克的历史观是以形而上学的前提为依据的，这是一种唯心主义的世界观，（按照兰普雷希特的说法）它是德

① 参见厄尔·道（Earle Wilbur Dow）《就兰普雷希特的〈德国史〉来考察新史学的特点》，载《美国历史评论》第3卷（1897—1898年），第448页；班兹：《新史学与社会科学》，第29页。

② 这些演讲汇集成册，英文本叫做《历史是什么？》（*What Is History*? New York, 1905），德文本叫做《近代史学》（*Moderne Geschichtswissenschaft*, 2nd ed., Berlin, 1909）.

③ 《美国历史评论》第3卷（1897—1898年），第431—448页。

国*Identitätsphilosophic*（同一性哲学）的世界观，而且是一种普遍主义的历史观，本质上和德国古典文学中世界主义的历史观一样。兰克意识到有一个隐藏在世界背后的上帝，上帝通过人类和历史来表现自己，所以兰克就把个人、民族和国家描绘成为一种世界运动的工具。"思想"、"传达力"、"更高的权势"、"推动世界前进的活精神（Geist）所产生的力量"——这些，按照兰克的描述，当它们展现时全都能为人们所察觉，但却不能加以界说。厄尔·道在结论中说："从这里面要发现很多现代的科学精神，确实是很不容易的。不管对兰克的评价是多么高，但他总归是上一个世纪的产儿。"

在相对主义者和新史学家之间要清清楚楚地划出一条分界线是很困难的。在某种意义上说来，贝克尔和比尔德两人在传统上都属于"新史学"派，因为"新史学"是通过广大的、社会的途径来研究历史的。基本上，"新史学"里面就埋着相对主义的种子，因为它把历史的认识看成是一种连续不断的、以社会为条件的过程。特纳早已说过："每一个时代都根据它那个时代最突出的条件重新编写过去的历史。"[①]或许，相对主义者和新史学家之间最根本的差别就是贝克尔的怀疑主义和比尔德（在他一生的最后十年）的怀疑主义了，后者认为甚至于接近客观的知识也是不可能的。在20世纪30年代所发生的相对主义的争论中，兰克的形象起了主导的作用，而这种形象根本上乃是"科学派"的兰克的形象。

贝克尔在1931年发表他的美国历史协会主席的演说《每

① 特纳：前引书，第52页。

个人都是他自己的历史学家》[①]——这篇演说第一次使他的观点名噪一时，二十年以前，他就已经始终一贯地宣传关于历史知识的相对主义的立场了。他在1910年打了第一枪，那就是他发表的《论超然和历史著述》的论文，这篇论文是针对兰克派主张客观的史学根据“如实直书”描写过去是完全可能的这一幻想而发的。[②]两年以后，贝克尔又发表了一篇关于《社会问题和思想对历史研究和著述的影响的几个方面》的论文，他在这篇文章中说：“历史学在19世纪第三个二十五年之成为‘科学’，这受兰克的影响也许不下于受自然科学的影响。”但是，贝克尔也认识到，美国“科学派历史学家”在“对于历史事实采取一种像科学家对自然现象那样的客观和超然的态度”方面，或许比他们的老师走得更远，他们的老师尽管抱着不偏不倚的高尚理想，却不曾完全从唯心主义的前提之下把自己解放出来。[③]

不过，兰克作为经验主义的、非哲学的历史学家这一形象，也许在比尔德和史密斯（T. G. Smith）论战的文章中得到了最明显的总结。比尔德在他的至今还脍炙人口的美国历史协会主席演说《写作历史是一种信心的行动》（发表于1933年）中认为，当代思想已经抛弃了兰克所创造的这种概念，即“可能如实地描述过去就像是工程师讲解一架机器一样”。这种客观性的理想，

① 《美国历史评论》第37卷（1931—1932年），第221—236页。

② 《大西洋月刊》（*The Atlantic Monthly*）第106卷（1910年），第525页；以后收在斯奈得（Phil L.Snyder）编《超然和历史著述：卡尔·贝克尔论文和通信集》（*Detachment and the Writing of History: Essays and Letters of Carl L. Becker*, Ithaca, 1958）一书，第6页。

③ 《美国社会学杂志》第18卷（1912—1913年），第657、659页。

只是与兰克有关系的德国统治阶级旨在巩固他们的地位的一种自然的结果。[①]史密斯则为“兰克公平无私地追求真理的思想”而辩护[②]。所以比尔德在回答他的这种辩护时便进一步检查了“兰克的历史公式”，并发表了一篇题为《那高贵的梦想》的文章。“历史的真相，经过考证研究，能够被揭示出来，能够被当作是客观真理，也能够如此这样地加以叙述”，——这一理论是以某些假定作为依据的。其中包含这样一些信念：“历史学家至少为了达到他的研究和著述的目的，能够摆脱他本人的种种兴趣的色彩，例如宗教、政治、哲学、社会、男女、经济、道德、美术等等，而且能够极其公正地考虑这类Gegenuber（对立面）”，“历史学家通过纯粹理性的或者知识的努力，就能够理解这种历史的本质自身，同时这些本质的东西，既不能渗透着，也不能夹杂有任何先验的东西”。兰克确实“在事实上并没有跟着他这种推论的逻辑得出经验主义的结论”，因此在他的著作中反映出了宗教的和政治的偏见。“他虽然抛弃了哲学，宣布了实证的历史学，但是仍然受着Pantheismus（泛神论）的约束。”[③]比尔德的《史学史中的思潮》[④]这篇文章反映

① 《美国历史评论》第39卷（1933—1934年），第221页。

② 《美国历史评论》第40卷（1934—1935年），第448页。

③ 《美国历史评论》第41卷（1935—1936年），第76、77页。

④ 《美国历史评论》第42卷（1936—1937年），第460—483页。（译者按：这篇文章［Currents of Thought in Historiography］是比尔德与发格茨［Alfred Vagts］合写的。这篇文章和上面提到的两篇文章——《写作历史是一种信心的行动》［Written History as an Act of Faith］和《那高贵的梦想》［*That Noble Dream*］——以及他在1936年出版的《人类事务的讨论》［*The Discussion of Human Affairs,* NewYork，1936］被认为是比尔德关于史学史的四篇论著。）

出，虽然他读了一些20世纪20年代和30年代德国历史主义者（historicist）的著作，但一点也没有根本改变他心中的兰克的形象。

史学史的其他作家在过去二十年之中，一直都把兰克学说的精髓等同于这条金科玉律：wie es eigentlich gewesen（“如实直书”）。汤普森（James Westfall Thompson）在一本标准的教科书《历史著作史》中主要也论述了兰克对资料的考证性的处理。虽然他对兰克的思想学说讨论得极为简略，但他的结论仍然是：“对兰克以及对‘客观的’和‘科学的’兰克历史学派的主要批评（在于）其整个的非哲学性。”[①]尼文斯（Allan Nevins）认为兰克是“提倡无色彩的历史的主要代表人物”，他的历史思想曾被很好地总结为有口皆碑的一句话：叙述过去应该wie es eigentlich gewesen（“如实直书”）[②]。尼文斯和汤普森两人在提到比尔德的《那高贵的梦想》时指出：尽管兰克的理想是客观，但兰克“并没有做到完完全全的客观；他的许多著作都是不自觉地站在他那个时代普鲁士的保守反动的立场上写出来的”[③]。霍尔特（W. Stull Holt）在他的一篇杰作《美国的科学历史学的思想》论文中说，美国科学学派的理想就是兰克的理想。贝提（E. C. O. Betty）和约·史密斯（Joe Patterson Smith）（在《纪念马可·哲内甘的美国史论文集》中）、内夫（Emery Neff）（在

① 《历史著作史》第Ⅱ卷（New York，1942），第185页。

② 《历史的大道》，第43、350页。

③ 尼文斯，第43页；参看汤普森，第Ⅱ卷，第186页。

《史中之诗》[①]中)、哥特肖克(Louis Gottschalk)(在《历史的理解》[②]中)以及约迪(William H. Jordy)(在他的评论亨利·亚当斯的一书[③]中),都反映了一种类似的解释。最近,韦伯(Walter P. Webb)在一篇文章中提出批评说,美国历史学家(由于把德国讨论班的实质看成是教学的方法而非其所表达的伟大的思想)所移植过来的只是它的外壳,而不是它的内部的精神;尽管如此,他依然描绘兰克说,"他的名字是'科学的'历史学方法的同义语",并把兰克描绘成为属于19世纪自然科学的传统的人物。兰克"是和莱伊尔(Lyell)、华莱士(Wallace)、达尔文和勒南(Renan)同时代的人,这些人在他们各自的领域里运用了分析批判的方法,而且最终作出了惊人的成绩。他(兰克)把教室变成了实验室,用文献资料代替了'大量的蛤蜊'"——这就是韦伯对兰克的评论。[④]

二

在德国,出版论文和书籍的高潮是在19世纪80年代才开始的,最初是在兰克九十岁大寿的时候,然后是在他逝世的时候。这一潮流的出现和美国的兰克热是同时的。然而德国对兰克的

① 《史中之诗》(New York, 1947),第189—191页。

② 《历史的理解》(New York, 1950),第49、218、220页。

③ 《科学派历史学家亨利·亚当斯》(*Henry Adams: Scientific Historian*, New Haven, 1952),第1、2、3、130页。

④ 《历史讨论班:其外壳及其内部的精神》,载《密西西比河流域历史评论》(*Mississippi Valley Historical Review*)第42卷(1955—1956年),第6、11页。

讨论和在美国的不同，它表现为一股稳定的潮流而一直持续到今天。值得注目的是，几乎所有这些卷帙浩繁的文献，正如傅特尔（Fùeter）所指出的[①]，都把兰克处理成为一个历史理论家而非一个历史写作家。

兰克的形象在80年代以前，并不曾确立。对于这位伟大的历史学家还没有系统研究，而只有一些零星的评论，其中有许多都是带有争论性的。“如实直书”这一信条以及兰克所明白表示的要在自己的作品里消灭主观随意性这一愿望，在一般人对兰克的印象中还没有清楚的轮廓；大家知道，他只是一个“客观的”历史学家并且是第一个把语言学家和古典学者分析史料时所发展的那种考据方法引用于中世纪史和近代史的人。“客观的”历史学家这一形象，更被黑格尔派与民族主义派的兰克批评者所加强了。据说黑格尔本人曾经说过，兰克只“不过是一个平凡的历史学家”，而利奥（Leo）[②]和其他一些人则攻击兰克对于细节与真情实事的学究式的关注。西贝尔（Sybel）在1856年[③]，以及文学史家库尔茨（Heinrich Kurz）[④]和施尔（Johannes

① 《近代史学史》（*Geschichte der neueren Historiorgaphie*, München, 1911），第473页。

② 参见西蒙（Ernst Simon）《兰克与黑格尔》（*Ranke und Hegel*, München, 1928），原载《历史杂志》（*Historische Zeitung*），第15分册，第82页；关于利奥，见同书，第93—102页。

③ 《论德国近代编史学的状况》，载《历史小品集》（*Kleinere historische Schriften*, Stuttgart, 1880—1897）第1卷，第358页。

④ 《德国文学史》（*Geschichte der deutschen Literatur*, Leipzig, 1861），第3版。

Scherr)[①],也都像特赖齐克(Heinrich von Treitschke)[②]在指责他处理群众时采取贵族式的轻蔑态度那样,批评他缺乏道德的涵养。然而,即使是这些黑格尔派的批评者,也并没有把兰克描绘成是一个实证主义意义上的经验论者。黑格尔派的《哈勒年刊》(*Hallischer Jahrbücher*)里有两篇文章都承认兰克有哲学的兴趣,其中一篇谈到黑格尔历史观的核心是"纯逻辑的过程",而兰克则力图描绘"那种包含着远较纯粹思想更多得多的精神的全部生命力"。[③]斯特劳斯(F. D. Strauss)有一段话曾饶有趣味

① 《德国文学通史》(*Allgemeine Geschichte der deutschen Literatur*, Stuttgart, 1875)第5版,第Ⅱ卷,第284—285页。然而,可以对比柯柏斯坦(August Koberstein)在《德意志民族文学史大纲》(*Grundriss der Geschichte der deutschen National Literatur*, Leipzig, 1866)第Ⅲ卷,第3247—3248页中称赞兰克是"德国精神最辉煌(geistvollsten)和最完美的作家之一"。克鲁格(Herman Kluge)在其《德意志民族文学史》(*Geschichte der deutschen National Literatur*, Altenburg, 1866)第16版第21页中,赞扬了兰克的"严谨的客观态度和不偏不倚的精神"以及他的"艺术表现力"。

② 《19世纪德国史》(*Deutsche Geschichte im neunzehnten Jahrhundert*, Leipzig, 1899),第Ⅳ卷,第467页;另见第4版(Leipzig, 1899),第413—414页。

③ 克留蒲费尔(Karl August Klüpfel)评兰克的《宗教改革史》(*Reformationsgeschichte*),载《哈勒德国科学与艺术年刊》(*Hallische Jahrbücher für deutsche Wissenschaft und Kunst*)第1697—1709辑,第213、214期(1840年9月4日、5日),第1945—1966辑,第244—246期(1840年10月10日、12日、13日);另一篇是艾赫特迈耶(Theodor Echtmayer)的更富于批评性的文章,载第144辑,第18期(1840年1月21日)。这两篇文章在西蒙书中曾引过。关于黑格尔派广泛评论兰克的内容,见第87—106页;关于讨论早期特别是黑格尔派对兰克著作的批评,又见约钦森(Paul Joachimsen)为兰克《宗教改革时代的德国史》(*Deutsche Geschichte im Zeitalter der Reformation*, München, 1925—1926)一书所写的"序言",第I卷,第xcii—cv页。

地重刊于美国历史协会《年报》中[①]，他谴责了兰克不愿意拿历史上的繁琐材料弄脏自己的手，并把兰克视为是一个“历史学的抒情作家”，其观点并不是叙述式的而是“对材料加以思索”式的。史密特（Julian Schmidt）在1855年则以一种更为积极的色彩，把兰克看成是一个“对生命的全部具体现象怀有感受”的人，但同时又是一个能超出于个别事件之外来下判断并在追求普遍真理的人。[②]

较早的著作里面已经蕴含的东西，到了80年代的更广泛的研究里，就阐明得更加详细了。鲁蒙特（A. V. Reumont）[③]和兰克的学生、瑞士历史学家斯特恩（Alfred Stern）[④]都着重指出兰克对于史料的批判运用以及他的客观性的理想，并且为这位大师勾绘出了一幅和赫伯特·亚当斯或布恩所描绘的没有多大差别的画像。然而和美国人不同，他们的确是避免了把兰克的路线等同于历史学中的科学方法（当然是美国人所理解的科学这一名词那种意义上的科学方法）。魏格勒（Wegele）在他的史学史中基本上仍然同意把兰克说成是客观的历史学家，但是他着

---

① 《年报》（1896年），第1卷，第80—81页。这段话附录于布恩在美国历史协会发表的一篇关于兰克的演说里（载美国历史协会《年报》第1卷，第65—82页）。

② 《19世纪德国文学史》（*Geschichte der deutschen Literatur im neunzehnten Jahrhundert*，Leipzig，1855）第Ⅲ卷，第453—461页。

③ 《兰克》，载《史学年刊》（*Historisches Jahrbüch*）第Ⅶ卷（1886年），第608—635页。

④ 《悼念兰克》，载《祖国》（*Die Nation*）第Ⅲ卷（1885—1886年），第510—513页；《兰克与魏茨纪念集》，载《瑞士史学年刊》（*Jahrbüch für Schweizerische Geschichte*）第Ⅻ卷（1887年），第xi—xxvi页。

重指出了兰克对于大的运动和世界史的关心①。古典学者波尔曼（Robert Pöhrmann）②和历史方法论者伯伦汉（Ernst Bernh-eim）③又前进了一步，他们都指出兰克不仅注意对死事实的搜集，而且还注意世界史的内部联系。伯伦汉曾谈到，兰克的史学路线在本质上乃是发生学的。他不仅怀疑兰克是一位客观的历史学家这一概念，而且还怀疑在历史学中划清客观方法与主观方法的区别究竟有多大意义。在今天，史密特则把兰克看成在内心深处是一个伟大的艺术家与史诗诗人。④

然而也有一些著名的德国学者，包括历史学家西贝尔（Heinrich von Sybel）⑤、普鲁茨（Hans Prutz）⑥，多斐（Alfred Dove）⑦和罗伦茨（Ottokar Lorenz）⑧和政治学家罗斯勒（Constantin

① 《人文主义兴起以来的德国史学史》（*Geschichte der deutschen Historiographie selt dem Auftreten des Humanismus*，München，1885），第1041—1061页。

② 《兰克的世界史（1884）》，载《古代与现代》（*Aus Altertum und Gegenwart*，München，1895）一书，第363页。

③ 《历史方法与历史哲学教程》（*Lehrbuch der historischen Methode und der Geschichtsphilosophie*，Leipzig，1894），第2版，第5页。关于史学中客观性和主观性问题的讨论，见同书，第556—578页。

④ 《论兰克》，载《德意志评论》（*Deutsche Rundschau*）第47卷（1886年），第218—236页。

⑤ 《兰克纪念录》，载《历史杂志》第56卷（1886年），第463—481页。

⑥ 《论兰克》，载《我们的时代》（*Unsere Zeit*）第2卷（1886年），第145—163页。

⑦ 《祝贺兰克的世界史（1880）》，收入《文选》（*Ausgewählte Schriftchen*，Leipzig，1898）一书，第192—199页；《兰克与传记学的关系》，见同书，第205—226页；《德国传记总集》（*Allgemeine Deutsche Biographie*，Leipzig，1888），兰克条，第27卷，第242—269页。

⑧ 《史学的基本方向与任务》（*Die Geschichtswissenschaft in Hauptrichtungen und Aufgaben*. Berlin，1886，1891）两卷集，第Ⅱ卷题名为《兰克：历代的讲述与历史教学》。参看《祖国》第8卷（1890—1891年），第497—500、512—515、530—532页中一篇未署名的对罗伦茨和多斐两人的批评，以及同杂志第547页罗伦茨的答复。

Rössler)[①]等人在内,则是更加尖锐地与把兰克看成是与“客观的”历史学家的这一观点相决裂的,他们都在兰克的身上看出了历史学中的德国唯心主义传统(他们是把自己列入这个传统的)的体现与高峰。他们对兰克的解释就形成为后来一直在左右着德国历史思想的那种兰克形象的核心。在某种意义上说,这些作家在分析兰克的方法论与历史观的时候,已经勾绘出来了威廉时代德国历史科学思想与社会科学思想同西方民主国家到今天仍然在流行着的更富于理性主义的倾向大为不同的新唯心主义认识论的基本假设。

这五位作家都同意,兰克有意要超越单纯地重建过去的事实。西贝尔在追悼讲话中说:“兰克并不停留于具体的描写,而是力图钻透生命中最深邃而又最神秘的运动。”[②]多斐阐述道,兰克史学的意图是要根据个体的元素而建立世界史,以期从伟大的历史篇章中认识上帝[③]。据普鲁茨的说法,兰克是“希望直觉地突破世界发展中的最后神秘”[④]。尽管一般人的概念是,兰克已经一举而永远把哲学从历史学里面消灭干净了;然而罗伦茨却发见兰克是在历史现象的背后寻求着某种与哲学密切相关联的东西。[⑤]

① 《论兰克》,载《普鲁士年刊》(*Preussische Jahrbücher*)第58卷(1886年)第64—74页。

② 见《历史杂志》,第56卷,第463页。

③ 《文选》,第206页。

④ 同上书,第163页。

⑤ 《史学的基本方向与任务》第Ⅱ卷,第51—52页;第Ⅰ卷,第220页;第Ⅱ卷,第75—76页。

然而，多斐和罗伦茨都同意，兰克并不想要提出一套系统哲学或者是一套模式化的历史观。上面五位作家都同意，说得更恰当一点，兰克是企图从对个别事件的思考出发而达到对普遍真理的理解。他的路线在任何意义上都不是反哲学的而只是反先天论的，即反对以抽象路线处理历史现实。他的伟大的信心是：生命“是永远不能从概念上加以把握的”[①]。多斐还说：“他的头脑永不疲倦地在关怀着普遍性的东西，然而他绝不是通过对毫无生命的概念的推演，而是通过对整个人生的清楚的思考才掌握它的。”[②]罗斯勒以兰克和歌德并附带地和黑格尔相比较，他阐述说：“这些人乃是真正的经验主义者，他们本身就是伟大而纯洁的世界镜子，因为他们是通过活的思考而不是通过概念的媒介来接触事物的全貌及其联系的。”[③]西贝尔强调指出了历史认识中的非逻辑的成分“人格的核心是不能像化学化合物的公式那样加以确定的；它唯有通过思考的幻想才能加以把握。”[④]

因而，兰克方法的核心并不在于搜集素材（这一点只是达到目的的手段），而在于对活生生的现实加以部分地带有内省性质的思考。因此，客观性与主观性的问题乃是一个相对的问题。罗斯勒说过，思考者的“内在世界”并不是仅仅“属于某一个确定的人的世界，而是属于普遍的精神的世界”[⑤]。

---

① 《史学的基本方向与任务》，第II卷，第53页。

② 《文选》，第206页。

③ 见《普鲁士年刊》第58卷，第64页。

④ 见《历史杂志》第56卷，第475页。

⑤ 见《普鲁士年刊》第58卷，第64页。

罗伦茨也许是在强调兰克史学的主观性方面跑得最远的了。对他来说，所谓兰克的客观性的说法只是一种神话，而且兰克的批判方法的原则，也是无法加以任何规定的。“凡是看见过兰克埋头在档案里工作的人都可以确信，一切系统化的程序都是和他格格不入的。他只是总结了某些他在追求其答案的问题。”兰克的伟大在于他把自己伟大的人格投入了自己的作品。“如果他说过他希望消灭主观的任意性，这正是他对自己强烈的主观感情的一种承认。”①

像西贝尔和罗伦茨这些人根本上是同情这位大师的，他们所提出的兰克这一形象，乃是19世纪和20世纪之交德国历史学家中的唯心主义与实证主义的论战中兰克的维护者与批评者双方都加以肯定的。在兰普雷希特这位颇为孤寂的德国历史实证主义者的代言人看来，在历史著作中摒弃德国唯心主义的传统多少也就等于是抛弃兰克的历史观。年轻的迈纳克在一篇纪念西贝尔的文章里，论到当代德国文学中的两种方向：一种是回到兰克的方向，但不幸缺乏了西贝尔那一代人的政治兴趣；另一种是强烈的实证主义的方向，它关怀着当前的社会问题，但又缺乏“内心的明晰性”。迈纳克呼吁道：“我们这些认为老一代的唯心主义的世界观和强烈的国家感情（Staatsgefuhl）还不曾死去的人，忠诚地希望能保持它的遗产而不让它僵化成为一种不可变更的教条。”②兰普雷希特在刊于哈登（Harden）编的《未来》

① 《史学的基本方向与任务》，第Ⅱ卷，第132页。

② 《历史杂志》，第75卷（1896年），第390—395页。

（*Die Zukunft*）的答辩中[①]、在《历史杂志》中[②]并在《历史科学中的老方向和新方向》[③]一书中，都认为迈纳克所描叙的两种方向并不是基于世界观的不同，而是基于方法论的不同，并且以为兰克的史学是基于一种旧式的、前科学时代的方法论的。

兰普雷希特在兰克历史观的核心里看出了观念的学说。兰普雷希特同意老一辈作家们的意见，认为兰克在体系的意义上和概念的意义上说来，并不是一位哲学思想家。他像歌德一样，从来不曾明确地规定过自己的观念。构成为兰克史学思想的焦点的乃是"同一性哲学（Identitätsphilosophie）那种意义上的唯心主义世界观，以及本质上是我们古典文学中世界主义那种意义上的普遍主义的历史观"[④]。观念是历史的动力，它体现为伟大的人物和制度，而在观念的背后则是一位有人格的上帝。兰克史学的目的既不是搜集事实，也不是总结一般的规律，而是要认识观念。兰普雷希特引证兰克时指出，尽管兰克一开头是力图获得"（1）对个别时刻，（2）对个人动机，（3）对他们相互作用这三者的确切知识"，但历史研究的终极结果则是对于宇宙全体的亲切体验与亲切理解（Mitgefühl und Mitwissenschaft des Alls）[⑤]。这样，兰克

① 《史学的现状》，载《未来》第14卷（1896年），第247—255页。

② 《论史学中青年与老年方向的不同》，载《历史杂志》第77卷（1896年），第257—261页。另参见迈纳克的答辩，载《历史杂志》第76卷（1896年），第530—531页；第77卷（1896年），第262—266页。

③ 《历史科学中的老方向和新方向》（Berlin，1896）。

④ 《历史科学中的老方向和新方向》（Berlin，1896），第31页。

⑤ 同上书，第48页。

的神秘观念就决定了他的方法。[①]

因此，兰克不能被看作是一个近代意义上的科学的思想家。他的"观念首先是根据个人信仰的立场，其次才是根据科学的探讨"[②]。然而，历史学的目的却是要对人事情况作出因果解说的一种归纳性的科学。兰克代表的是一个更为早期的阶段，这一阶段首要地是关怀着个人的动机，并且还未能摆脱思辨哲学。但是，"观念的学说和他的关于现象的理论曾经红过一个时候。它们将永远成为我们历史学上整整一个时代的以及一个历史天才的纪念碑"。历史科学是早已超越了德国唯心主义的"形而上学的神秘体系"了[③]。

兰普雷希特所号召的实证主义的历史科学，事实上始终不曾被人注意。可是，兰克作为一个德国唯心主义传统的思想家这一形象，却在此后直迄第一次世界大战为止的二十年之中始终无可争辩地屹立着。至今在美国还占有统治地位的那个毫无哲学气味的、不偏不倚的史实搜集者的兰克形象，几乎早就在德国完全消逝了。傅特尔在他那部史学史（常常是初学者研究兰克的一本入门书）里，讨论了这位伟大的历史学家的观念的理论、他之反对国别史的研究方法、他之把历史看作部分地是一种艺术形式的这一概念、对历史的整体处理以及最后他那由于"需要深入的整理分析"而产生的语言学的批判方法。[④]傅特尔发现

① 《历史科学中的老方向和新方向》(Berlin，1896)，第34页。

② 同上书，第44页。

③ 同上书，第71页。

④ 见前引《近代史学史》，第478页。

兰克的批判方法有着严重的错误。他的方法曾经产生了这样的结果：毫无批判地接受有倾向性的外交报告，站在政府的立场上对历史事件进行片面的观察，而忽略了经济的和其他的力量。①

兰克的分析者们大多数都认为自己与兰克的基本认识论的立场是一致的，尽管有些人批评了这位大师的狭隘的政治路线。对兰克的研究构成了新历史唯心主义话语的一个重要部分。只有一位作家、一位年轻的哲学博士狄特尔（Otto Diether）公开宣称要批判这位大师②。在狄特尔看来，兰克是一个18世纪的学究历史学家，他看不到19世纪的新力量、政党和群众运动。但是就连狄特尔看来，兰克也并不是一个单纯的事实搜集者。在这一段时期里，并没有给兰克的形象增添什么新的东西。唯心主义者的老论点在被人重复着。所有的作家们似乎都同意，兰克并不是一个狭隘意义上的经验主义者，而是一个综合者。几乎所有的人都看到了兰克著作中的哲学含义。然而，在一篇也许是兰克研究中材料最丰富的文章里，那尔班田（Wahan Nalbandian）却对罗伦茨以及对他自己的老师兰普雷希特都有争议；那尔班田宣称："凡是兰克著作中听起来是形而上学的东西，都只是由于他表达自己的方式以及他的文风所引起的。"③史迈德莱（B.

① 见前引《近代史学史》，第480—482页。

② 《作为政治学家的兰克》（*Leopold von Ranke als Politiker*, Leipzig, 1911）；又，迈纳克在《史学杂志》上的评论，第111卷（1913年）。也参见狄特尔的论文《兰克与德罗伊森：一个平行的发展》，载《普鲁士年刊》第142卷（1910年），第1—20页。

③ 《兰克的成熟年代与历史观》（*Leopold von Rankes Bildungsjahre und Geschichtsauffassung*, Leipzig, 1901），第61页。

Schmeidler）也指出，兰克并不想把历史加以图式化[①]；布劳恩（Otto Braun）说，兰克并不想“解释”一种体系或者是追求思辨的观念[②]；狄尔泰（Wilhelm Dilthey）——他把兰克比之于歌德——也和某些别人一样重新强调了兰克的沉思式的而非概念式的史学路线。[③]

然而，这一时期的文献中也出现了两种新调子：一种是对兰克的客观性究竟意味着什么的问题，另一种是对兰克所关切的那种同一性的哲学涵义的问题，人们对这两个问题的兴趣在日益增长着。兰克显然并不是个天真的客观主义者，像某些美国人所想的那样。兰克本人已经察觉到了知识的相对性和主观性，并且提示了每一个世代都必须重写历史。用李特尔（Moriz Ritter）的话说，兰克认为客观的历史学家的任务倒是“要把握历史活动力的独特个性”[④]。按照史迈德莱的说法，兰克的客观性并不是意味着同等地关怀许多细小的因素，而是意味着思索“客观的观念”，思索“人类灵魂的伟大企图与方向”[⑤]。

---

① 《论兰克历史著作的发展：对他的理论评价的一个研究》，载《史莫勒年刊》（*Schmöller Jahrbüch*）第27卷（1903年），第500—501页。

② 《历史哲学》（*Geschichtsphilosophie*，Leipzig，1913），第55页。

③ 《精神科学中历史世界的构造》，载《全集》（*Gesammelte Schriften*，Leipzig，1927）第Ⅶ卷，第101—103、114页。

④ 《兰克，他的精神发展和他的历史写作（就职演说）》（*Leopold von Ranke*，*Seine Geistesenlwicklung und Seine Geschichtsschreibung: Antrittsrede*，Stuttgart，1896），第24页。又见《对主要史学史著作的考察》（*Die Geschichte der Geschichtswissenschaft an den führenden Werken betrachtet*，München，1919），第362—421页，在这本书中李特尔是主张兰克有一套理论和一套历史哲学的。

⑤ 见《史莫勒年刊》第27卷，第493—494、505—506页。

在狄尔泰看来，兰克伟大的贡献就在于他体会到了一切历史知识的基础必须是历史的独特的联系（Zusammenhang）的再现[①]。那尔班田着重指出，在兰克看来，历史思想不像哲学思想，它并不是从抽象出发的。然而，它也并不就停留在特殊化的探讨层面上。相反的，只有通过个别才能表现一般，而历史学家则是通过思索个别的发展及其与其他个体的动力关系来达到普遍真理的[②]。可是，尽管兰克努力要发现历史的原则与观念，并且他深信一切生命都朝着一个目的在奋斗；但据史迈德莱的意见，兰克却充分地察觉到了并没有什么概念能够把历史的发展统一起来。兰克在历史之中看到了多种多样的个体，它们表现着不同的观念并具有一定程度的自由，而且阻碍了我们认识人类发展的统一性。人类发展包含有无限的多样性，它是为人所不知的神秘的法则统治着的。[③]

在上述这些对兰克的分析里，已含有第一次世界大战后的历史主义（Historismus）的基本原则。在某种意义上，历史主义——这个名词有许多种意义[④]——乃是20世纪表现“战后年

---

① 见《狄尔泰全集》第Ⅶ卷，第102页。

② 《兰克的成熟年代和历史观》，第43—49页。

③ 见《史莫勒年刊》第27卷，第467、479、492页。（古里亚［Eugen Guglia］的《兰克生平与著作》［*Leopold von Rankes Leben und Werke*, Leipzig, 1893］一书基本上是传记性的而非分析性的。）

④ 例如，可参见豪西（Karl Heussi）《历史主义的危机》（*Die Krisis des Historismus*, Tübingen, 1932）一书中所尝试作出的定义，以及德怀特·李（Dwight E.Lee）与贝克（Robert N.Beck）合著的《“历史主义”的意义》，载《美国历史评论》第59卷（1953—1954年），第568—577页。

代的历史思想危机”[1]的一种学说，并且是“20世纪的思想对实证主义与自然主义所起的反作用的一个方面”。而在另一种意义上，历史主义又是“18世纪末与19世纪唯心主义的反理性主义”[2]。早在第一次世界大战以前，特罗尔什就已经以德国历史主义对动态现实的直觉研究与西方实证主义的机械论的因果思想作了对比[3]。迈纳克在18、19世纪之交历史主义的兴起中，看出了德国精神基本上脱离了西方精神发展的主要线索。西方在继续维护着一种抽象的机械论的自然规律，它曾以其世俗化了的19世纪的形式为和平主义与民主主义提供了哲学基础。反之，在德国则发生了“人类思想史上最伟大的革命之一”，这就是把“依照其自身的生命规律而发展的、并且不能为逻辑的思维方法——更不用说机械论的因果律——所理解的，或者不如说必须是以全部精神力量的总体才能加以把握、洞察、体验和再体验的那种独一无二的个别的现念”来代替静态的自然规律的哲学。[4]特罗尔什和迈纳克所看到的为战后时期的历史主义所固有的问题，正是一切思想历史化都必然要产生对一切价值相对化的威胁。而兰克却由于他那坚定的基督教信仰而避免了这样一种危险。

对于特罗尔什企图通过对我们欧洲文化的种种价值作出一

① 豪西书，第20页。

② 德怀特·李与贝克书，第575页。

③ 《斯多葛、基督教的自然权利与近代世俗的自然权利》，载《历史杂志》第106卷（1911年）第264页。

④ 《特罗尔什与历史主义问题》，载《国家与人格研究集》（*Staat und Persönlichkeit: Studien*，Berlin.1933），第57—60页。

种直觉的综合，借以发现新的绝对值来克服历史的相对主义，迈纳克是并不满意的。他宁愿回到早期德国历史主义思想家之摆脱了实际考虑的那种“纯粹的思索”里面去。《历史主义的兴起》[1]一书追溯了对于从沙夫斯柏雷（Shaftesbury）和莱布尼兹（Leibniz）到赫尔德（Herder）、歌德与兰克这些人的个体的活泼生动的新观点的形成过程。有关兰克的那一节始终没有写完，但书中附录的一篇在兰克逝世五十周年的纪念会上的演说词，却指明了迈纳克的研究所要采取的路数。在兰克的身上交织着批判的与直觉的思想。兰克是从对历史题材的严格经验的与批判的研究而开始的，然而他却能够通过“直觉的认识”（ahnende Erkenntnis）而预示出来驾驭着历史的精神法则。每个个体都含有一般，而一般也只能通过个体来表现自己。国家就是实在精神（Real-Geistige）的一种例子，而同时又是“上帝的思想”的一种具体的体现。可是兰克不像黑格尔，兰克并没有看到有一种“更高的能力”在有规则地显现着。或者不如说，一切的“能力”都是个别的，一切时代都同等地直接通向上帝。兰克否定了黑格尔的泛神论，并且牢固地抱着“天意和上帝在导演着人间的戏剧”这一基督教的基本哲学。[2]

20世纪20年代和30年代的其他关于兰克的文献，基本上都在兰克里面看到了历史主义所特别感兴趣的那些原理，即直觉的知识论与个体的学说。所以，瓦赫（Joachim Wach）在他对19

---

① 《历史主义的兴起》（*Die Entstehung des Historismus*，Berlin，1936），两卷本。

② 《历史主义的兴起》第Ⅱ卷，第634—650页。

世纪的"理解"(*Verstehen*)的研究中,就从兰克的"稳定地回到生活"以及兰克之否定一切先验的思想里面看出了引向狄尔泰的那种传统的开端。应该允许事物为其自身发言,而不要强加以一套格式。认识乃是直觉的,而并不是推论的。唯有深入理解个别的现象,才能引到认识普遍的真理。①马苏尔(Gerhart Masur)和西蒙(Ernst Simon)也着重指出了兰克思想中的这些同样的原理。西蒙还像迈纳克一样地指出,兰克的哲学(不像黑格尔的哲学)乃是二元论的而非一元论的;并且尽管兰克的宗教是泛神论的,但和黑格尔不同,兰克看见上帝是在一切历史的背后,而并非上帝就是历史本身。②马苏尔发展了兰克的个体既属于一个巨大无限的整体而其本身又是一个整体的这一观念。历史不能被看成是单线的垂直过程,而应该被看成是每个个体内部的"萌芽与禀赋"(Keime und Anlagen)的逐步发展。因此,兰克从来就不想把一切生命都归结为一条原则,像是黑格尔所做过的那样。③

---

① 《论理解:19世纪解释学理论史纲要》第3卷:《从兰克到实证主义历史学家们的理解》(*Das Verstehen. Grundzüge einer Geschichte der hermeneütischen Theorrie im 19 Jahrhundert*, Vol. Ⅲ: *Das Verstehen in der Historik von Ranke bis zum Positivismus*, Tübingen, 1933)第94页。

② 见《历史杂志》第15分册,第126—128页。

③ 《兰克的世界历史观念》(*Rankes Begriff der Weltgeschichte*, München, 1926),原载《史学杂志》第6分册。还不曾有人试图对20世纪20年代与30年代的广泛的兰克文献加以全面的探讨。其他的重要著作有:缪尔贝(Erich Mülbe)《论兰克本人关于其历史理论和方法的自证及其与当时精神倾向的关系》(讨论集)(*Selbstzeugnisse Rankes über Seine historische Theorie und Methode im Zusammenhang der zeitgenössischen Geistesriehtungen*, Berlin, 1930),本书强调了兰克史学思想中的神学与哲学的原理;罗塔克尔(Erich

最有趣的是，在第一次世界大战后的年代里，在德国历史学家中间并没有发出多大要求追问兰克的知识论与政治学的遗产的呼声。仅仅是在第二次世界大战之后对德国史学的传统进行重新考察的时候，才开始引起了对兰克的再评价；但连这也只是限于相当少数的一些历史学家，而且也只限于批评兰克的政治方向。在战后时期，只是在德国的苏联占领区才有过从辩证唯物主义的立场上对兰克进行的有系统的批驳。①兰克的知识论与他的历史观，和目前在西方民主国家自身之内已经成了问题的实证主义的传统一道，仍然是铁幕这一边的德语历史学家们灵感的泉源。同时随着人们日益察觉到德国唯心主义传统的生命是环绕着兰克的生命的，所以战后以来已经出现了相当数量的兰克文献。

Rothacker）的《精神科学导论》（*Einleitung in die Geisteswissenschaften*，Tübingen，1920）第153页及以后诸页，讨论了兰克与"当代唯心主义哲学"的关系；史那培尔（Franz Schnabel）在《19世纪的德国史学》一书（*Deutsche Geschichte im 19 Jahrhundert*，Freiburg，1954）（第Ⅲ卷，第86—100页，1936年）重新强调了兰克不肯对历史加以系统化或拒绝抽象地掌握历史，以及兰克把"一般"看成是"具体的、活的"东西：翁铿（Herman Oncken）在《德国名人志：新德意志传记》（*Die grossen Deutschen: Neue Deutsche Biographie*，Berlin，1936）第Ⅲ卷，第203—221页《兰克》那部分中也有类似的提法；福雷代尔（Egon Friedell）在《真理与历史》［载《生活时代》（*Living Age*）第338卷（1930年），第674—681页，译自维也纳《新自由言论》（*Neue Freie Presse*）］一文中激烈地攻击说："兰克学派缺乏想象与才能"，"愚蠢、狂妄甚至达到了极端的虚伪，而兰克之所以有历史才能并不是因为他的科学方法"。

① 参见斯特恩（Leo Stern）《德国历史研究的当前任务》，载《新世界》（*Neue Welt*）第7卷（1952年），第1684页及以后各页，转引自荷佛尔（Walther Hofer）《哲学与政治之间的历史：近代史学思想的关键问题研究》（*Geschichte zwischen Philo-sophie und politik.Studien zur Problematik des modernen Geschichtsdenkens*，Basel，1956），第59页。

第一篇重新考察的重要言论是高龄的迈纳克本人所发出的,迈纳克以前曾一度认为兰克是现实主义地理解到了权力与国家在历史上的作用的人。而现在迈纳克却问道:"归根到底,难道不是布克哈特要比兰克对于我们以及对于后代的历史学家具有更大的重要性吗?"迈纳克是在对他本人的毕生著作提出疑问的那种意义上问这个问题的。布克哈特曾经更加深刻和更加明晰地洞见了时间的性质,并且以他对于权力、国家和群众的深刻的悲观主义,已经比兰克更加正确得多地预见了20世纪的野蛮主义。兰克把国家看成为个别的文化史,或者是文化史上的主要因素;布克哈特则把文化看成是创造性的天才们自发的作品,而把国家看成是一种必然的但又危险的罪恶。德国的历史学家与历史教师的任务就是要重新考虑德国过去历史上权力与文化的关系问题,并且要和其他民族的这个问题作一番对比。[①]责备兰克过分强调政治权力的这一批评,也被其他的历史学家们,例如兰藻(J.A. von Rantzau)[②]和瑞士的布克哈特传记作家凯琪(W. Kaegi)[③]等人在重复着;然而另一些人包括荷佛尔(Walther Hofer)在内,则起而卫护兰克;荷佛尔相信兰克对国家的强调

① 《兰克与布克哈特》(Ranke und Burckhardt: Deutsche Akademie der Wissenschaften zu Berlin),载《德国科学院报告和著作集》(*Vorträge und Schriften*, Heft 27. Berlin, 1948)第27册;英文译本为《德国历史学:一些新的德国观点》(*German History: Some New German Views*. Boston, 1954),卡恩(Hans Kahn)编,第142—156页。

② 《德国历史与政治》,载《历史与政治:贝格斯特莱塞纪念文集》(*Aus Geschichte und Politik. Festschrift für Ludwig Bergstraesser*, Dusseldorf, 1954),第197—206页。

③ 《兰克时代的历史学与国家》,载《瑞士发表的通史论文集》(*Schweizer Beiträge zur allgemeinen Geschichte*)第1卷(1943年),第168—205页。

已经被他的宗教观（他把宗教看成是与国家具有同等重要性的决定力量）以及他的全欧洲观点所淡化了。[①]

然而荷佛尔却号召批判地检查往往被人认为是一种兰克传统的东西，虽说荷佛尔本人是把它和兰克区别开来的。有思想的人已经不再要求知道"如实直书"了；他毋宁是要想知道"他和他的历史会变成什么样子"；历史必须成为"生存的照明"（Existenzbeleuchtung）。"有一个决定性的，而且确乎是生存性的问题在压迫着我们，那就是西方人及其文化生命的前景与可能性的问题。"[②]对兰克政治哲学的曲解，部分地乃是自兰克的时代以来已经世俗化了的、自然化了的而且生物化了的德国唯心主义的基本观念在稳步解体的结果。[③]

兰克在我们时代的地位问题与唯心史观在现代的地位问题，乃是同一个问题。的确，"自从兰克的时代以来，德国历史、思想史在很大的程度上就只不外是关于兰克遗产的精神的与世界观的（Weltanschauliche）争论罢了"[④]。

其余的德国文献则遵循着更为传统的路线。所有的作家似乎都同意，尽管兰克否定了思辨哲学，但他的著作中却存在有一种强烈的哲学音调。罗特菲尔（Hans Rothfels）极力反对他那种

---

① 荷佛尔：《哲学与政治之间的历史：近代史学思想的关键问题研究》，第27页。另见曼哈德（Johann Wilhelem Mannhardt）《今日眼光中的政治和历史》，载《德国以往命运的道路》（*Schicksalswege deutscher Vergangenheit*，Düsseldorf，1950），第455页及以后诸页。

② 荷佛尔：《哲学与政治之间的历史：近代史学思想的关键问题研究》，第10页。

③ 同上书，第33页。

④ 同上书，第47页。

"科学的"或者非哲学的作家的形象[①]。凯赛尔（Eberhard Kessel）引用兰克死后发表的讲演、笔记和遗稿时着重指出，兰克对于历史是怀有明确的理论观念的[②]。兴里希（Karl Hinrich）指出了新柏拉图主义对兰克的影响[③]；李特尔（M. Ritter）[④]和迈纳克[⑤]也早已谈到过兰克思想中的柏拉图成分。兴里希和其他一些人[⑥]还强调路德、歌德与费希特对兰克的影响。同时，兰克的客观性问题也吸引了一些作家，这些作家——包括斯尔比克（Heinrich von Srbik）[⑦]、荷佛尔[⑧]和凯赛尔[⑨]在内——全都同意：客观性只是相对的。兰克是察觉到了这一点的，并且兰克是从形而上学的

---

① 《兰克与历史界》，载《德国精神演化论文集》（*Deutscher Beiträge zur geistigen Überlieferung*），1953年，第97—120页。

② 《兰克的通史观念》，载《史学杂志》第178卷（1954年），第269—308页。

③ 《兰克1817年的路德遗稿及其通史观点的根源》，载《李特尔六十诞辰庆祝文集》（*Festschrift für Gerhard Ritter zu seinem 60 Geburtstag*, Tübingen, 1950），第299—321页；《兰克与歌德时代的历史神学》（*Ranke und die Geschichtstheologie der Goethezeit*, Gottingen, 1954）。

④ 《发展》（*Entwicklung*），第413页。

⑤ 《兴起》（*Entstehung*），第Ⅱ卷，第650页。

⑥ 例如，见贝特根（F. Baethgen）：《论兰克早期的精神发展》，载《德国与欧洲：罗特菲尔庆祝文集》（*Deutschland und Europa. Festschrift für Hans Rothfels*, Düsseldorf, 1951），第337—353页。

⑦ 《从德国人文主义到今天的精神与历史》（*Geist und Geschichte Vom deutschen Humanismus bis zur Gegenwart*, München, 1950），第1卷，第261页。

⑧ 荷佛尔：《哲学与政治之间的历史：近代史学思想的关键问题研究》，第8—26页。

⑨ 见《历史杂志》第178卷，第286—287页。关于第二次世界大战后大量文献的书目，见费尔浩斯（Rudolf Vierhaus）《兰克与社会学界》（*Ranke und die soziale Welt*, Münster, 1957），第253—259页。

假设与宗教信仰的基础之上出发的。至于兰克的经验主义，则所有的作家都重复了兰克的“经验与观念的结合”这条格言，并着重指出了兰克关怀的是通过对个体的活思考而获得普遍的真理。

纳粹时期与第二次世界大战使得美国的历史学家们与欧洲的社会思想发生了更密切的接触，部分地是由于流亡的学者们[①]到了我们（美国）大学里来的缘故，部分地则是由于美国历史学家们对于他们自己的方法论与知识的前提假设日益增长地在进行批判检讨的副产品的缘故。目前已有三篇重要的论文和一部书在把传统的德国形象提供给了美国的读者。尽管荷尔波岺（Hajo Holborn）[②]和卡西勒（Ernst Cassirer）[③]曾着重指出兰克企图消除历史探讨中的个人因素，但他们两人都强调了兰克的哲学兴趣以及他有意要超出于“搜集事实”之外并通过理解独特事物而达到普遍的东西。昂格尔-雅诺西（Engel-Janosi）指出：“兰克的路线并不是实证主义的路线。”倒不如说，兰克是把大国看成为精神的实体的。比起荷尔波恩和卡西勒来，昂格尔-雅诺西在更大的程度上讨论了兰克的知识论以及这位伟大的历史学家的这样一个立场，即认识历史上思想的与精神的力量“与其说要依靠确切的知识，不如说要依靠一种感情和信仰”，并且它们是

① 这些学者中就有马苏尔（Gerhard Masur）和瓦赫（Joachim Wach）。

② 《历史的科学》，载斯特莱耶（Joseph R.Strayer）编《历史的解释》（*The Interpretation of History*，Princeton，1943），第61—83页。

③ 《黑格尔以来的知识：哲学、科学与史学的问题》（*The Problem of Knowledge, Philosophy, Science and History since Hegel*，New Haven，1950），吴洛姆（W. H. Woglom）与亨德尔（C. W. Hendel）译。

不能以抽象的名词来加以界说的。[①]

可惜的是，上述三篇文章都分散成为整部书里面的章节，所以就不像刊登在重要的杂志上那么引人注意。然而，冯·劳（Theodore von Laue）的那部书却的确是受到了更广泛的注意。虽然冯·劳主要的是着眼于兰克思想的政治涵义，他把它看成是"德国精神面貌与西方思想传统主流分道扬镳的界石"[②]；然而他还是探讨了兰克的直觉的、思考的路线。此外，冯·劳还第一次使得英文中也可以利用兰克在《历史政治杂志》（*Historische-Politische Zeitung*）上面的一些重要的理论文章，如《政治谈话》（*Politisches Gespräch*）和《论大国》（*Die Grossen Machte*）等篇。

尽管有着流亡学者们的著作，然而在美国本土的作家们中间兰克形象的改造却进行得非常缓慢。在社会科学研究会会刊第 54期关于《历史研究的理论和实践》（*Theory and Practice in*

---

① 《德国历史主义的成长》（*The Growth of German Historicism.* Baltimore，1944），第52、60—61页。另见斯特恩（Fritz Stern）编《历史的多样性》（*The Varieties of History*，New York，1956）第58—62页的选文。

② 《兰克：形成时期》（*Leopold von Ranke. The Formative Years*，Princeton，1950），第5页。有两个非美国作家论兰克的作品在这个国家里引起了人们的注意，它们是：盖尔（Pieter Geyl）的文章《从灾难的角度来看兰克》，载《从兰克到汤因比》（*From Ranke to Toynbee*，*Smith College Studies in History*，XXIX，Northampton，Mass.，1952），第1—17页，这篇文章重刊于《与历史学家争论》（*Debates with Historians*，New York，1958）和巴泰费尔德的著作（见《人类的过去》，第219—224页）。盖尔和巴泰费尔德都承认兰克作为一个客观的历史学家的那一面。然而，盖尔着重浪漫主义对启蒙运动思想抽象化的反作用对于兰克的影响。巴泰费尔德则看出兰克不仅是一个"技术性的学者"，而且还是"'通史'的至高无上的使徒"，但却似是而非地被人误认为是"一个没有思想的历史学家"（第100页）。

Historical Study）上面，小朗达尔（John Herman Randall Jr.）和海因斯（George Haines）两人在一篇论《美国历史学家实践中的有力假设》的文章中，提出了一幅基本上类似比尔德所描绘过的景象，即把兰克的客观性看成是德国保守主义的一种工具。可是，小朗达尔和海因斯两人却对比了德国和美国双方“科学派”历史学家的不同动机以及他们对于事实的特性之不同的概念。“对于他们（美国人）来说，‘事实’并非显示了历史法权的规范传统，它们并非像对兰克那样，阐明了一些伟大观念——这些观念的冲突就构成了历史的意义。事实已经成为与任何假设或解说都无关的了。”[①]亨利·亚当斯在他为《史学的发展》（1954年）那部集体著作所写的论19世纪前半叶的史学那一章里，则对兰克做了一个虽然极其简短但却持平得多的叙述[②]。兰克是结合了当代的浪漫的、哲学的倾向与历史学派的批判方法的。可是就在同书后面的几页里，温德尔（Herbert Wendell）却提到了“科学上超然的兰克学派”[③]。施维尔（Ferdinand Schevill）在他死后于1956年发表的一篇文章[④]里，也反映了他提到的冯·劳那部书里所表示的观念。施维尔也像冯·劳一样，主要是注意兰克对于权力和对于国家的精神化以及他对于外交政策的强调。然而，施维尔问道，在关于“如实直书”来写历史的可能性这一点

① 见《历史研究的理论和实践》，第31页。

② 《史学的发展》，费西曼（Matehew A. Fitzsimons）、庞特（Alfred G. Pundt）与诺艾尔（Charles E. Nowell）合编，1955年Harrisburg版。第187—189页。

③ 《史学发展》第209页。

④ 《兰克声名的兴衰与持续》，载《六位历史学家》（*Six Historians*，Chicago，1956），第125—155页。

上，究竟兰克是不是也陷入了某种自欺欺人呢，或者说究竟他是不是把客观性看成仅仅是一种迫切的要求而并不是一种绝对价值呢？也许在美国本土的历史学家中间最明确地摆脱了美国的传统的兰克形象的是休斯（H. Stuart Hughes）在其《意识与社会：欧洲社会思想的重新定向（1890—1939年）》一书中所简略提到的兰克[①]，以及斯特劳德（Cushing Strout）的《美国历史学中实用主义的反叛：贝克尔和比尔德》那部书了；两书都出版于1958年。在论及19世纪80年代的"科学派历史学家们"把兰克加以理想化时，斯特劳德警告说：

> "如实直书"这一号召把美国的历史学家们都聚集到德国的旗帜下面来了，但是他们所欢呼的这位领袖却和真实的兰克并没有什么相似之处。兰克是被哲学的和宗教的兴趣所引导着去研究历史的，他爱好讲述通史有甚于讲述狭隘的题目，并且他把历史事实认为是"某种在外表上仅仅是一桩个别的事物，但在本质上却又是与某种意义或某种精神相同的东西"。兰克全部的事业都在追求着一种理论，即把历史的力量看作是观念，而这些观念是汇集于起源于神明的种种道德能力的焦点上的。比起任何他的那些美国弟子们（他们是那样毫无批判地拜倒于科学的神坛之前）来，兰克是更为接近于那种总是向着实证主义精神的专横

① 《意识与社会：欧洲社会思想的重新定向（1890—1939）》（*Consciousness and Society: The Reorientation of European Social Thought*, 1890—1939, New York, 1958），第185—186页。

> 和狂妄在挑战的德国唯心主义的传统的。他的美国弟子们只不过是以他们自己的形象塑造了兰克而已。[①]

改塑的工作已经开始了。然而对于大多数的美国历史学家——他们都是我们的研究院系里培养出来的——来说，兰克却仍然是：要么积极地被认为是非哲学的、经验的历史科学之“父”，要么消极地被认为是卡莱尔笔下的“枯燥无味的教授”那样一个在搜求死事实的人。

---

① 《美国历史学中实用主义的反叛：贝克尔和比尔德》（*The Pragmatic Revolt in American History: Carl Becker and Charles Beard*，New Haven，1958），第20页。

图书在版编目（CIP）数据

二十世纪的历史学：从科学的客观性到后现代的挑战 /（德）格奥尔格·G. 伊格尔斯著；何兆武译．—北京：商务印书馆，2023（2025.1 重印）
（汉译世界学术名著丛书）
ISBN 978-7-100-23012-4

Ⅰ. ①二… Ⅱ. ①格… ②何… Ⅲ. ①史学—研究 Ⅳ. ① K0

中国国家版本馆 CIP 数据核字（2023）第 175880 号

汉译世界学术名著丛书
二十世纪的历史学
从科学的客观性到后现代的挑战
〔德〕格奥尔格·G. 伊格尔斯 著
何兆武 译

商 务 印 书 馆 出 版
（北京王府井大街 36 号 邮政编码 100710）
商 务 印 书 馆 发 行
北京盛通印刷股份有限公司印刷
ISBN 978 - 7 - 100 - 23012 - 4

2023 年 11 月第 1 版　　开本 850 × 1168　1/32
2025 年 1 月北京第 2 次印刷　　印张 10⅛

定价：50.00 元